中国哲学十八讲

王 杰◎著

先秦卷

红旗出版社

图书在版编目（CIP）数据

中国哲学十八讲 / 王杰著. -- 北京 : 红旗出版社，2019.7

ISBN 978-7-5051-4903-8

Ⅰ. ①中… Ⅱ. ①王… Ⅲ. ①哲学—研究—中国 Ⅳ. ①B2

中国版本图书馆CIP数据核字（2019）第145488号

书　　名　中国哲学十八讲
著　　者　王　杰
出 品 人　唐中祥
总 监 制　褚定华　　　　　　　责任编辑　朱小玲
出　　版　红旗出版社　　　　　内文设计　柳淑燕
邮政编码　100727　　　　　　　地　　址　北京市沙滩北街2号
编 辑 部　010-57274497
发　　行　北京华景时代文化传媒有限公司　电　话　010-83638551
印　　刷　北京中科印刷有限公司
开　　本　690毫米×980毫米　1/16
字　　数　235千字　　　　　　印　　张　19
版　　次　2019年9月北京第1版　印　　次　2019年9月北京第1次印刷
ISBN 978-7-5051-4903-8　　　　定　　价　58.00元

前　言

公元前 5 世纪前后，人类进入一个重要的历史时期，东西方几大文明共同进入一个创造性思维意识集体迸发与进取的时代，人类文明取得了重大突破。各主要文明都出现了伟大的精神导师，如古希腊的苏格拉底、柏拉图，印度的释迦牟尼，中国的孔子、老子，等等。一大批第一流的思想家几乎同时出现在东西方历史舞台上，共同承担了人类的首度思维大分工。回顾那一时期，简直是人类思想史上的奇迹时代，充满了惊人的巧合。德国哲学家卡尔·西奥多·雅斯贝尔斯在《历史的起源与目标》一书中，第一次把这一时期出现的人类文明精神突破现象称为“轴心时代”。

恰恰是“轴心时代”这短暂的辉煌，所产生的思想文化影响后世数千年，直到今天各个地区依然沿着圣贤先哲指导的路径规范前行，虽然中间出现过突围或游离的现象，但都是短暂的和小范围的，最终整个国家和民族的走向依然紧紧围绕在原有的文化基础之上，就像中华民族的伟大文化一样，具有恒久的生命力和坚定的凝固力，使得中华民族历经磨难，终能团结在一起，更加坚定了本民族的文化信仰。本书即站在中华文化发源的先秦时代，以中国哲学的发源与演变为范式，以期引领读者幽深的思想探源。

发生在春秋、战国之际的思想突破，体现在人文精神的重新建构。正是这次巨变产生的新的思想和理念，奠定了中国哲学与文化最基本的框架。春秋战国时期是中国第一次大动荡、大变革的历史时期，也是中国历史上道德价值最为紊乱的时期，礼崩乐坏，“世衰道微，邪说暴行有作，臣弑其君者有之，子弑其父者有之”。而这个乱世恰恰是中国思想乃至世界思想最为繁荣的黄金时期。道家的老子、儒家的孔子、墨家的墨子、阴阳家的邹衍，等等，九流十家的思想纷纷上场，相互碰撞、融合。孔子“祖述尧舜，宪章文武”，提出“仁”与“礼”的价值信仰。道家“清净无为”，法家“专任刑法”，墨家“兼爱非攻”，阴阳家“五德终始”……诸子思想在碰撞和交汇中，不独是以深邃的思想、深切的悲悯关照着社会，守望着文明，彰显着理性，更是“以身说法”，用实际行动践行着他们所恪守的信仰，从而使得自己的思想具有震撼人心的磅礴力量！这些思想家的思想驱动着历史不断朝向文明前进，成就了贯穿于中国哲学精神深处不可遏抑的历史正义！形成了中国哲学的基本架构，丰富了中国哲学体系，提升了中国文化的恢宏气象。

儒家思想从一开始就带有浓厚的人的因素，产生伊始就吸引了更多人向孔门聚拢，其七十二弟子，更是人才辈出，为继承和发展儒家思想做出了重大贡献。孟子、荀子分别从仁义道德和礼法制度两个不同方向发展了儒家思想。其后，“独尊儒术”之汉，“一准乎礼”之唐，使得儒家思想大放异彩，从而成为中国哲学的主干。宋明汲取老释理学与心学两座“心性之学”奇峰，通天拔地。中国哲学由此在形而上的思辨上大大前进一步。鉴于心性之学空疏蹈虚之流弊，明清实学力挽狂澜，救偏补弊，注重观照社会实际问题，影响到中国哲学至今。

从中国思想发展路径来看，“轴心时代”精神突破的实现离不开“前轴心时代”的文化积淀。“前轴心时代”即夏商周上古三代。在中国早期的原始宗教意识中，已经蕴含了一个民族所有历史文化、文明发展的因子，“蕴含着民族的哲学、艺术、宗教、风俗、习惯以及整个价值体系的起源”。中华文明从原始社会发展到春秋战国时代，该具备的文化雏形因素都已具备，并且随着原始宗教绝对神性信仰的倒塌，其他文化在原始宗教的荫蔽下应运而生。

发生在商周之际的哲学突破，体现在宗教意识上的变革。王国维在《殷周制度论》中说："中国政治与文化之变革，莫剧于殷周之际。"此时期，神的绝对权威地位下降，而人的地位上升。主要是由社会政治事件——周代商的朝代更迭引起人们对天命的质疑。武王伐纣之际，周人经济和文化水平远远落后于殷商，西周统治者在政权建立之初，面临着一个亟待解决的问题，即政权合法性问题：作为"大邦殷"政权统治下的"小邦周"何以能够以摧枯拉朽之势推翻殷商，获得统治权力？当时民众信仰的"天命神权"落向何地？这个在今天看似不成问题的问题，在当时却是一个"思想解放"问题。在周商交替的过程中，周人在提出"德"这个概念的同时，丰富了德的内涵：主张"以德配天"；政治上主张"敬天保民"，肯定了人的价值。从此，中国人以及中国哲学精神把注意力集中在德的问题上来。这意味着，中国哲学从商周之际就开启了"祛魅运动"，从而形塑了中国哲学的根本特质：在人的大道上前行。

中国古代哲学的脱胎和演进，在先秦时期即完成了哲学方面的两次重大转变，从而奠定中国社会 2000 多年发展的思想路径。中国哲学的发展，起伏跌宕，但总体而言，却是一脉相承，赓续不断，不离其宗。中国哲学的特质早在先秦时期已经定格，中国哲学的文化基因也于斯时成型。

先秦哲学思想奠定了整个中国思想文化的根基，是中国思想文化发展的源头。本书主要选取先秦时期儒家思想发展的视角，从原始宗教与神人的关系开始讲起，追本溯源，梳理中国哲学发展的路径，厘清中国哲学主干上的硕果，揭示中国哲学精神的基本内核。具体通过十八讲，简要勾勒了中国哲学精神在先秦时期两次重大转变，给读者展示出一个完整的中国思想演变进化的过程，清楚认识到中华传统文化在国家治理、个人修养等方面的直接、间接作用，以为现实服务。

立足当下，中国哲学与优秀传统文化的传承与弘扬，要坚持专门研究与普及推广相结合的路径，二者紧密相连、相辅相成。一方面，专门研究是普及推广的前提基础，通过专门研究，对哲学及哲学精神做出新的解释和选择，对优秀传统文化做出新的挖掘和阐发；另一方面，做好普及推广工作，让优秀传统文化为大家所了解和接受，让优秀传统文化“活起来”，让优秀传统文化真正对民族复兴和社会发展起到积极推动作用。

笔者作为一名长期从事中国哲学教研工作的党校人，希望广大领导干部能够从中国哲学精神与优秀传统文化中汲取智慧，打牢修身做人的基础，夯实为官为政的根基。所以，近年来将精力转向对中国哲学精神与优秀传统文化的普及推广上来，发起了领导干部学国学系列活动，并取得了良好效果，产生了广泛影响。笔者作为中国实学研究会现任会长，一直致力于建构新实学体系、打造新实学流派。此工作需要从学术体系、应用探索、团队建设等方面持续发力。“嘤其鸣矣，求其友声。”希望更多有识之士助力新实学的创建，为铸就中华文化新辉煌贡献实学力量。

目　录

第一讲

殷商时期的原始宗教政治与神权决定论

任何一种思想形态的发展都能从其前代的思想资源和思想观念中寻找到其存在的思想萌芽、理论依据及价值源头，此一思想演进轨迹古今中外概莫能外。就像“在希腊哲学的多种多样的形式中，差不多可以找到以后各种观点的胚胎、萌芽”一样，早期儒家政治思想及其以后发展过程中所具有的一切政治观念、价值理念及一系列思想观念、范畴、命题都可以从中国的上古三代文化中寻找到其思想萌芽和价值源头。三代文化是儒家政治思想产生的历史之源和思想之源，深厚丰腴的三代文化造就了儒家思想文化的博大精深。寻其本、溯其源以探其流、究其实，实为研究儒家政治思想之当然前提及必然途径。本讲拟对儒家思想的形成与发展产生重大影响的殷商时期的原始宗教政治与神权决定论思想，从思想史的视角做一系统梳理与价值评估。

殷商原始宗教政治意识：宗教信仰与文化特征

原始宗教观念是人类思想文化发展史上出现最早的一种思想表现形态，是人类社会发展到一定历史阶段后形成的一种特殊的心理状态和精神活动，是世界上任何一个国家或民族都必然要经历的一种社会意识形态。诚如中国台湾学者徐复观所言：“一切民族的文化，都从宗教开始，都从天道天命开始。”中国古代宗教意识的起源可追溯到距今一万多年前的旧石器时代晚期。到新石器时代，各种各样的原始崇拜形式都已出现。而在中国古代政治思想发展过程中，原始宗教政治意识表现得最完整、最集中的时代则是在殷商时期。殷商时期（公元前1600年—公元前1046年）正处于所谓世界历史的“前轴心”时期。可以说，在“前轴心”历史时期，世界各大文明圈（如两河流域、尼罗河流域、印度河流域及黄河流域周边的国家）的发展历程具有惊人的相似之处。但是，随着这些国家在经历了不同的发展道路后，不约而同地呈现出一个思想理性的时代，对人类所面临的许多共同问题进行了深入的反省和思考。正是由于在经历了所谓的“思想的反思”——或称之为“哲学的突破”之后，各国最初的文明发展模式便产生了巨大的分化，走上了不同的发展道路。

殷商是我国有文字记载的最早的朝代，殷商社会以农耕文明为特色的经济基础决定了这个时期的精神生活具有十分鲜明的特色。在“国之大事，在祀与戎”的殷商社会，宗教世界观在社会政治生活中占据着绝对的支配地位，在中国早期思想文化发展中具有举足轻重的作用。尽管殷商已进入文明社会早期，“有册有典”，但仍为浓烈的宗教意识所笼罩，整个社会处处弥漫着原始宗教的神秘气息，在殷商人眼里，几乎每一种与人关系密切的自然物、自然现象都有它们的神及神灵。“由于自然力被人格化，最初的神产生了”。从现有的史料分析可以看出，殷商人的精神生活还没有完全脱离原始状态，还没有完全把自我从自然状态中分离出来，还没有主体观念，他们的思想行为完全取决于外在的祖先神、自然神及上帝，因而具有非理性的特征。如目前学术界所认同的那样，殷商时代是典型的鬼神文化、卜祭文化主宰一切的时代，人人相信神灵鬼魂的存在，是一种典型意义上的巫教文化形态。殷人尊事鬼神，畏天敬祖，形成了一套非常严密系统的宗教祭祀仪式，这套宗教祭祀仪式控制、支配着社会生活的一切方面。《礼记·表记》将殷商社会的这种思想特征简要概括为：“殷人尊神，率民以事神，先鬼而后礼”，生动准确地凸显了殷商人对鬼神的虔敬崇信程度，也表明了殷商时期具有非常强烈牢固的原始宗教观念。殷商社会五百多年之历史演进所形成的一系列原始宗教政治观念及政治价值理念，不但直接或间接地影响了其后的西周政治思想，而且也成为儒家政治思想形成的重要历史来源之一，对整个中国政治思想的形成和发展具有极其重要的历史价值和意义。

作为一种早期文化的象征，原始宗教是对原始社会氏族部落生活的幻想反映，是人类社会发展到一定阶段后所产生的以反映人与自然矛盾为主要内容的初期宗教。原始宗教以多神崇拜和巫术控制为主要特征，包括自然崇拜、动植物崇拜、图腾崇拜、祖先崇拜、鬼神崇拜、性力崇拜等。原始宗教演进的各个不同阶段并没有截然分明的界限，而是互有交叉、互有重叠，后期阶段包含了前期阶段的所有内容、所有形式。如祖先崇拜，它在史前时期的存在主要是为了凸显原始先民“慎终追远”、缅怀先祖的精神寄托，而在进入文明社会以后则在保留其原始的基本含义外更多地成为巩固国家社稷的一种重要手段。概言之就是，在中国早期的原始宗教意识中，已经蕴含了一个民族所有历史文化、文明发展的因子，“蕴含着民族的哲学、艺术、宗教、风俗、习惯以及整个价值体系的起源”。可以说，殷商时期之原始宗教作为中国史前传说时期之原始巫术及文明早期之原始宗教之集大成者，承负了太多的历史积淀和内容，尤其是甲骨文字的发明，使远古以来缓慢发展的宗教信仰、宗教仪式、宗教内容得以凝固保存，也使后人能够通过甲骨卜辞窥探殷商社会原始宗教之基本特征。通过殷商原始宗教文化，上可观中国上古原始巫术之形态，下可究巫术文化、鬼神文化演化为礼乐文化、伦理政治文化之轨迹，实在是起着承上启下的枢纽中介作用。

殷商原始宗教观念特征之一就是“万物有灵论”思想的存在，并形成了多神崇拜系统。在远古时期，原始人对自然界的各种现象感到神秘无法解释时，便祈求于神灵，认为世界万物均有灵性，于是便产生了“万物有灵”的观念。这种观念认为，一切存在于人之外的客体如同人类自身一样皆为生命体，都是出自某种人格化神灵的意志和愿望。按照皮亚杰的说法就是，在原始人看来，“凡是运动着的物体都是有生命的和有意识的”。这种人类最初的认识水平是以原始的宗教意识形态表现出来的。也正如恩格斯所指出的，在人类文明社会早期，“一切宗教都不过是支配着人们日常生活的外部力量在人们头脑中的幻想的反映，在这种反映中，人间的力量采取了超人间的力量的形式。在历史的初期，首先是自然力量获得了这样的反映，而在进一步的发展中，在不同的民族那里又经历了极为不同和极为复杂的人格化”[①]。随着生产力发展水平的提高及社会组织形式的日臻复杂，原始的宗教意识逐渐出现了分化，人们试图解释、探究自然现象及个体自身的种种神秘现象以及它们之间的相互关系和影响。在这种原始本能的探究中，天（客体）与人（主体）还没有达到完全分离的程度，天人之间还处于一种混沌兼容、若即若离的原始状态中，这种直观模糊的思维方式使人们在认识中自觉不自觉地把现实世界与虚幻世界混为一体。在此观念支配下，“最初仅仅反映自然界的神秘力量的幻象，现在又获得了社会的属性，成为历史力量的代表者”。更进一步，当人们试图超越历史并对自然和社会现象进行宏观把握并揭示其存在变化的内在规律及动因时，“许多神的全部自然属性和社会属性都转移到一个万能的神身上，而这个神本身又只是抽象的人的反映”[②]。原始宗教是与原始思维方式紧密联系在一起的，通过文化人类学对原始思维的研究和实验心理学对儿童心理发展的探索，揭示了原始人“原逻辑思维”的一些基本特征及儿童在早期思维活动中“用直观的机制代替逻辑”的思维机理，为我们认识原始宗教发生的内在机理提供了一种认知途径。

殷商原始宗教的另一表现形态就是与巫术紧密联系在一起。众所周知，在人类社会早期，宗教与巫术往往是合而为一的，很难把它们区分开来。但弗雷泽则认为：“在人类发展进步过程中，巫术的出现早于宗教的产生。人在努力通过祈祷、献祭等温和谄媚手段以示哄诱安抚顽固暴躁、变幻莫测的神

①《马克思恩格斯选集》第 3 卷，人民出版社 2012 年版，第 703 页。

②《马克思恩格斯全集》第 20 卷，人民出版社 1995 年版，第 342 页。

灵之前，曾试图借符咒魔法的力量来使自然界符合人的愿望。”随着宗教与巫术各自社会功能的强化，两者在社会功能、形式、方式、目的等方面出现了分化，具体而言：宗教所关涉的更多的是形而上的问题，是关涉人类理性和经验的根本性问题，而巫术则更关注形而下的问题，它始终围绕着具体可操作的问题而展开；“巫术仅只是错误地应用了人类最简单、最基本的思维过程，即类似联想或接触联想”，而“宗教却假定在大自然的可见屏幕后面有一种超人的有意识的，具有人格神的存在”。除此之外，与原始宗教构成要素密切相关的诸如上帝崇拜、祖先崇拜、鬼神崇拜等以及占卜、祭祀、巫觋传统等都非常具体现实地存在于殷商的整个历史形态中，构成了殷商宗教思想文化的独特体系特征，儒家思想所具有的宗教性层面可以说直接来源于殷商的原始宗教思想。

殷商时代：以上帝、祖先崇拜为核心的天命神权论

殷商原始宗教政治意识是以上帝鬼神、祖先崇拜为核心的形式表现出来的。上帝鬼神崇拜现象的出现，是原始自发宗教向早期人为宗教过渡的分水岭，也是社会形态变革和人间关系在宗教领域的反映。夏商时代，史前时期的自然崇拜已发展到信仰上帝鬼神和祖先，初步形成了以上帝鬼神和祖先崇拜为核心理念的天命神权论，远古以来的信仰系统已渐趋规范化和秩序化。与王权政治的建立和强化相对应，社会生活中逐渐产生了一个比原有诸神更强有力的神，即上帝。殷商人把至高无上的精神或人格力量称为帝或上帝。殷商时期的社会组织形式、生产生活方式、政治政权模式以及世界观等都与宗教意识、宗教活动密不可分，一切社会形式和人的思想活动都还没有取得自由发展的空间，一切都还处于“群体无意识”的原始思维中，一切都

还是宗教神学的附属物。这一时期是信仰代替理性，盲从代替思考，严重地束缚着人们理性思维的正常发展。在这种宗教意识笼罩一切的时代，人们很难对天人关系、神人关系以及人与人、人与社会的关系进行理性的探索和思考。殷商还是至上神观念最为鼎盛的时代，殷商人的至上神涵摄了“上帝”与“祖先”，是“上帝”与“祖先”的混合体。胡厚宣认为：“殷代在武丁时就有了高高在上主宰着自然和人类一切命运的统一之神的宗教信仰。殷人相信在天上存在着一个具有人格和意志的至上神，名叫帝或上帝。”陈梦家也认为，“殷人的上帝或帝，是掌管自然天象的主宰，有一个以日月风雨为其臣工使者的帝廷。……先公先王可以上宾于天，上帝对于时王可以降祸福、示诺否，但上帝与人王并无血缘关系。……殷人的上帝是自然的主宰，尚未赋以人格化的属性……”，上帝崇拜在殷商人的信仰世界中占有十分重要的地位。

关于“帝”字之字源及含义，有学者或以为其寓含了最原始、最基础、孕育生命的意义，并指出，“古音与帝字相近的字，多有根基、原始等义，如蒂表示花基，柢表示（植物的）根基，底表示房屋的根基，胎表示人之所由生，始表示氏族之发源”。或以为“帝”字在甲骨卜辞中出现频率极高，并有各种不同的内涵，归结为一点，即上帝是高高在上的精神力量。在此含义上，它与西方社会所表征的上帝含义有相似之处，所不同即在于：西方社会之上帝是一种超自然超社会的最高主宰和精神力量，而殷商时所谓上帝则位于人间社会的最高层，它本身就是自然、社会中的一部分，并不具有超自然、超社会、超人格的意义。[①] 殷商之上帝作为万物的主宰，具有发号施令、赏善罚恶的伟力；上帝的意志无处不在、无所不能，具有绝对权威，卜辞中大量

① 这种差别是由中西文化对主客关系理解不同造成的。西方主张世界两分法，此岸世界与彼岸世界是绝对对立矛盾的；而中国古代一开始就具有一种你中有我、我中有你的思维特征，因此，没有形成一种超越性的实体存在。

出现的“帝令某”或“帝不令某”的固定句式表明了帝所具有的无上权威。[①]无论是农业生产、城邑兴建、战争征伐，还是官吏升降、婚丧嫁娶等，一切皆由上帝的意志和命令所决定。[②]如商汤伐夏，即以天命上帝相标举：“非台小子敢行称乱！有夏多罪，天命殛之……夏氏有罪，予畏上帝，不敢不正（征）。”殷革夏命，实为部落争斗彼此实力强弱消长之结果，但殷商人则归之于上帝；商王的这种身份得到了全社会的广泛认同。再如商朝中后期，商人将迁都至殷，遭到众多统治者的坚决反对。面对众叛亲离的困境，商王盘庚则认为迁都乃上帝的意志，称：“非敢违卜，用宏兹贲。”可见，当时商王灌输给大家的是这样一种理念：迁都是通过占卜得到的上帝或祖先的旨意，任何人都应该无条件服从。由于上帝是自然界、人间社会之最高主宰，既能掌管万物自然之盈虚消长，也能左右人世间的一切活动；既能呼风唤雨，又能降福致祸于人，因此，上帝被殷商统治者赋予了至高无上的威严、权威和神秘色彩。他们认为，神性世界（彼岸世界）与现实世界并没有不可逾越的鸿沟和界限，两个世界是彼此交融、不即不离的，人间的一切价值源头皆源于上帝。上帝并非超越于人间世界之外，而就在人间世界的最高层，人们的一切努力就在于获取上帝的意旨和命令并使之成为自己的保护神，于是，天上之神权与地上之王权紧密而有机地结合了起来。商王的权力和地位是上帝授予的，他所从事的每一项活动都被看作是在上帝的庇护下完成的，殷商之上帝威严神秘而无理性，人们把如何窥视测知天帝之旨意作为政治生活、日常生活的头等大事，“殷人创造的上帝并不单是降福于人、慈悲为怀的慈爱的

---

① 如“帝令其风”“帝令其雨”。关于殷商上帝之绝对权威，陈梦家先生在《殷虚卜辞综述》中从十六个方面进行了归纳和概括。

②《尚书·汤诰》云：“惟皇上帝降衷于下民。”《商颂·玄鸟》云：“古帝命武汤，正域彼四方。”《尚书·盘庚下》云：“肆上帝将复我高祖之德，乱（治）越我家。”上帝的意志范围已遍及国家的各个领域，已打破了地域界线，具有全民性的特征，故殷商人全民敬事上帝鬼神。

神，同时也是降祸于人、残酷无情的憎恶的神”。殷人的上帝是非理性、无德性的，殷商人崇奉上帝带有非常明显的功利色彩和实用目的，其目的就是借用上帝之神秘性及绝对权威，为现实政治统治寻找最终价值根源及合理合法性依据。殷商时期的天命神权思想对于维护社会和谐、政治稳定起到了十分积极重要的作用。

与殷商统治者把人间的一切都归之于帝或与上帝相一致，殷商人政治生活中的另一件重要事情就是崇尚鬼神。鬼神崇拜早在原始社会时期便已存在。前面已提及，先民们将日月星辰、风雨雷电、山川河岳皆视为有灵性的存在，其背后皆有一神性之物在主宰，因而产生敬畏感并对之顶礼膜拜。先民们除认为万物有灵而产生自然崇拜外，还认为人死后灵魂不灭，因而又产生了对鬼神的崇拜，各种丧葬仪礼和祭鬼、驱鬼仪式也随之形成。夏商时代，人们凡事皆征决于鬼神，确信鬼神有主宰支配自然和人事之绝对权威。商代虽已进入文明社会早期，但强烈的鬼神观念仍为社会的主流形态之一。可以说，殷商人的整个政治生活及情感世界，几乎完全沉溺于“率民以事神”的宗教氛围之中。商王在处理人事与鬼神的关系时，首先考虑的是鬼神的意志，殷王每日必占，每事必卜，其所尊奉者主要为祖先神和至上神（上帝）。因此，殷商人的思维视野及行为方式皆不脱祖先神与上帝之范围，为一种典型的原始质朴的宗教政治观。其实，殷商的上帝鬼神观念并非凭空产生的，而是当时阶级社会中拥有最高权力的殷王在人们头脑中虚幻的投影，是人间绝对之君权在人们头脑中的歪曲反映。对此，马克思有一段非常精彩的评说：“一个上帝如没有一个君主，永不会出现，支配许多自然现象，并结合各种互相冲突的自然力的上帝的统一，只是外表上或实际上结合着各个因利害冲突互相抗争的个人在东洋专制主义的反映。”泰勒的一段话也可以看作是对马克思以上思想的诠释，泰勒指出：“在分析一个多神教民族的宗教的时候，我们明显地看到人是神的典型、原型，因此，人类的社会和管理是神的社会和管理所借以建立的形式。最高级的神们在下级的精灵们之间所占的那种地位，就像长官和皇帝在人们中间所占的地位一样。”

殷商人的天命神权思想不但体现在对上帝、鬼神的虔诚崇拜上，还体现在对祖先的崇拜上。祖先乃生命之源，对祖先的崇拜，包含着对己所由出的生命本源的敬畏与感激。从卜辞中记载殷商人卜问对象是祖先神灵多达一万五千余条来看，殷商人对祖先崇拜达到了无以复加的程度，且具有极强的政治功利目的，殷商统治者为了给自己的权力统治寻找血缘上的合法性依据，还把上帝说成自己的祖先，并编造出种种上帝立商的神话以从血缘关系上增强其政权存在之合理合法性及威严神秘性，上帝既是至上神，又是殷人的祖先神和殷王的保护神。一方面，商王认为自己是上帝或神界在人世间的“唯一”最高代表，他是上帝的嫡系子孙，是上帝在人间的使者，于是，商王从血缘关系上找到了作为上帝合法代理人的依据。另一方面，商王又是现实世界的君主，是世俗权力的最高统治者。上帝—祖先—商王三者构成了三位一体的最高精神力量和权力力量。在神权政治的掩饰下，暴力与残忍成为殷商统治的最基本手段，商王的行为无时无刻不暴露出残暴与野蛮的一面，似乎有天命神权之庇护，即使是最残暴的统治也会获得上帝的认可。这也透露出殷商时期的思想观念还没有出现主体（社会群体）的价值自觉，还没有独立的自觉意识，还没有后来意义上的道德伦理观念。在神权政治统治下，最残暴无道的事情也取得了合理合法的神圣外衣，如殷商时期极为流行的人殉制度即是如此。

为了强调殷商祖先与上帝的同源性，殷商统治者还设想了“帝廷”的存在。甲骨卜辞表明了被神化了的商代先公先王是可以“宾于帝”或“配于天”的，正如张光直先生所言：“商人的观念中，去世的祖先可以直接到达神界；生王对死去的祖先举行仪式，死去的祖先再去宾神，因此在商人的观念中，祖先的世界与神的世界是直接打通的，但生人的世界与祖先的世界之间，或生人的世界与神的世界之间，则靠巫觋的仪式来传达消息。但东周时代的重黎神话，说明祖先的世界或是人的世界都需要巫觋的力量来与神的世界沟通，因此代表商周神话史的一个关键性的转变，即祖先的世界与人的世界为近，而与神的世界直接交往的关系被隔断了。”也就是说，商代的先公先王们在“宾于帝”或“配于天”后，就获得了和上帝相仿的某些特权。在殷商人的意识形态里，上帝是至上神与宗祖神的混合体，具有一元神的结构特征；至上神（上帝）与祖先神（先王先公）合而为一，商王为自己的权力寻找到了两个强有力的合理源头：一是源自“上帝”，二是源自“祖先”。两个源头叠合为一，商王的权力统治似乎具有了永恒的保障机制。商王把自己看作国家权力的象征，商王的利益与国家的利益是完全一致的。由于“上帝与先祖的分别并无严格清楚的界限，……殷人的‘帝’很可能是先祖的统称或是先祖观念的一个抽象”，因此，祭祀祖先实际上就是祭祀上帝，祭祀上帝通过祭祀祖先来达到。正是由于祖先崇拜对殷商统治者具有巨大的现实利益，因此殷商人对于先公先王的祭祀非常重视，其名目之多、次数之繁、供献之丰、场面之大、等级之严皆非今人所能想象。质言之，殷商人祭祀祖先蕴含了十分自觉的政治意识，它不但要从先王先公那里获得卜问之结果，更重要的是通过祖先崇拜这种宗教仪式证明商王所拥有的政治权力源于先王先公，商王是先王先公在现世的代言人，商王的意志即体现了先王先公的意志。殷商人的祖先崇拜已经成为其政治思想统治的重要的不可分割的组成部分。

由于历史的局限及思维水平的低下，殷商人还无法超越原始宗教意识和神权政治观念的束缚，还没有意识到国家政权的稳定与否不取决于上帝的佑护，也不取决于祖先的庇护，而是取决于制度的好坏，取决于民心的向背，取决于道德的力量。尽管殷商时期已经产生了零星的“王司敬民，罔非天胤”之质朴的“敬天保民”意识，但在强大的神权政治统治的笼罩下，在全民尊崇鬼神意识的支配下，这种萌芽式的民本意识还显得十分脆弱，还很难闪现出其熠熠的思想光辉。商王正是忽视了这一点，并坚信“我生不有命在天”，最终导致了国家覆亡的悲惨结局。

正如王国维对殷商后期的社会现状的评价中所指出的：“夫商之季世，纪纲之废，道德之隳极矣！……卿士浊乱于上，而法令隳废于下。举国上下，惟奸宄敌雠之是务；固不待孟津之会、牧野之誓，而其亡已决矣！”可以说，殷商统治的五百多年历史是伴随着野蛮与文明、神性与理性共生共存的，是在野蛮与文明、神性与理性的力量对比、消长中曲折前行的。虽然殷商时期神权统治一切，但在神权的统治下，有些统治者已开始朦胧地意识到人间有一股不可忽视的力量，这股力量就是处于社会金字塔最底层的广大庶民百姓。尽管殷商统治者的这种朦胧认识与强大的天命思想相比显得微不足道，但它毕竟是在强大的神权体系中透露出了一点人性的力量，开启了一丝否定神权的缺口。因此，武王灭商后，迅速把治国方略调整到如何维护国家长治久安的思路上来，在殷商神权政治的强大笼罩下，增加了伦理的、人文的、民众的内容，使西周时期在社会政治层面上发生了一个重大的价值转向。

占卜、祭祀与战争：殷商政治生活之根本

由于殷商的原始宗教政治特征及由氏族部落进入文明社会所经历的艰难历程，因此，在殷商社会，占卜、祭祀和战争成为国家政治生活的头等大事。占卜术最早见于龙山文化，在二里头文化时期开始盛行（有的学者认为，二里头文化就是夏文化），占卜术的产生及流行与当时社会生产力发展水平和人类认识能力极端低下有密切关系。在“万物有灵”观念的支配下，先民们认为事物之间都存在某种必然的因果联系，对某些偶然发生的自然现象和生理现象，都看作神灵的某种启示。为了及时获得神示来趋吉避凶，趋利避害，

先民们便开始采取人为手段以主动获取兆示内容，占卜术应运而生。殷商时期，占卜已经成为殷商统治者进行政治统治和国家管理的重要手段，是殷商人设计的预测未来和向神意咨询吉凶祸福的一种符号系统，具有非常神圣的象征意义。从殷墟出土的甲骨卜辞来看，殷商占卜范围非常广泛，所有社会政治活动和日常活动，如征伐、气象、农业、田猎、营建、婚嫁及疾病、死亡、灾害等，无不通过占卜以决吉凶祸福，一切皆求之于占卜，一切皆依占卜结果而行事，完全是一副“神事”决定“人事”的气象。《尚书·洪范》作为追述殷商官方政治文化方面的原始资料，向我们展示了殷人一切都要通过占卜预决吉凶的事实：“汝则有大疑，谋及乃心，谋及卿士，谋及庶人，谋及卜筮。汝则从，龟从，筮从，卿士从，庶民从，是之谓大同。身其康强，子孙其逢，吉。汝则从，龟从，筮从，卿士逆，庶民逆，吉。卿士从，龟从，筮从，汝则逆，庶民逆，吉。庶民从，龟从，筮从，汝则逆，卿士逆，吉。汝则从，龟从，筮逆，卿士逆，庶民逆，作内吉，作外凶。龟筮共违于人，用静吉，用作凶。”从这段人们耳熟能详的引文中，我们可以看到，在国君、卿士、庶人、卜、筮五方面因素中，起至关重要作用的是卜、筮的意见，国君、卿士、庶人的意见只是起一定的参考作用，而卜、筮的结果具有最终的决定权。因此，《礼记·表记》将殷商这种原始神学观念表述为：“殷人尊神，率民以事神，先鬼而后礼，先罚而后赏。”可以说，占卜在当时实际就是一种原始的政治预测行为并对日常政治实践活动给予预测和指导。在这种稳定僵化的思维定式下，殷商人通过占卜的形式建立了一条上帝与君王的内在单向联系，由于上帝为至上神与祖先神的共同根源，因此，在殷商统治者的潜意识中，保佑荫庇殷商统治者永享国祚、达到长治久安便是上帝的唯一意愿，这一意愿是不附加任何条件的，似乎天命将永驻于殷商的统治之中。

如果说占卜是通过一定仪式获取上帝之旨意，那么，祭祀则是通过一定仪式把人间一切需要解决之问题诉诸上帝，以便获得上帝的庇护或降福。因此，祭祀和占卜一样，是沟通上帝与人间的唯一中介，带有非常实用的功利色彩。在殷商时期，祭祀有一套非常严密规范的宗教仪式[①]，殷商人一年中几乎无日不举行祭祀活动。殷人已经建立起了一整套较为完备的神学政治体系，殷人最重要的神事活动就是祭祀典礼，祭祀上帝鬼神已成为一种制度并指导着国家所有的日常活动（各种各样的祭祀活动，目的在于沟通神与人之间的关系）。人对神的祭祀活动，表明了人类在早期发展过程中对大自然无法做出合理解释而具有的畏惧和崇拜心理，希望借助神灵的伟力来消除各种自然或人为灾害以及乞求神灵赐予福祉的愿望，因此，殷人非常重视祭祀，其祭名之多，祭祀频率之高、祭祀周期之长、祭品之丰厚皆达到了登峰造极之地步，中国历朝历代皆无有能望其项背者。殷商人还通过祭祀“在帝左右”的先公先王即祖先神的方式而不是直接祭祀上帝的方式来达到与上帝的交流和沟通，表明了上帝在殷人心目中的至高无上性及神秘权威性，同时也合理地诠解了为什么卜辞中只有祭祀自然神、祖先神，而没有上帝的疑问。占卜和祭祀，是殷商人与上帝鬼神交流和沟通的主要途径和手段。占卜、祭祀上帝鬼神，就是通过祭祀上帝、鬼神、祖先，获得其旨意，以确保殷商政权的永享天命。占卜和祭祀是被用来作为传达上帝、鬼神和祖先的“意志”的。掌握这种占卜术的商王、史官就成了上帝、鬼神和祖先的代言人。在殷商社会，占卜和祭祀行为在当时的社会政治生活中占有极为重要的作用，因此，有的学者把殷商时期的文化特征定性为“祭祀文化”。祭祀礼仪中已经蕴含着礼的最初含义以及礼在其未来意蕴拓展过程中所包含的一切内容，西周之礼正是在损益因革殷礼（表现为一整套的占卜祭祀仪式）的基础上创发而成，并与政治之间建立了密切的联系。《国语·鲁语上》记载的展禽谈论祭祀与政治关

① 祭与祀在意义上有一些区别：祭的范围广、层次低，一般可及于庶民百姓；而祀则属国家举行的活动，故《国语·鲁语上》所言：“夫祀，国之大节也。”祭祀二字连用，合于一词，见于《尚书·商书·说命中》：“黩予祭祀，时谓弗钦。”以后，凡是准备供品祭神祭祖的行为都称为祭祀。

系的一段言论，《国语·周语上》记载的祭公谋父劝谏周穆王征伐犬戎时，提到的祭祀与政治之间的密切关系的言论，以及《礼记·祭统》中标举的“凡治人之道，莫急于礼，礼有五经，莫重于祭”等言论，都准确无误地表明了祭祀在当时社会政治生活中所占有的绝对重要地位，祭祀制度与日常的政治活动不但密切相连，而且成为日常政治行为的最重要表现形式，成为日常政治行为的重要象征。就是在现代文明社会，祭祀作为一种象征意义也没有完全消失，而且还日益凸显出其凝聚民族精神、追寻历史文化源头的价值意义。这种象征意义甚至反过来能够决定政治的兴衰存亡。自王公贵族至庶人百姓，都把祭祀作为一件头等大事来对待。殷商后期，商王对各种祭祀活动不再是每事必躬，而是由其宗族之人代替商王主持祭祀活动。这种祭祀活动主体的改变标志着殷商王朝政治结构的重大变革，它标志着自夏殷以来王权与神权（祭权）的高度一致在殷商后期出现了裂痕和分离。

战争与占卜、祭祀一样，在殷商社会政治生活中同样占有极其重要的地位。据统计，在中国古代几千年的历史进程中，平均三天就要发生一场战争。在氏族社会里，“没有军队、宪兵和警察。没有贵族、国王、总督、地方官和法官。没有监狱，没有诉讼”。氏族的公有制使氏族成员处于平等的地位，而共同的血缘关系又使氏族成员具有参加公共事务的同等权力。在氏族内部，氏族成员间的关系依靠共同生活所形成的“习俗”加以调整。贫富分化、男女不平等打破了氏族内部的平衡与和谐，等级现象的出现又加剧了氏族内部的动荡，以财富多寡为基础产生的等级制取代了氏族内部沿袭已久的平等制。旧的规范被打破，氏族制开始瓦解，于是，战争成为经常的事情。氏族间的残酷战争，加速了氏族社会瓦解的过程。在这一历史时期，“战争成为经常的职业”。为了防御和掠夺，具有血缘关系的氏族联合起来，结成部落联盟，这时，“军事首长……成了不可或缺的常设的公职人员”。而频繁血腥的战争加强了最高军事首长及各级军事首领的权力。

中国从部落演变为早期国家后，原始的氏族部落特征并没有完全消失，而是直接移植到了早期文明国家之中。当时中国境内可谓方国林立，据史书记载，夏之时有“万国”；商之时有方国“三千”；就是周之时，甚至还有诸侯“八百”。[①] 而夏商周在当时只不过是众多方国中的一个方国而已，其与众方国最大之不同就在于其首领在由众多方国组成的方国联盟中担任最高政治领袖和军事首领，因而较其他方国首领而言拥有更多的政治权力和宗教权力而已。是众方国之长，而非众方国之君，他们与众方国之间犹如后世之诸侯与盟主的关系，而非君臣上下之间的关系。各国之间互相进行着弱肉强食的残酷战争和掠夺。战争的结果不但改变了物质利益、财产关系的比例结构，而且也调节着各个部落之间的信仰差异，战争加强了群体的内聚力，战争使部落或地区的保护神上升为国家的保护神，战争还最终使强权政治得以实现。

从国家内部来说，祭祀决定着一国政治的兴衰存亡；从国家外部而言，战争决定着一国政治的兴衰存亡。无论是祭祀还是征伐，都是国家权力的一种象征，而这种权力的获得，都是来自于上天。战争是政治的继续，政治权力来自神权，政治是神权在人间的延伸，君主是神权在人间的代言人。如此，世间的政权披上了神权神秘的外衣，以证明其政治存在的合理性与合法性。

巫觋集团：神界与人界关系的沟通者与解释者

前面说过，殷商人崇奉上帝鬼神具有浓厚的功利目的。上帝鬼神作为一种虚幻精神实体的存在能够支配自然万物及人间万事，能够调理风雨、降福

① 《荀子・富国》《吕氏春秋・用民》《吕氏春秋・观世》里也有相同的记载：“古有万国，今有十数焉”；“禹之时，天下万国，至于汤而三千余国”；“周之所封四百余，服国八百余”。至春秋初年，尚存 140 余国，战国初仅存 10 余国。可见，1000 多年间大吞小、强并弱战争连绵不绝。

致祸于人间，但它本身并不直接与人间发生关系，它本身也不具有任何道德属性，与人的道德行为也毫无关联。殷商君主与上帝交流与沟通，必须经过一个中间环节才能进行：这一环节即巫觋通过运用祭祀和占卜之手段，借助祖先神之伟力，以达到与上帝沟通之目的。占卜、祭祀作为沟通神（神圣世界）与人（世俗世界）之间的桥梁，反映了人类欲探求神的意愿和神圣世界的强烈愿望。

据史料记载，民神之间经历了民神杂糅、民神异业及绝地天通三个重要的历史发展阶段，巫觋就是在这一漫长的历史演进中逐渐出现并发展起来的。特别是民神关系发展的第三阶段，为了避免“民神杂糅”的混乱状况，把通神之权之事交给少数人来处理，由少数人来掌握，这少数人就是巫觋集团。从此，人人与神自由平等对话交流的时代结束了，世界划分为神的世界和人的世界，沟通神、人世界变成了一种权力、一种象征，而巫、史、卜、祝、宗等就成为这一批最早最有权威的职权拥有者和神人关系的解释者。《说文解字》：“巫，祝也。女能事无形以舞降神者也。”《公羊传·隐公四年》：“于钟巫之祭焉。”何休注曰：“巫者，事鬼神祷解以治病请福者也。”有些学者认为巫的出现与古代天文学有密切联系。李学勤认为，原始时代的“巫”是操“矩”以测天地者；葛兆光也认为，“对于天地宇宙的四极八方的把握，可能在早期就是‘巫术’的中心”。巫觋的最基本特征就是具有通神的功能，巫既能通鬼神，又集王权与神权于一身，可以说，巫既是史前时代的知识分子，又是当时的王者、智者、圣者，他们在社会中享有很高的社会地位，在王室中都担任十分重要的角色。[①]

巫觋是原始人群中最早分化出来的脑力劳动者，他们的活动与人类文明的脚步相始终，并促成了人类早期政治活动的出现。巫觋作为人神沟通的媒

① “巫”的这种通神性质在我国台湾省高山族的象形文字中表现得淋漓尽致。

介和桥梁一直延续到殷商时期。殷商前期，巫觋操纵和控制了占卜的内容、仪式和结果，这些巫觋代表着神权政治势力，他们假借上帝鬼神的意志，成为神界在人间的代言人，掌控着国家的政治大权。巫觋的特殊知识、地位和身份，使之在政治活动中扮演着重要的角色。凡事皆由巫觋通过卜筮向上帝请求答案，巫觋是专门从事沟通鬼神和人间关系的宗教职业者。原始的鬼神崇拜已发展到以血缘为基础，与宗法关系相结合的祖先崇拜。巫以歌舞降神，并有一套符咒驱鬼的巫术。由于巫觋在当时的国家政治生活中享有极大的特权和极高的威望，当时国家和社会的一切活动均受巫觋支配和掌控。可以说，巫觋集团既是部落联合的组织者和执行者，又是文明因素的创造者和积累者。很多文明因素的创造和积累，都与巫觋的活动密不可分，如文字的发明、乐舞、八卦、天文历算、医学、礼仪等。没有巫觋这一批人类最早的知识者、思想者，就没有中国早期的文明成果。正因为此，殷商时期之巫觋阶层及祭祀、占卜之行为仪式，在社会政治生活中就具有不可替代的影响和作用，具有极高的社会政治地位。由于巫觋的特殊知识、地位和身份以及在当时的国家政治生活中所享有的巨大特权和极高威望，使殷商社会的政治结构出现了宗教与政治合而为一，神权与世俗权力合而为一，宗教领袖与世俗政治领袖合而为一的祭政合一的局面。宗教对政治具有巨大的影响力，商王“自己虽为政治领袖，同时仍为群巫之长”。殷王兼政治领袖与宗教领袖于一身，殷王本身既是国君又是巫师，因而具有绝对的政治权威和神权权威。尽管殷商时期实行祭政合一的政治模式，但在神权与君权之间仍存在着十分尖锐复杂的矛盾斗争。就是说，在共同行使国家职权、维护国家利益方面，二者具有一致性、统一性；但在是以神（上帝）的意志为主还是以君王的意志为主问题上，则存在明显的矛盾斗争。随着国家政治事务的复杂化及社会活动的多样化，国君一人难以同时兼任政治领袖与宗教领袖，于是在殷商中后期产生了政教分离分化的趋势。

以上笔者从四个方面对殷商时期的原始宗教政治与神权决定论思想做了较为系统全面的阐述。殷商是神权政治统治的时代，天命神权是国家政治及国家意识形态的核心，一切都是围绕天命神权而展开；殷商人把关注的焦点投放到超越的彼岸世界（精神世界），其政治逻辑就是：天命是庇护保佑殷商政权的，天命是恒常不变的，因而殷商政权也是恒常不变的。这种单向度的逻辑思维使商纣王至死仍坚信“我生不有命在天”，并导致了殷商王朝的最终覆亡，同时也预示着占殷商国家意识形态主流形态的天命神权思想面临着崩溃和瓦解的命运。武王灭商后，迅速把治国方略调整到如何维护国家长治久安的思路上来，在殷商神权政治的强大笼罩下，提出了一系列维护国家政治稳定的治国方略，增加了伦理的、人文的、民众的内容，使西周初年兴起的伦理政治意识、人文理性精神在殷商神权政治统治日渐衰颓的态势下愈益显露出其思想的光辉。西周时期在社会政治层面上发生了一系列重大社会变革和价值转向。

第二讲

殷周至春秋时期的神人关系

中国是世界文明形态中文化发展最早最发达的国家之一，素有“文明古国，礼仪之邦”之雅称。中国的传统文化博大精深、源远流长，对人类思想文化的发展做出了不朽的贡献。儒家的人学思想，作为中国传统文化的重要组成部分，对中国社会的政治、经济、军事、法律、文化、教育及人们生活的各个领域产生了极其重要的影响。本讲就中国早期儒家人学思想确立之前——殷周至春秋中后期的神人关系之演进过程做一鸟瞰式的评述，以便我们能够更加全面地把握儒家人学思想的内涵和实质。

殷商时期：神性至尊

据近年来的考古资料发现，中国最早的文字符号的产生是在夏朝（公元前 21 世纪）之前。但是，从文字发生学和思想发展史的视角来考察，真正能够为后人所识读的文字即甲骨文，却是殷商时期开始出现的。殷商时期是一个宗教意识极为浓厚的时代，原始宗教是国家的精神支柱，整个社会中到处弥漫着原始宗教的气息，原始的神学观念在社会中占据绝对统治的地位（在殷商人眼里，几乎每一种与人关系密切的自然物、自然现象都有它们的神及神灵）。“由于自然力被人格化，最初的神产生了。”在殷人的神人关系系统中，神是至高无上的，人一切都要听命于神的安排，还没有从神的绝对无上的权威下“剥离”出来，而完全是神的附庸，受神的支配。从已有的文献资料记载及前人的研究成果可以看出，殷人已经建立起了一整套较为完备的神学政治体系，殷人最重要的神事活动就是祭祀典礼，即所谓“国之大事，在祀与戎……神之大节也”。祭祀鬼神已成为一种制度并指导着国家所有的日常活动（各种各样的祭祀活动，目的在于沟通神与人之间的关系）。殷商社会崇拜天帝，祭祀祖先，认为人间任何事情都要受到冥冥之中神的支配。因此，上至国家大事，下至帝王贵族们的私人生活，诸如战争、祭祀、农业、气象、祸福、凶吉、狩猎、疾病、生育……都要求神问卜。人对神的祭祀活动，表明了人类在早期发展过程中对大自然无法做出合理解释而具有的畏惧和崇拜心理，希望借助神灵的伟力来消除各种自然或人为灾害以及乞求神灵赐予福祉的愿望。但是，应该指出的是，殷人对神的敬畏与崇拜尚不具有“道德上”的意义，是“敬而不亲”。也就是说，殷人之所以敬畏和崇拜神，主要是由于神主宰着人世间的一切，能给人世间带来吉凶祸福。殷代卜辞记录的史实充分证明了殷人无论从事任何事情，如祭祀、征伐、田猎、稼穑等，无不采用占卜的形式以决疑惑。《尚书·洪范》作为追述殷商官方政治文化方面的原始资料，向我们展示了殷人一切都要通过占卜预决吉凶的事实。这表明了直到殷商时代，人在强大的外界自然面前，无论在思想意识上还是在个体或群体行为上，几乎还完全处于一种被动的从属的地位，人们还没有力量揭示大自然的无穷奥秘，还没有发现自身的主体需求和存在价值，还不能把自己从外部自然中完全“独立”出来。

但也毋庸讳言，尽管原始神学思想成为殷商时期占绝对统治地位的意识形态，但我们从留存下来的记载殷商文化的历史文献中，还是可以窥视一丝殷商时期极其微弱的反神意的苗头。在《尚书·高宗肜日》中，记述了一位上层统治阶层人士的话语：“惟天监下民……降年有永有不永，非天夭民，民中绝命。民有不若德，不听罪。天既孚命正德，乃曰：‘其如台？’呜呼！王司敬民，罔非天胤，典祀无丰于昵。”这段话的意思是说，天神监视着下民的一切活动，下民中若有不顺“德”、不听从天神惩罚的，上天便会降旨予以纠正，而下民们却反诘道："上天又能把我怎么样？"这下民的一声细微的诘问，在当时宗教迷信充斥一切的社会里，无疑是打开了一道小小的缺口，为民意留下了一块小小的地盘，我国著名历史学家范文澜先生据此甚至认为殷商时期就已有了"恭承民命"的思想。因此，我们在探讨殷商时期的原始神学思想时，应当认识到，在殷商时期确立的神人关系系统中，神虽然具有最终决定性的作用，但同时也透露出了一丝人们力求以卜筮为媒介，通过祭享的方式去影响至上神并建构以人为中心的神人关系的信息，这一信息为以后的儒家人学思想的形成和发展或多或少地产生了一些影响。

西周时期：神人互补

公元前 11 世纪中叶，作为"窜于夷狄之间，迁徙不定"的周部落，打败了东方的殷族，创立了周王朝（公元前 1046 年—公元前 771 年），史称西周。殷商灭亡以后，周人面对大邑商的顷刻瓦解，以周武王、周公旦为代表的统治阶级在不断总结夏、殷覆亡的经验教训的同时，全面承袭了殷商官方的意识形态，对殷商的原始神学观进行了适合自身统治的改造。这一点我们可以从周金文中的祭名、宫庙便可窥其一斑。作为"小邦周"，为了论证其政权获取的合理性，首先为自己克殷代位从历史上寻找依据，提出了"天命转移论"。《尚书·多士》中，周成王告诫殷商遗民说："尔殷遗多士，弗吊旻天，大降丧于殷。我有周佑命，将天明威，致王罚，敕殷命终于帝……我闻曰：上帝引逸，有夏不适逸，则惟帝降格……乃命尔先祖成汤革夏，俊民甸四方……惟尔知，惟殷先人，有册有典，殷革夏命。"这段话是说，我们周人取代殷人，就像你们殷人取代夏人一样，都是天意，是一种正义的行为。周人心目中的上帝具有了一种主持公道、是非观念明确的品格，这是一个了不起的进步。如果说殷代还是以原始宗教思想为主的话，那么可以说，在西周初年，由于重人、重人事因素的出现，伦理思想逐渐渗透到庞大的神学思想体系内部，并逐渐成为一股在强大的神力面前敢于提出一点自我要求的思想倾向。可以说，中国传统文化在其发展历程中所具有的浓厚的伦理色彩，就是从殷周的思想变革时期开始形成的。其次周人要做的第二件事就是把“天命”思想从殷人单纯的宗教迷信中突出出来，增加了其政治性色彩。按陈梦家先生所言，殷商之至上神——“帝”或“上帝”与人事尚无血统关系，仅为“生活上或生产上之主宰”；而宗周人之至上神——“天”或“皇天”则为“政治上之主宰”，揭示了周室宗教天命思想与政治联姻的事实。周室为了加强其统治地位，灵活运用其天命思想，采取了两重标准论：面对殷商遗民，周室一再宣称，政权的取得，是上天的意志，因而反复强调“天命不僭”“丕显文王，受天有大命”“有命自天，命此文王”，肯定天命的不可动摇性和神圣性；但对于周室内部，则一再强调殷鉴不远，政权获取之不易，因而不断告诫说：“天棐忱辞”“惟命不于常”“天命不易”“天难谌，乃其坠命”“天不可信”“天命靡常”。周人对天命的怀疑和警戒，在中国人学思想发展史上，是一个重大转折，具有划时代的意义。这一思想转折表明周人逐渐摆脱了殷人那种靠神权来治理国家的思想观念，从而为人、为人事争得了一席之地，也表明周人在价值取向和致思重点上开始由神向人倾斜，由轻天命向重人事转移，为传统的神人关系注入了人的内容，从而促成了神的地位下降和人的地位上升。也正是从这时起，人开始从完全依附于神到逐渐意识到了自己的存在，逐渐从外在自然界中“独立”出来，表明了民意之开始受到重视，也表明了民力之从此不可忽视，直接开启了儒家人学思想中民本主义和人道主义思潮的先河。

周革殷命，周统治者汲取殷灭亡的经验教训，逐渐认识到人民所具有的力量，不能再像殷人那样“暴虐于百姓”。于是提出了一整套关注社会、关注人事方面的思想，主要体现在以下四个方面。

一是提出了“祈天永命”和“以德配天”的思想。在这种思想的指导下，天命不再是永恒不变的，天命的权威性不再是无条件的，周人开始对天命进行怀疑甚至批判。在神与人的关系中，人所占的比重逐渐增加，人事的力量逐渐增强，人的主体性和能动性较之殷商时期明显增强。在神人关系中，“德”成为联结神与人的中枢。也就是说，“皇天无亲，惟德是辅”，皇天惟德是佑，是谓天德，有夏与有殷正是由于“惟不敬德”，所以才“早坠厥命”。周人把人间的“德”赋予天，人以德配天。

二是提出了“敬德保民”和“明德慎罚”的思想。尽管殷商时期即已存在“敬德”的观念，但真正赋予“敬德”以新的含义的却是在殷亡周兴以后。“德”不但与天有联系，而且与民也有联系，我们从周初金文和《周书》对“德”字的记载中（“德”字在《周书》中共出现122次），可以看出周人对“德”的重视程度。周人所谓“德”，更多地蕴含有道德的内涵，其核心内容就是“孝悌”，落实到现实政治生活中，即体现为“徽柔懿恭，怀保小民，惠鲜鳏寡”。可见，周人强调“敬德”的目的是巩固其统治的需要，要想做到“祈天永命”，就必须“施实德于民”“保惠于庶民”，一言以蔽之，就是要“保民”“爱民”。按照王国维先生的解释，“民”在周代的社会地位十分低下，是被治理被统治的对象，但为了让姬周统治能够长久延续下去，周初统治者把“敬德”思想与“保民”思想紧密地联系了起来。周初统治者已深刻认识到，夏殷之亡国，主要是失去了民心、失去了人民的支持，因此，统治者不但要知晓小民之疾苦（“知小民之依”），知晓小民“稼穑之艰难”，不但要把小民之痛苦当作自己的痛苦（“恫矜乃身”），而且还要及时顾察小民的言论（“其不能成于小民，用顾畏于民岩”），要重视民意和民愿（“民情大可见”“天视自我民视，天听自我民听”）。“人无于水监，当于民监”。真正可怕的不是天命，而是民意，这充分反映了人民的言行、情感和意愿在周初受到了统治者的高度重视。周初的“保民”“爱民”思想，还体现在慎罚、任用贤能及勤政上。周公说：“惟乃丕显考文王，克明德慎罚，不敢侮鳏寡，庸庸，祗祗，威威，显民。”所谓“庸庸，祗祗，威威”，按照朱熹的训释就是说要“显用俊德，慎去刑罚”，就是“用其所当用，敬其所当敬，威其所当威”。无论是“保民”还是“慎罚”，都是“敬德”“明德”的具体体现，是周代统治者对民众中蕴藏着的足以影响政权存亡的潜在力量的充分认识。“敬德保民”思想的提出，是这一时期天命神学与人学逐渐分离的重要标志之一，反映了周代“天”“神”“上帝”观念向“人”“德”观念的转化，这一思想与殷商时期相比，不能不说是一个很大的进步。

三是创制了著名的周礼。礼最初起源于原始初民日常的衣食住行及长期形成的风俗习惯，即所谓“夫礼之初，始诸饮食”；同时，礼的起源也与原始初民为了满足自身求神赐福、祭祀仪式等精神需求密切相关。故汉许慎《说文解字》释“礼”为“履也，所以事神致福也。”“礼”在卜辞里也主要是指祭祀。中国的礼和礼制文化经过漫长的历史演化，到夏、商时期已发展得相当完备。周灭殷后，周初著名政治家周公旦在“因于殷礼”，又“监于二代”的基础上，并结合周初的实际情况，创制了著名的周礼，把礼和礼制文化推向了鼎盛的巅峰。《左传·文公十八年》载：“先君周公制《周礼》曰：则以观德，德以处事，事以度功，功以食民。”周代的礼制文化具有非常系统完备的礼数要求，相传有所谓“礼仪三百，威仪三千”“经礼三百，曲礼三百”等说法，表现为一套完整的以维护、巩固宗法等级制度、区别上下贵贱等级关系为目的，以君君、臣臣、父父、子子为核心内容，并适时调整和缓和各等级之间矛盾关系的严格的等级制度格局。“君臣、上下、父子、兄弟，非礼不定”，“在礼，家施不及国，民不迁，农不移，工贾不变。”“礼”在国家政治生活中具有“经国家、定社稷、序民人、利后嗣”的非常重要的调节功能和作用，成为约束和规范人们日常思想、行为、言行的准则。因此，周礼在当时是普遍适用的价值准则，它兼有道德规范和法律约束的双重含义，是社会上每个人都必须遵循的行为规范。春秋以降，随着“礼坏乐崩”时代的到来，周礼从此一蹶不振，由鼎盛期进入衰落期。周礼作为一种外在的规范人们思想行为的社会制度的总称，对后来中国人学思想的发展起到了极其重要的影响，成为孔子、荀子礼学思想，特别是荀子外王之学的重要源头之一。

四是提出了“惟人万物之灵”的思想。中国早期人学思想发展的伦理化、人文化倾向，使得中国文化较早地将思维视野转向了社会、人事问题。从西周时起，“人”的问题日益引起人们的广泛关注，《诗经·大雅· 烝民》篇所载的“天生烝民，有物有则。民之秉彝，好是懿德”表明周初思想家已开始用非常直观朴素的方式来探讨人的来源、人的本性问题。有的学者指出，中国最早对人性问题进行探讨，不是始于孔子，而是始于西周初年，并认为西周初年已有了“人性善”“人性恶”的萌芽。“可见，西周初年开始出现人性论的萌芽是周人对人自己的力量的相信、把德与治国联系起来，进而对人自身思考的产物。”孟子、荀子的人性善恶理论正是在继承西周初年人性论的基础上发展起来的。人性本之于天，人所秉受的是一种美好的德性（懿德）。这种看法尽管还没有完全摆脱天命观的影响，还显得比较幼稚，但这一命题的提出意义却非常重大，它直接开启了儒家人学思想对“人”的最一般的价值规定和思维路径。周初还提出了人的德性修养问题，《尚书·皋陶谟》不但提出了“慎厥修身”这一中国早期人学中关于人的自我修养的人学命题，而且还以“九德”作为修身的根本标准。周人还对君主的自身修养问题提出了要求：“节性，惟日其迈。王敬作所，不可不敬德。”就是说，为王者要时时谨慎自己的行为和德行。周人关于人的自我修养的学说，为儒家人学思想中强调内圣的一面——重视生命个体的道德修养奠定了坚实的基础。周初对人的关注还表现在人的价值正日益从殷周神学观、天命观中凸显出来，人们评价事物的标准正由神的标准向人的标准转化。一切灾祸出现之根源不在天上，而是由人自身造成的。“下民之孽，匪降自天；尊沓背憎，职竞由人。”此外，周代思想家还提出了一系列与“人”有关的重要命题，如“知人则哲，安民则惠”“天聪明自我民聪明”“用康保民”“民之所欲，天必从之”等。这一系列关于中国文化发展初期人学思想的萌芽以及朴素的人学命题的提出，不仅表明西周时期作为中国早期文化发展的“轴心时代”在联结夏殷文化与春秋战国文化中所起的承前启后、承上启下的巨大作用，而且在整个中国文化发展史上都占有极其重要的地位，对中国不同时期、不同流派思想的生成和发展，对中国思想文化的政治伦理化以及伦理政治化倾向，等等，都可以从西周的思想观念中寻找到其价值源头。

春秋中晚期：人的凸显

春秋时期（公元前 770 年—公元前 476 年）是中国社会政治、经济、文化发展的重要变革期和转型期。西周末期，随着小农经济的不断发展，经济关系发生了深刻的变化，殷周以来确立的宗法等级政治制度体制及周礼规定的上下尊卑贵贱等级制度遭到了前所未有的冲击和破坏，周天子“家天下”的统治秩序被打乱。王权旁落，王室衰微，礼崩乐坏，互相兼并，私田数目不断增加，“僭越”事件不断出现，而与社会发展相适应的新的社会制度尚未建立起来。因此，处在社会大变革前沿的思想家们根据自己对自然、社会、人生的理解，已从殷周时期原始神学观、天命观的束缚中解脱出来，开始用理性的眼光去审视现实社会政治问题，提出了各种各样的学说。这些理论学说涉及范围非常之广，但从广义上说，是对传统神人关系的新的理性思考。这一理性思考沿着两条思维路径展开：就对传统神学思想体系的否定来说，表现为无神论思潮的出现；就对人及人事的重视和肯定来说，表现为人本主义思潮（或称“以人为本”思潮）的出现。两个问题不是平行并列关系，而是呈互补性结构关系，春秋时期的思想家对这两个问题的态度，正集中体现了春秋时期人文思潮的蓬勃兴起，并最终导致了神人关系、天人关系的重大突破，完成了春秋时期价值观的根本转向。

殷周以来建立起来的神学思想体系从一开始就蕴含着难以克服的内在矛盾，即神的虚幻性与人的现实性的矛盾。随着春秋时期思想解放运动的兴起，这一矛盾冲突越来越明显，越来越不可调和，无神论思潮的出现，正是这一内在矛盾冲突产生、发展的必然结果。

我们通过《尚书》《左传》《国语》等先秦历史文献的记载，便可以窥见殷周时期对天命鬼神的崇信程度。所不同的是，殷人每事必求神问卜，“先鬼而后礼”。而周人则较为理性地对待鬼神，“事敬鬼神而远之”。历史进入春秋时期，随着人的理性思维能力的进一步增强及对自然外界认识的进一步加深，固有的天命价值观发生了裂变，天命鬼神从至高无上的人格神地位跌落，成为人们可怨可恨可评说可怀疑的对象。为了给新兴的地主阶级夺取政权寻找理论依据，晋国的史墨明确指出，自古至今，没有常奉的国家，也没有常位的君臣。历史的变迁和发展就像“高岸为谷，深谷为陵”那样，并非一成不变的，鬼神对此也无可奈何。过去人们认为吉凶祸福来自天命鬼神，而楚国的斗廉却认为：“卜以决疑，不疑何卜？”用反问的方式表示了吉凶祸福与天命鬼神无关，而是由人自己造成的。

春秋时期的大变革，使人们深刻认识到了人的力量的重要性，仲几说：“薛征于人，宋征于鬼，宋罪大矣。”宋国罪大的原因就在于以鬼神为是非，而忽视了人的存在。当时的虢国多以神事为重，周内史便断言，由于虢国“虐而听于神”，“虢必亡矣”。随国大夫季梁继承和发挥了西周初年“天听自我民听，天视自我民视”“民之所欲，天必从之”的进步思想，提出了“民为神之主”的口号，并得出了“是以圣王先成民而后致力于神”的结论。虢国的史嚣比季梁更进一步看到了人的作用和力量，他说："国将兴，听于民；国将亡，听于神。神，聪明正直而壹者也，依人而行。虢多凉德，其何土之能得？"统治者若以民之是非为是非，国家就会兴盛；反之，统治者若一味听信于鬼神，国家就会衰亡。在这里他是把听信于民还是听信于神作为国家兴衰存亡的依据，并明确给予了肯定的回答。在史嚣看来，神是"聪明正直而壹者"，它要通过人的力量来表现出来，要"依人而行"，立国之根本在于修政而安民，"鬼神非人实亲，惟德是依"。通过这一系列言论的征引，我们可以看出，春秋时期无神论思潮的出现，直接导致了神的地位的下降和人的地位的上升，在神人关系问题上是一个重大突破。

在天人关系上，春秋时期同样面临着重大的理论突破。《诗经》中已微露出天人相分思想的萌芽。[①] 春秋时期，这种思想在周内史叔兴、郑子产那里得到了进一步的继承和发展。针对宋襄公就陨石坠于宋、鸟退而飞等现象的发问，叔兴认为这只是一种自然现象，"是阴阳之事，非吉凶所生也。吉凶由人"。叔兴之后，郑子产第一次从理论的高度区分了天道和人道。在与梓慎、裨灶关于一次火灾后的论争中，子产明确提出了一个对后世产生重大影响的思想命题："天道远，人道迩，非所及也，何以知之？灶焉知天道？"叔兴与子产的这个命题的提出，标志着中国思想史上天人相分观念的最终确立，标志着中国古代天人观念发展中的一个重大突破。这一观念的确立，为还原"天"之自然本性，彻底摆脱人格神之天的影响和束缚，具有重大的理论和现实意义，迨及战国末期的著名思想家荀子，这一思想不但得以系统的继承和发展，而且具有了更为完备的理论形态和实际价值。

通过对殷周至春秋时期中国思想文化发展史上神人关系之演进的考察，我们可以看出孔子人学思想出现之前，在神人关系系统中，人经历了

---

① 参见《诗经·小雅·雨无正》《诗经·小雅·十月之交》等篇。

从“无我”走向“自我”，从“隐”至“显”，从“无主体性”到“自我发现”的漫长的艰难曲折的历程，人的自我发现和价值自觉为中国思想文化，特别是儒家人学思想的形成和发展提供了深厚的思想资源和理论基础，孔子人学思想的确立，正是殷周以来由“神性至尊”到“人的价值凸显”的思想演进逻辑发展的必然结果。从此以后，中国文化便开始了其悠久漫长的生长发展历程。

第三讲

西周时期神权政治向伦理政治的转向

众所周知，殷商是无限的神权政治统治时代，天命神权是国家政治及国家意识形态的核心，一切都围绕天命神权而展开；殷商人把关注的焦点投射到超越的彼岸世界（精神世界）。在殷商人看来，一切政治权力的获得皆来源于天命神权，天命神权是静态的、不变的、至高无上的；天命与国祚之间是单向度的内在联系，这种单向度的逻辑思维使商纣王至死仍沉溺在“我生不有命在天”的思维定式中而不能自拔，并最终导致了国破人亡的悲惨结局，殷商之亡同时也预示着占殷商国家意识形态主流的天命神权思想面临着崩溃和瓦解的命运。

殷商政权的灭亡，暴露了殷商神权政治存在的无法克服的弊端和内在的思想矛盾。殷周之际，社会的政治结构和等级秩序发生了天翻地覆的剧烈变革，社会面临着“小民方兴，相为敌仇，今殷其沦丧，若涉大水，其无津涯”的严峻形势，各种思想价值观的矛盾与冲突扭结在一起，勾勒出一幅轰轰烈烈的思想画卷。正如王国维在《殷周制度论》一文中所言：“中国政治与文化之变革，莫剧于殷周之际。”革命成为殷周政权嬗变的唯一手段。殷周之际剧烈的社会政治变革迫，使刚刚取得国家政权的西周统治者在具有深深的政治忧患意识的同时，不得不重新检讨和思考如何对待殷商意识形态的核心——天命问题，这成为西周统治者处理一切问题的切入点和思想起点。如果说殷商人的精神生活还没有完全脱离原始状态，他们的思想行为完全取决于外在的祖先神、自然神及上帝，那么，周人在中国思想发展史上的伟大贡献，就在于“在传统的宗教生活中，注入了自觉的精神；把文化在器物方面的成就，提升为观念方面的展开，以启发中国道德地人文精神的建立”[①]。尽管周人之思想较之殷人来说更为世俗化和理性化，但仍没有完全摆脱神权政治、宗教信仰之束缚，西周时期虽然在国家机构设置及意识形态上全面继承了殷商，但经过夏商千余年的历史发展，积淀了太多太深厚的实物和文化遗存，系统考察、梳理、改造和总结远古传说及夏商以来的思想，使之服务于西周新生的政权统治，就不可避免地摆在了西周统治者的面前。经过周初政治思想家们的政治实践和不懈努力，一种能够长久产生政治功效的政治理论体系比较完善地建构起来了。本讲将从政治忧患意识：一种新的天命价值观、德政原则，以“敬德保民”为价值核心的政治道德体系、礼制与宗法等级制度等层面对西周时期神权政治的衰微与伦理政治的兴起做一宏观的叙述和阐释。

政治忧患意识：一种新的天命价值观

天命观是人类进入文明社会后第一个出现的意识形态。与殷商时期一样，西周初年统治者仍以天命神权作为国家统治的工具。周人代殷以后，社会政局极不稳定，各种叛乱不断发生，在严峻的政治斗争形势下，周人不是高枕无忧，而是如履薄冰、如临深渊，陷入了深深的政治忧患意识与社会危机之中[②]。周人的天命思想具有深深的政治忧患意识，这种政治忧患意识贯穿于西周历史的始终。它不但使周统治者时刻警惕和思考天命与德、民之间的内在关系问题，从而得出了“皇天无亲，惟德是辅”“保民而王”的政治见解，而且还迫使周统治者不得不把国家统治的重点由神学向人学、由外在向内在、由天国向人间、由宗教向道德的价值转化。而这种价值转化本身恰恰构成了

---

① 徐复观：《中国人性论史》(先秦篇)，上海三联书店2002年版，第57页。

② “忧患”一词最早出现于《周易·系辞传下》：“《易》之兴也，其于中古乎？作《易》者，其有忧患乎？”(高亨：《周易大传今注》)

中国政治思想文化的最基本特质。忧患意识产生的基础是一种强烈的危机感、历史使命感及社会责任感，是一种居安思危意识，是在和平安宁的环境下产生的对可能出现的危难或危机的政治自觉意识。正是周人这种深深的政治忧患意识和危机意识，使周统治者不断发布诰令、誓命，以各种形式促使周人以夏殷之亡为历史之鉴，从王朝兴替、历史变迁中总结经验教训和汲取政治智慧。殷亡周兴，周统治者首先面临两个方面的严峻挑战：一是殷商之天命是否是永恒不变的，人间之君权是否还是“受命于天”；二是西周以小邦周灭大邑商，实为一种犯上、弑君之不道行为，能否获得天命之庇护？归结为一点就是：周人是否还需要继续沿用殷商之上帝观念及如何诠释周代殷的合法性问题，这是西周统治者首先要解决的意识形态问题。

随着西周时期社会政治实践的制度化、理性化，殷商时期居于统治地位的天命神权思想越来越显露出其内在思想的矛盾，也越来越不适应西周社会发展的需要。按照传统天命论的逻辑，商汤灭夏、武王灭商都是不可思议的事情。因为在他们看来，其国家政权之获得，乃是受命于天（命），天（命）是永恒不变的，因此，其政权也应该是永远长存的。然而现实却使传统的天命观念遇到了前所未有的挑战。面对严峻的社会现实，迫使西周初年的统治者不得不重新思考以往的天命神权思想，使殷商时期开启的“疑天”历程在西周时期有了更进一步的发展，周人之重天，不但赋予天以至上神的绝对权威，而且还把人间世俗之德与天相配，形成“天德”。于是，作为至上神的天便具有了德的禀赋与功能，具有了正义、善性和理性，既对周人的天命转移理论与殷人的天命不变理论做了区分，同时还使周人之天命与世俗君王之有德、无德，与民意之是否一致寻找到了合理性的价值依据。

周人对夏殷天命观的变革首先是以周人之“天”取代殷人之“帝”的形式表现出来的。面对殷周之际巨大的社会制度及思想意识形态领域的深刻变革，周人首先从价值源头上对殷商的天命观念进行了修正。即以具有至高无上地位及具有主宰一切功能的精神力量——天、天命取代殷商时期具有至高无上地位，及具有主宰一切功能的精神力量——帝、上帝，随着西周时期天的至上神地位的确立及其政治权能的延展，神灵世界日趋秩序化、等级化，人间万事之是非曲直善、恶美丑，都可以从天那里得到合理的解释和答案，天承担起了人间仲裁者的最终功能。殷商时期宗教性之上帝逐渐过渡到伦理性之天，为西周初年的统治思想寻找到了新的价值源头。周人之天与殷人之帝作为一种维护政治统治的价值根源在存在形态、表现形式上并无差别，它们具有同样的权威，是自然与人间的主宰，同样具有天命予夺的权力，但在其本质内涵及内在依据上却有了根本性的区别与变化：殷商之天命是静态的恒定的，西周之天命则是动态的可变易的，即“天命靡常”“惟命不于常”；殷商之天命作为殷商先祖之源头，毫无保留地庇护殷商政权之存在；西周之天命则增加了道德的内容，以人间君主“有德”或“无德”作为是否庇护西周政权之前提，德是天授予人间王权的依据和准则，在殷商神权政治的笼罩下打开了一个缺口，渗入了伦理理性的内容，于是，“皇天无亲，唯德是辅”成为周人新天命观的切入点；殷人之帝为祖先神与至上神共同之价值源头，故难以摆脱与其血缘之间的联系；而周人之天，其观念虽源自殷商时代的帝、上帝，但却割断了殷人上帝与祖先之间的血缘联系，使殷商时期的一元神论分裂为二元神论即祖先神与至上神的分离，这是周人代殷取得天命的理论依据。

在中国古代政治思想史上有一条线索，几乎历朝历代的统治者都以天命来诠释政权、君权获得的合理合法性，天命是思想家们解释社会、政治或历史现象的重要标尺，这一思想观念源于进入早期国家形态不久的夏商时期，主要体现在《尚书》《诗经》等先秦典籍中。前面已指出，夏商统治者毫无例外地都把政权之获得视为天命神权庇护之结果。夏桀以为天命神权之庇护夏政权就像太阳永不消亡一样久远；由于“桀不务德而武伤百姓，百姓弗堪”，百姓发出了“时日曷丧？予及汝皆亡”的愤怒呐喊。商纣王时期，社会矛盾更为尖锐，面对小民之怨恨，国家政权危如累卵，商纣王弃社会现实于不顾，我行我素，一意孤行，作恶多端，最终导致政权转移、国家覆亡的悲惨结局。这种将政权的获得、现实王权的拥有及终极价值来源（天命）三位一体以论证国家政权唯一合法性的政治思维模式，是中国早期国家意识形态中占主流地位的思想形态。殷之代夏，周之代殷，所遵循的都是这一正统的政治思维模式。周人的天命观念就是在这一政治思维模式的背景下发展起来的。夏殷之覆亡，对西周统治者触动很大。在周统治者看来，周之代殷，虽然完成了现实政治领域王权之更替，但在意识形态领域，还有许多问题没有解决，其中最重要的一个问题就是周人对于获取“天下”的“合法性”问题做出充分的解释和说明。因此，在完成天、帝概念之转换以后，接着就是以新的至上神观念（及天命观念）解释周政权代殷取天下的合法性问题。

在天命观上，周人采纳了殷商天命观的外在形式，并没有太多创新之处，在周初文献中，有关政权、君权神授的记载俯拾皆是，如周公在把康叔封往殷地时训诫说：“惟时怙冒，闻于上帝，帝休。天乃大命文王，殪戎殷，诞受天命，越厥邦厥民，惟时叙。”周公以文王的勤勉德行取悦于上帝，上帝乃命文王灭殷，代殷受天命之事，以说明其政权来源于上帝神权（天命）；在这里，周人之天命已由神秘的至上神与绝对权威，转换为具有道德意识的最高道德监护者，周人之天被伦理化、理性化了。

可以说，中国传统文化在其发展历程中所具有的浓厚的伦理色彩，就是从殷周之际的思想变革时期开始形成的。尤其值得注意的是，周初统治者还认为，天命与民意是一致的，从民情民意中可以反映天命，只有使民安康无逸，才能说知天命。这些记载表明了周人与夏殷人一样，不是否定天命，而是对天命深信不疑。周人所处的社会政治环境及思维水平还达不到对天命否定的高度，加之周人与殷商人原同属于一文化系列，接受、继承便成为周人的必然选择。它不是否定天命，而是为它提供新的理论依据，使之更符合时代的要求，是在更高层次上的肯定，从而使之成为周人思想价值形态的源头和基础。周人尽管在形式上接受、继承了夏殷传统的天命观，但它不是全盘接受、继承，而是在接受、继承过程中有创新、有发展；既表现出一种继承性、连续性，同时又表现出一种超越、一种断裂，可以说是对殷人天命思想的一次启蒙，一次人文精神转向。

如果仅仅局限于周人以天命解释政权、君权来源的合理合法性，那么，并不能区分殷、周天命观之本质所在，而只是说明了殷周天命思想的继承性的一面，而西周新天命思想之所以重要，之所以在中国思想史上占有突出地位，则体现在其创新之处，即体现在周人提出的天命靡常、天命转移理论及引进了道德、民本等思想理念上。前面已提及，西周初年，天命神学价值观遭到了极大的挑战，天命不可信、天命靡常等新的思想观念时有所见。社会关注的焦点发生了转化——由天命向人本思想的转化，面对三代政权之更替兴衰的历史轮回，西周统治者在思考这样一个问题：夏桀、商纣何以执天命而亡？在天命神权以外是否还有一种左右国家兴衰存亡的力量？天命与民意之间的关系如何？以周公为代表的西周统治者经过对夏殷政治及历史文化的研究，得出了一个具有永恒思想价值的结论："非天庸释有夏，非天庸释有殷""乃惟尔自速辜"。并非上天有意要舍弃夏殷，而是夏殷自取其咎、自致其亡。为什么他能够得出这一结论？周公在平定三监之乱，大分天下时，告诫康叔说，天命不是固定不变的，它不永远庇护一人或一朝，若敬奉天命，爱护小民，就能得到天命的荫护；若沉湎酒色、不勤政事，招致民怨，就会失去天命的庇护。夏桀之亡在于骄奢淫逸、残害百姓、不敬其德，故上天将天命转移到施行德政、体恤百姓的成汤身上。周人尽管仍用天命来解释殷周政权的更替，但天命的"变"与"不变"则具有了根本性的观念变化，这就是西周初年提出的著名的"天命靡常""天命转移"理论。

以周公为代表的西周统治者试图用"天命转移"理论来阐释夏商周朝

代更迭的必然性及合理性，解释社会历史变革的一般进程，它较之于殷商的“天命恒常”理论具有不可比拟的进步性。在周公看来，天命尽管无常，但天命不是虚无缥缈、远离人间的，它是真实存在的，是可以被认知的。天命由信仰的对象变成了认知的对象，这是周公对天命理论的一个重要贡献。天命如何被认知？周公提出了一个对后世儒家影响极大的观念，即通过民情可测知天命。因为在周公时代，夏商之亡国，使西周统治阶级已经比较充分地认识到了民众在社会政治生活中的重要作用，与夏商之忽视民众力量不同，为了确保国家政权之稳定，周初统治者围绕民众问题展开了一系列的思考和探索，目的就是争取天命与民意对新生政权的拥护和支持。[①]周公认为天命与民情不是分离的，而是统一的，只有通过民情才能把握、洞察天命，即所谓“天畏棐忱，民情大可见”。统治者要时时刻刻把民情民意作为自己行为的镜子，要“当于民监”。这一思想不但在当时是对殷商神权政治观念的否定和批判，更重要的是，它成为儒家政治思想最重要、最直接的源头。

周公的“天命转移”理论、通过民情测知天命理论，虽然还没有完全否定天命的存在，没有对天命观念的存在做出合理科学的解释，这是历史的局限。但是，周公突破了夏商千余年来对天命的陈旧僵化的思维定式，而进行了创造性的改造和发挥，增加了符合历史发展要求的新内容。周代虽仍以天命诠解一切，但却发生了价值观念的重大转向：由天命转向到了统治者自身的德行修养及关心百姓疾苦等人事上来。天命与君主德行、民意之间建立了内在的联系。与此相反，它对以夏桀和商纣王为代表的暴君则给予了无情的鞭挞。可以说，西周的新天命理论实际上是一个循环结构，各方关系互相制约、互相牵制，形成了一个合力。它表明，天、天帝是人间一切活动的价值根源，在天命如何取决于民心之向背，而民心之向背又取决于君王的德行修

---

① 西周时代的天命思想，大致经历了三个发展阶段：一是“天命无常”“天命不可信”阶段；二是“皇天无亲，唯德是辅”阶段；三是“天意在民”阶段。

养，君王的德行修养又制约着天命是否长久、迁移。西周初年的新天命理论尽管在形式上还属于神学思想体系，但在本质上已经开始转换为一种人文的思想观念——从神权世界转向为关注现实世界，从致力于鬼神转向致力于人事，从神治转向德治。周朝统治者提出了具有重大思想价值和创新意义的新观念，实现了殷周之际思想观念的重大变革。这一变革是新旧价值观、政治制度、思想观念的剧烈冲突和碰撞，这种冲突和碰撞是夏商以来一千多年从未有过的，它预示着一种新的具有长远价值和意义的思想因子将从此奠定其永恒的根基，是中国政治制度史和政治思想史上的一次巨大思想飞跃。正是从这一角度来说，西周时期的政治思想文化奠定了中国传统政治文化的基础，并成为其后各种思想流派特别是儒家思想形成和建构的思想内核和理论源头。

德政原则：以“敬德保民”为核心的政治道德体系

在对西周先王的成功经验及殷商灭亡的教训进行总结的过程中，在对殷商时期占主流地位的天命思想进行修正、改造的基础上，以周公为代表的西周统治者提出了“天命转移”理论，解决了西周政权存在的合法性问题，完成了在意识形态领域新天命理论的建构。在新的天命价值观的指导下，以周公为代表的西周统治者又提出了一系列政治思想和政治方略，成为周代政治思想的核心与精华，奠定了儒家思想后来存在与发展的一切萌芽和基础。主要表现在三个方面：一是增加了“明德”“敬德”的思想；二是增加了“惠民”“保民”的思想；三是增加了“慎罚”的思想。这三者既是西周新天命观建构的理论基础和前提，又是西周政治思想——德政思想的三项基本原则。因为在周人看来，“敬德”“保民”“慎罚”是一个国家政权系统得以稳定的三个重要因素，是决定国家政权兴衰存亡的关键。正是由于有了“敬德”“保民”“慎罚”三大要素的支撑，才为西周时期整个社会政治价值观——如神本向人本、祭祀文化向礼乐文化、神权政治向伦理政治——的转向提供了现实可能性，为“敬德保民”思想的产生提供了丰厚的思想基础。三者构成了西周德政思想的基本原则和治国的基本国策，这是中国政治思想由神（天道）向人（人事）的一次重大转化，是由重神权重神事向重人事重民事的一次重大转折，开启了中国古代“由天道以推人事”的思维路径，对后来儒家政治思想民本主义的形成与发展产生了深远的影响，成为儒家思想最直接的思想资源。

周人思想与殷人思想之最大区别，可以用一德一民一礼来概括[①]。在西周时期，对儒家文化影响最大的三个概念——德、礼、民不但都已出现，而且还有了比较确定的伦理、政治内涵。周人在对殷人天命观继承的基础上，一个重要突破和贡献就是对“德”的发现。“德”字早在甲骨文中就已出现[②]。在先秦文献中，“德”字最早见于《尚书·尧典》。德的原始本义与后来的德的含义存在着根本的不同，相反，它与原始宗教观念之间却有着千丝万缕的内在联系。虽然殷商人在政治生活中多次提到“德”字，如《尚书·盘庚上》中就多次出现“非予自荒兹德”“予亦不敢动用非德”等语句，但由于殷商人对帝的笃信及对人事、道德的不重视，因此对德没有做太多的发挥，德在殷商时期还“首先是一个宗教观念”，还没有伦理道德上的含义，但它已经成为西周时期具有伦理、政治含义德观念的思想来源之一。周人天命观中德的内容，主要体现在天命无常、敬天、孝祖、保民、慎罚等方面。除了敬天、孝祖与原始的宗教神学思想一脉相承无新发展外，天命无常、保民、慎罚则

① 王国维以“曰命曰天，曰民曰德，四者一以贯之”来表述周人思想之特征。

② 传说上古时期，舜就十分重视德政，曾举“八元”管教化，布“五教”于四方。《韩非子·五蠹》记载说：“当舜之时，有苗不服，禹将伐之。舜曰：‘不可。上德不厚而行武，非道也。’”

是周人在损益夏殷天命观后的创造。德被赋予了道德上与政治上的深刻内涵，并主要运用于政治领域，社会各阶层皆有其应遵循之德，如天有天德、王有王德、臣有臣德、民有民德，且王德又分为先王之德和嗣王之德，臣德又细分为周公之德、为官之德及一般意义之德等，从而成为中国古代政治思想史上一个极其重要的政治和伦理范畴，从先秦典籍的记载就可以看出周人对德的重视程度。

周人之德绝非空泛之道德，而主要是指称统治者的德行。可以说，德是为保民而对周统治者个人提出的道德要求，将这种道德行为制度化便成为礼制，故王国维以为“周之制度典礼，实皆为道德而设”，确实抓住了德治与礼制内在关系之所在。周人认为，“敬德”是实行德政之基础，周人将天命建构在“德”的基础上，以是否“有德”作为天命的依据。把天的意志与人的行为联系起来，在某种意义上说，统治者的“有德”或“无德”成为左右天命的决定力量，如把明德、义德作为膺受天命之德，而把凶德、暴德作为丧失天命之德。周人在中国思想史上第一次把天命与人的行为本身联系起来，把夏殷近千年以来几乎一成不变的宗教天命观打开了一个缺口，在天命之外发现了人的价值，为人的主观能动性和理性思维争得了地盘。周人向国家的最高统治者及各级机构的管理者提出了自我（内在）道德意识和观念的培养与获得（“德”的思想观念的获得），是获取天命庇佑和支持的先决条件和必要保障。于是，在思想意识形态领域，西周初年以周公为代表的统治者开辟了一个全新的不同于殷商神权至上的人文思想世界，并衍生出中国政治思想文化的一系列基本价值理念。

西周鉴于殷亡之教训，在吸收殷商时期“重我民”思想萌芽的基础上，提出了“民惟邦本，本固邦宁”的思想主张。周人已经认识到民众中蕴藏着足以影响政权存亡的巨大潜在力量，民心之向背决定着政权之得失，因此，统治者要想达到“祈天永命”之目的，就必须顾及民众的一般要求。人民是国家赖以存在的根基，只有稳定、安顿好人民的日常生产生活，使之重土难迁，国家才能长治久安、永享国祚。这一政治思想理念，是我国最早的对人民与国家关系的阐述，也是我国政治思想史上以民为本思想的最早表述。这一思想观念在后来受到了历代思想家的高度重视，成为我国政治思想理论的重要组成部分。

在周人看来，“小邦周”之所以能够战胜“大国殷”，关键不在于天命，而在于得到了广大民众的有力支持和拥护。天命不再是决定一切的主要原因，民众之力量、民心之向背才是决定一切成败兴衰的最重要力量。若统治者能够顾惜、满足广大民众的愿望与要求，那么，天命将保佑其政治统治；否则，天命则将弃之而不用，重新在世间寻求“民之主”。天命不再是无条件地庇护保佑人间之君王，不再是一种与人间君王之作为毫无关涉的非道德、非理性的精神实体，而是被赋予了道德属性的精神实体，是与人间之君王道德品质、民众之意愿具有密切关系的精神实体。周人在对这一精神实体——天命的理解中，没有再停留在静态的一成不变的框架模式中，而是把它看作动态的、具有道德属性和理性精神的精神力量，其思想史意义就在于：它直接开启了天（神）人价值关系的转换及由神事向人事的转变，可以说是中国思想史上思想观念的一个重大转折。

西周时期，民的社会地位还十分低下，王国维曾指出，“上自天子诸侯，下至大夫士止，民无与焉，所谓礼不下庶人是也”。尽管民的地位低下，但民作为社会存在的最大群体，其所思所行关乎执政者的地位是否稳固，故执政者不得不予以认真对待。《尚书》中民字出现频率甚至高于“德”字，“惠康小民”“阜成兆民”“泽润生民”“王司敬民”“保惠于民”等思想充斥于《尚书》中。周统治者对民的态度可以从两方面来理解：一是“保民”的层面，二是“治民”的层面。换言之就是，前者是牧师的手段，后者是剑子手的手段。

周代之保民思想是其敬德思想之政治延续，“敬德”之目的要落实到“保民”上，“保民”是洞察天命的根本，是国家社稷永享福祉的前提，只有“保民”才能使国家稳定，最终达到祈天永命的政治目的，这是周代天命思想的核心，是中国政治思想史上民本思想的最初表现形态。如何才能“保民”？以周公为代表的西周统治者有非常丰富的思想。首先要关心百姓疾苦，要“知稼穑之艰难”“知小人之依”，使黎民百姓衣食无忧；要正确对待小民百姓的怨詈、咒骂，寻找原因并设法化解矛盾；不可虐待百姓、滥杀无辜，要像对待孩童一样对待百姓，百姓才会趋善如流；但是，“保民”不是最终目的，而只是一种手段，目的是维持国家政权的长治久安。要达此目的，仅仅靠德政还不够，还必须辅之于刑政，西周统治者在治理国家过程中实行的是德刑并用的策略。尽管西周统治者认为“礼不下庶人，刑不上大夫”。礼与刑各有其适用的范围，对庶人、小民“乃惟刑”，但刑不可滥用，而需“慎罚”。在《尚书·无逸》篇中，周公指出了变乱正刑、滥杀无辜必将导致严重的社会后果，导致民心同怨，因而危及政权统治。对那些不服管教、不从教化、危及周统治地位、危及周政权稳定的思想和行为，则坚决予以镇压和翦灭。明德慎罚的总精神原则就是“庸庸、祇祇、威威、显民”，具体说就是：用其所当用，敬其所当敬，威其所当威，以明示下民。周公主张对百姓实行教化，即使不得已实行刑罚，也要慎重行事，当杀则杀，当刑则刑，当劓则劓，要定罪量刑、依法定罪、审慎地考察犯人的供词，不可滥杀，也不可放纵，这就是周公所提倡的“用中罚”理论，即刑罚要做到“不中不刑”、公正合理。但是，明德慎罚作为西周早期统治者的一种治国政治理念在西周中后期却发生了转变，也就是说，西周早期的明德慎罚思想是建构在敬德、保民基础之上的，而西周中后期的明德慎罚思想则已经演变为统治阶级的政治手段，其政治目的不再以维护民本为根本，而是以维护君本、国家统治为终极目标，其理论内涵与政治实践意义与周初相比已大异其趣。尽管其政治实践的重点发生了转向，但其政治目标却始终如一，即使周政权统治“欲至于万年，惟王子子孙孙永保民”。周初统治者实行的这种德刑兼重的治国模式提出了国家政权与民众、君主与民众之间的辩证关系问题，它作为中国政治思想史上一个永恒的政治命题，直接影响了后世儒家对治国方略上的理论和实践。

西周统治者提倡的德政学说是一种重视伦理政治和道德教化的学说。西周统治者实行的保民思想及德刑兼施思想是在总结历史经验教训的基础上提出来的，尽管还比较简单、朴素，但包含了许多合理的因子；孔子的德治思想直接来源于周初的敬德保民思想，成为儒家政治思想最基本的价值理念之一。周初政治思想特别是其德政学说已经超越了时代的局限，因而具有了恒久的价值和意义。

第四讲

春秋时期伦理政治价值观的转向

殷周以来的神权政治统治经过西周末年怀疑、批判思潮的激荡至春秋时期发生了重大转折，剧烈的社会变革冲击着殷周以来的宗法血缘等级制度和传统的政治价值观念体系，使春秋时期成为我国思想发展史上由宗教神权向现实政治、人文精神过渡转化基本完成的重要时代。本讲拟撷取几个思想侧面，对春秋时期伦理政治价值观的转向做一理论分析和评述。

殷周神权政治价值观的崩解

春秋时期的思想起点是与对殷周以来的天命神权思想的怀疑与否定联系在一起的。西周厉幽时代，在意识形态领域出现了一股骂天、恨天、怨天、咒神的思想倾向，使曾经统治夏商周社会达千年之久的神权政治形态遭到了前所未有的危机和挑战。历史进入春秋时期，各种矛盾冲突更为激烈，臣弑君、子杀父、少陵长、庶废嫡，犯上作乱、僭越篡夺之事无日不有，各诸侯国自恃国力强盛，更加肆无忌惮、骄横跋扈，周室权势江河日下，殷周以来延绵不断的以血缘关系为纽带的社会政治秩序和维护国家政治统治的礼乐文化系统在缓慢解体，殷周以来一直实行的井田制和宗法制也在逐渐崩解。在新旧价值观和意识形态的尖锐矛盾对立和冲突中，社会处于剧烈的动荡、变革、分化与重塑过程中，一场新的社会思想变革即将来临。

春秋时期为这场剧烈的社会思想变革提供了广阔的政治舞台。可以说，春秋时期是一个新旧价值观激烈碰撞的时代，旧的政治价值观及意识形态在逐渐分化与瓦解，但还没有最终退出政治思想舞台；符合历史发展和思想进程的新的政治价值观和意识形态在逐渐形成、发展壮大，但却还没有成为社会的主流思潮。各种零星片段的政治思想观点相继出现，新旧价值观交织在一起，彼此撞击、互相融合，这种社会特征反映在思想领域和思想家个人身上，强烈地表现为传统与现实、人的价值与天命神权、宗教信仰与理性自觉的矛盾冲突与矛盾心理。如何对待传统遗留下来的伦理价值观？现实社会发展的方向和目标在哪里？如何构建未来的理想社会模式？如何重建适应社会发展需要的价值观念体系？成为春秋时期思想家们关注和思考的主要的社会政治问题之一，围绕对这些社会热点问题的不同态度和回答，形成了不同的思想流派，正如《淮南子·要略》篇所言，诸子百家之学皆源于匡救时弊、治国安邦之需要；司马谈也在《论六家之要指》中概括先秦诸子百家的目的在于为现实政治服务。也就是说，诸子各家虽观点不同、主张各异，但有一点是相同的，那就是他们从各自的角度提出了一整套治国安邦的政治方略。换言之，诸子百家的政治思想理论都是围绕现实政治而展开的，都是为现实政治服务的，都是以现实为其理论之根基和立足点的。

从社会发展的角度和思想史发展的角度看，只有批判现实，才能超越现实；只有对传统思想进行反思，才有可能构建理想的未来。为了重新建立和恢复社会政治、经济秩序，必须寻求确立新的适应社会发展需要的道德行为规范体系和价值观念体系，以取代过时的已丧失社会制约功能的旧的社会道德行为规范体系。这些思想家根据自己对自然、社会、人生的理解，开始摆脱已从殷周时期原始神学观、天命观的束缚，开始用理性的道德的眼光去审视现实社会政治问题，提出了各有的学说主张。这些理论学说从广义上说，是对传统神人关系的重新认知。这一理性思考沿着两条思维路径展开：一是对传统神学思想体系的否定，表现为天人（神民）关系的分离及无神论思潮的出现；二是从人及人事的重视和肯定来看，表现为人本主义思潮（或称

“以人为本”思潮、“重民”思潮）的出现。两个问题不是平行关系，而是呈现互补性结构。春秋时期的思想家对这两个问题的态度，正是集中体现了春秋时期伦理政治与人文思潮的蓬勃兴起，最终导致了春秋时期神人关系、天人关系的重大突破。

民本论：伦理政治价值观的核心

中国传统的民本主义思想是一种植根于农耕文明为基础之上的、以民众为国之根基的政治理论学说。所谓民本，是指中国古代思想史上将民众视为治国安邦之本的政治学说，是一种关注、重视民众生存权和民生利益的政治学说。民本论是在神本论日趋衰落的情况下产生的。以周公为代表的西周统治者从殷商灭亡的经验教训中得出了民心之向背、民众力量之强弱是政权能否长期存在的关键，重人事、重民事的思想给后世的思想家、政治家从中发现人的力量，以及重新思考天与人之间的各种关系，留下了广阔的思维空间。

春秋时期，严酷的社会现实彻底动摇了人们对天帝鬼神的崇拜和信仰，迫使人们去修正天道与人道之间的关系，使民本主义以一种独特的运动方式向前发展。在我国的政治思想发展史中，民本思想源远流长。中国民本思想几乎与国家和政治同时产生，只是因无文字记载而无法确考而已。民本主义思想作为一种“伴随着国家的产生而产生的”的古老政治理念是中国古代最早形成的政治学说，是中国政治哲学的一个重要特征，它孕育和衍生出中国传统政治文化的基本价值观，深刻影响了中国社会两千多年的历史发展轨迹和思想变迁历程。以民为本的观念在西周末年进一步发展，进入春秋时期逐渐演变为一股以民为本的思潮即民本论思潮。民本论思潮是春秋时代社会政治思想的重要思潮之一。之所以称之为“思潮”而非“思想”，是因为以民为本虽已成为当时社会上多数人的共识，但尚未形成完整系统的理论体系，而只是散见于一些思想家的政治言论中。春秋时期出现的民本思潮上承西周敬德保民思想之余绪，下启先秦儒家民本思想之先河，因而在整个中国政治思想发展史上占有十分重要的地位。伴随着春秋时期社会、政治、经济、文化各方面的不断发展，民本论思潮在春秋时期勃然兴起。

（一）神权、君主政治体制下民众主体地位的提高

春秋时期的民本论思潮，首先体现在神民关系系统中由神民并重到民为神主价值观念的转换上。春秋早期，由于政治上的动荡，民神关系再度成为思想家们关注的社会焦点问题。当时的意识形态仍是殷周以来天命神权政治观念的延续，整个社会依然笼罩在浓郁的神本论气氛之中，人们还不可能完全否定至高无上的神的存在，但又不能无视民众力量的存在，因此，神民共举、神民并重成为这一历史时期民本思潮的一个特点。从祭公谋父所谓“事神保民”、芮良夫所谓“使神人百物无不得其极”、虢文公所谓“媚于神，而和于民”、内史过所谓“离民怒神而求利，不亦难乎”，以及“国之将兴……神飨而民听，民神无怨……国之将亡……民神怨痛，无所依怀”等言论中，无一不是以神民并举，表现出一种明显的神民二元论特征。这种重民的思想倾向显然是对殷周以来天命神权思想的一次超越。还有一些思想家在神民并举的基础上提出了更为明确、更为鲜明的观点，即认为在神民关系中，民是主要的，起决定作用的，而神则是次要的、微不足道的，它决定着一个国家的兴衰存亡。《国语·周语下》记载周灵王之子说的一段话：“天所崇之子孙，或在畎亩，由欲乱民也。畎亩之人，或在社稷，由欲靖民也。无有异焉！”这段话表征着这样一层含义：即使享有天命之君，若不恤民，将失国失位；而作为平民，若能得民心，也可得到天下社稷。很显然，得天下失天下之最终根由在民而不在神，在神民关系上，民是最终的决定力量。“夫民，

神之主也。是以先王先成民而后致力于神。”随国大夫季梁虽未否认神的存在，但他却把神置于民之后，肯定了民的价值优先地位，把“神为民主”的传统观念颠倒过来，在我国历史上第一个提出“夫民，神之主也”的哲学观点，对殷周以来占统治地位的天命神权思想给予了大胆的否定。宋司马子鱼也得出了“民，神之主也”的结论，这种民为神主的观念在当时已逐渐成为社会上流行的思想价值观念，并得到了相当一部分思想家的认可。齐晏婴也从民意不可违的角度指明了民重于神的思想。“民为神主”“先成民而后致力于神”等观念，较之于周代正统的保民观念就有更大的进步性和针对性，它直接而鲜明地提出了民众的生存高于一切、决定一切的思想。虽然这些言论还肯定神的存在，还没有超越传统的天命神权政治体系的藩篱，但却在神民关系上具有了更现实更清醒的理性态度。它已逐渐从神权政治的阴影中摆脱出来，走向了否定神权政治的道路。

春秋时期的民本论思潮，还体现在君民关系系统中民的地位的提高上。当时的思想家已经认识到君民之间不但处于一种相互矛盾对立的关系中，而且还处于一种相互依存的关系中。为了化解矛盾，执政者就必须从现实的社会基本状况出发，而不是从神权政治的角度出发，切实处理好与民众的关系，以达到维护社会政治统治之目的。春秋时期，天立君而为民已经成为一种流行的政治观念，邾文公认为：“天生民而树之君，以利之也。”晋师旷说：“天生民而立之君，使司牧之，勿使失性……天之爱民甚矣，岂其使一人肆于民上，以从其淫，而弃天地之性？必不然矣。”天树君以为民，君为民而设，因此，在君、民发生矛盾冲突时，应以民为重为先。齐晏婴说：“君民者，岂以陵民？社稷是主。”为人君者，不能随意欺凌所统治的民众，而应与民和谐共处，才能得到民众的拥戴，“夫君国者，将民与之处”；民实瘠矣，君安得肥？统治者还应顺应民心，体察民情民意。郑子产以游于乡校的人对时政之议论有助于了解社会之习俗，故不主张毁弃乡校。晋师旷认为，“庶人谤”“工颂箴谏”等皆为国家了解民情民意之有效途径。君主不但要安抚民众，保障民众之基本生存需要，而且还要做到利民、满足民众的利益需求，把君民关系调整为一种父子关系，以达到“养民如子……民奉其君，爱之如父母”的理想效果。初步认识到民众在国家政治生活中的重要作用，看到了君民之间处于一种相互制约相互依存的关系。晋师旷甚至认为，既然君为民而设，若君不能以民为重，民便可“出其君”。如果君主一味压榨、残暴民众，民众可以起来抛弃或推翻暴虐之君。从这里，我们可以看到君民关系作为神民关系的延伸正在发生一个重大转折，成为儒家特别是孟子、荀子对君民关系认识的最基本的思想来源。

春秋时期的民本思潮，不但表现在民与神、民与君的关系上，还突出表现在民众在国家政治生活中的重要作用上。重民与否是与诸侯间战争之胜负、国家之存亡、政权之兴衰密切相连的，是政治家判断和推论国家兴衰存亡的一条政治准则。沈尹戌以“梁伯沟其公宫而民溃”为教训，得出结论说：“民弃其上，不亡，何待？”认识到了民众与亡国之间存在某种内在必然的联系；单穆公谏周景王时也认为，为政者行事要考虑民众之好恶，而不能违反民众之意愿，这样才能获得民众的拥戴和支持，才可达到“作无不济，求无不获”的社会效果；反之，则会出现“作则不济，求则不获”的不利局面，甚至会出现国破君亡的危险。陈大夫逢滑提出了对民的态度关系到国家的祸福兴衰这样一个重大的现实问题，他说：“国之兴也以福，其亡也以祸……国之兴也，视民如伤，是其福也；其亡也，以民为土芥，是其祸也。”在这里，民众成为决定政治成败、国家兴亡的最主要因素。还有两则人们耳熟能详的例子，一则是《左传·昭公三十二年》，鲁昭公死于乾侯，赵简子与史墨就此事进行了一番议论。赵简子问于史墨曰：“季氏出其君，而民服焉，诸侯与之，君死于外，而莫之或罪也。”对曰：“物生有两，有三，有五，有陪贰。故天有三辰，地有五行，体有左右，各有妃耦。王有公，诸侯有卿，皆有贰也。天生季氏，以贰鲁侯，为日久矣。民之服焉，不亦宜乎？鲁君世从其失，季氏世修其勤，民忘君矣。虽死于外，其谁矜之？社稷无常奉，君臣无常位，自古以然。”史墨用季氏久服其民、世修其勤，而鲁侯忘其民众、世从其失的对比中，得出了民众与政治存亡得失之间的密切关系，得民则国存君立，失民则国灭君亡。这是政治思想家们从历代的政治实践中得出的一条政治结论。另一则是《左传·昭公三年》，齐大夫晏婴出使晋国，叔向与晏婴有一段关于齐政治命运的对话。叔向曰：“齐其何如？”晏子曰：“此季世也，吾弗知齐其为陈氏矣。公弃其民，而归于陈氏。齐旧四量：豆、区、釜、钟，四升为豆，各自其四，以登于釜，釜十则钟。陈氏三量，皆登一焉，钟乃大矣。以家量贷，而以公量收之。……民参其力，二入于公，而衣食其一。公聚朽蠹，而三老冻馁。国之诸市，屦贱踊贵。民人痛疾……其爱之如父母，而归之如流水，欲无获民，将焉辟之？”从晏子的话中可知，齐侯与陈氏在对待民众问题上具有非常不同的态度：一为暴敛于民，一为厚施于民；一为遭民人痛疾，一为民视之如父母；一为弃民，一为重民，其结果昭然若揭。陈氏后来取代姜齐说明了这样一个颠扑不破的道理：得民心者得天下，失民心者失天下。

（二）重民、养民、利民：治国安邦富民之手段

既然民众在社会政治生活中占有如此重要的地位，因此，对于各国统治者来说，如何做到爱民仁民、利民富民、顺民得民、养民教民、抚民安民、亲民和民、惠民恤民，便成为统治者在维护国家政治统治过程中必须关注和采取的措施，成为统治者治国安邦最重要的基本原则。管仲认识到民众力量的巨大潜力，提出了“顺民心”“爱民”“利民”“富民”等观点。他认为，治国之要必自爱民始。爱民之具体表现就在于顺应民心，“政之所兴，在顺民心；政之所废，在逆民心”。爱民之另一具体表现就在于重民，他说：“欲为

天下者，必重用其国；欲为其国者，必重用其民；欲为其民者，必重尽其民力。”他还引经据典，指出民心之向背与国家兴亡之内在联系。管仲在政治上提出爱民重民的同时，在经济上还提出了富民利民的思想。管仲正是看到了“民不足，令乃辱；民苦殃，令不行”及“仓廪实则知礼节，衣食足则知荣辱”的社会现实，提出了一个重要的思想命题，“治国之道，必先富民”；主张“取于民有度，用之则止，国虽小必安；取于民无度，用之不止，国虽大必危；”认为统治者只要“省刑罚，薄赋敛”，就可达到“百姓富”的目的。为了达到富民之目的，管仲采取了一系列的政策措施，以使其富民思想落到实处。这些思想都是从“民”的角度来探讨与国家兴衰存亡之内在联系，初步认识到“民”在国家政治结构中的重要性。如果不重民意，民就会“忘其君”，国家就失去了稳定的根基。

春秋时期的重民、爱民、教民思想是对西周敬德保民思想的继承和延续。但是，所谓“养民如子”“视民如伤”等只是统治者维护政治统治的手段，而不是目的，这些主张并不是真正要以民为本，以民为目的，而是为了能够更好地使民、理民，与真正的民本思想相距甚远。

重人事轻神事：伦理政治价值观的转向

殷周时期的天命神权理论从一开始就蕴含着无法克服的内在矛盾——神的虚幻性与人的现实性之间的矛盾。它一方面认为天命是至高无上、不可抗拒的，一切皆由天命所决定；另一方面又认为在天命神权体系中，人事上的主观努力是必不可少的，顺人事即是顺天命。由是，在天命神权系统中，神事与人事成为两个终极的价值支撑点：殷周时期，天命神权占绝对统治地位，这一时期的特点是神事重于、高于人事；春秋时期社会制度及思想领域的深刻变革，使殷周以来实行达千年之久的天命神权政治体系的内在矛盾日趋尖锐和激化，并最终使在体系内逐渐摆脱天命神权的束缚而向着重人事的方面发展演变。人事上升为主要方面，而神事则居于次要地位。天人（神民）关系的分离及无神论思潮的出现，正是这一内在矛盾冲突产生、发展的必然结果。通过神事、人事地位之变化，也可窥见殷周至春秋时期政治思想观念之变迁历程。

（一）天道与人道的分离及以人为本观念的确立

在天道与人道关系上，春秋时期面临着思想观念上的理论突破并成为神事向人事转化的价值依据。《诗经》所反映的时代已微露出天人相分思想的萌芽，到了春秋时期，随着社会生产力水平的进一步发展和提高，人们对天的看法发生了一系列变化，对于发生在自然界中的天文现象有了深入的观察，天作为人所认知的自然环境逐渐被纳入了人们的思想观念和思维视野中。从历史文献的记载中可以看到这一思想变化的一些基本特征。据《左传·鲁僖公十六年》记载，宋国发生了两起罕见的自然现象，一则为“陨石于宋五，陨星也；六鹢鸟退飞过宋都，风也”。宋襄公以为不祥，问是非吉凶于周内史叔兴。叔兴退而言之曰：“君失问。是阴阳之事，非吉凶所生也。吉凶由人。”这几句话看似简单直白，却隐含着非常深刻的思想内涵，它首先肯定了自然界的阴阳变化与人的吉凶祸福无关，指出应从人自身去寻找产生吉凶祸福的原因，这就把阴阳观念运用于天人关系，不仅排除了人格神之天对人事的干预，而且对外界自然现象也做出了符合实际的解释，从而否定了自殷周以来社会上普遍流行的把自然、社会现象与所谓的吉凶祸福相比附的神秘主义观点。这是人事脱离神事之后的一次理性升华。叔兴的话表明了这样一种立场：“阴阳之事”是自然界的事，它有自己的发展规律，对人事不能直接发生作用。君王只要关注人事，自然可以知道社会事物发展的根由，“吉凶之事”的根源在人不在天。这种重视事物自身发展之规律，区分天象与人事差别的做法，其根本目的就是强调人的主观能动性与人的自身价值。这种差别表明了两种根本对立的价值观：一个是轻鬼神，一个是重人事；一个把自己的命运交给鬼神，一个由自己来掌握自己的命运。这是春秋时期“天人相分”思想在社会政治领域的最初表现形态。另一则为周单子对天道与人道的划分。他曾预言晋国将乱，鲁侯问曰：“敢问天道乎，抑人故乎？”对曰：“吾非瞽、史，焉知天道？”言外之意是说晋之乱非天道，而在人故，这段话同样表明了天道与人事各自所具有的互不相干的功能。在总结春秋中前期天道与人事关系的基础上，郑子产第一次从理论的高度区分了天道和人道，明确提出了一个对后世产生重大影响的思想命题，即“天道远，人道迩，非所及也，何以知之？”在这一命题中，神性的光环渐渐褪去，人性日益凸显出其自身的价值。

春秋中后期，天道与人事分离的思想通过一些思想家、政治家的不懈努力终于得以巩固和确立。另据《左传·昭公七年》记载，晋国发生日食，晋国君王问吉凶于大臣文伯，文伯对曰：“不善政之谓也。国无政，不用善，则自取谪于日月之灾。故政不可不慎也。务三而已：一曰择人，二曰因民，三曰从时。”文伯这段话透露出的信息非常明确：国家具有良好的政治修为与治国方略是最根本的，而与天灾无关，任何灾难都是人为造成的，故从事政治活动应小心谨慎，抓住“择人”“因民”“从时”三个重要环节。这从另一个层面表述了神事与人事的本质区别。著名军事思想家孙子从战争的角度阐述了天道与人事的分别。孙子总结了以往的战争经验和当时的自然科学成果，对自然、社会的认识更为深入细致。《孙子兵法》中有这样一段话：“明君贤将，所以动而胜人，成功出于众者，先知也。先知者，不可取于鬼神，不可象于事，不可验于度，必取于人，知敌之情者也。”孙子认为，有为之君及成功之将之所以能在战争中取得胜利，原因就在于他们能预先洞悉敌我情况，能够做到“知己知彼”，最终才能做到百战百胜。而要做到这一点，就不能从祈求鬼神、施行巫术中取得，而必须从人事的角度去考察。战场上的瞬息万变使孙子认识到人才乃战争胜利之本，而从鬼神、占筮中是得不到任何有价值的信息的。范蠡对天道与人事的论说则更偏重于对天道的描述，他说，“天道皇皇，日月以为常，明者以为法，微者则是行。阳至而阴，阴至而阳，日困而还，月盈而匡”；“随时以行，是谓守时。天时不作，弗为人客”；天道是自然而然地存在的，而日月却以它为法则，阴阳、日月的运行带来四季寒暑的变化。不仅如此，“天道盈而不溢，盛而不骄，劳而不矜其功”；天运行的法则始终如一，保持着必要的平衡，人们认识水平的提高已经能适应天时的变化，只有遵循这种规律来行动才能达到既定之目的。范蠡不仅注重认识天的发展变化，而且主张对于合适的自然条件要及时地加以利用，充分发挥人的主观能动性，利用天时主动出击，就能取得胜利。范蠡这种知天道、尽人事的观点比春秋前期重人事、轻鬼神的思想更进了一步，给予传统的神学天命观以有力打击，发展了民本和以人为本的思想，是中国思想史上的一大进步，经过春秋时期诸多思想家、政治家的不懈努力及一系列思想命题的提出，人逐渐从传统的神学思想框架中独立出来，标志着中国思想史上天人相分观念的初步确立，标志着中国古代天人观念发展中的一个重大突破。这一观念的确立，为还原天之自然本性，彻底摆脱人格神之天的影响和束缚，具有重大的理论和现实意义，为神事向人事的转化提供了终极的价值依据。迨及战国末期的著名思想家荀子，这一思想不但得以系统的继承和发展，而且具有了更为完备的理论形态和实际价值。

天道与人道的分离及神事向人事的转化，最终导致了以人为本价值观念的普及与确立。《管子》一书最有价值的思想内容之一，就是明确提出了“以人为本”的主张，管子认为，“夫霸王之所始也，以人为本。本治则国固，本乱则国危”，阐明了成就霸业与人才之间的关系问题。管子认为，首先要重视人才，得人、用人的关系理顺了，国家就稳定强大；若不重视人才，国家就会陷入危险的境地。他还认为，“一年之计，莫如树谷；十年之计，莫如树木；终身之计，莫如树人。一树一获者，谷也；一树十获者，木也；一树百获者，人也”。这里管子通过比喻的形式指出了培养人才的重要性。管子认为，上古有德之君王能够建功立业、死而不朽，是因为他们能够得到人们的爱戴和拥护，并且能够选拔任用有才能的“贤士”。人才的选拔、培养对一个国家的治理来说是极为重要的，表明政治家的注意力已经在关注“民众”力量的同时更加关注“人才”的巨大作用，这是春秋时期“以人为本”思想的具体展现。

春秋时期以人为本观念的确立更多地是以重人才的形式表现出来的。晋赵简子问于壮驰兹曰：“东方之士孰为愈（贤德）？”壮驰兹拜曰：“敢贺！”简子曰：“未应吾问，何贺？”对曰：“臣闻之：国家之将兴也，君子自以为不足；其亡也，若有余。今主任晋国之政而问及小人，又求贤人，吾是以贺。”晋赵简子询问东方之士谁最贤德，壮驰兹向他表示祝贺并解释说：国家将要兴盛，君子自认为还不行；国家将要衰亡，人人觉得自己了不起。现在您主持晋国的国政，却问到像我这样的小人物，又寻求贤人，所以我向您祝贺。由此看出，用贤人修德政是当时全社会大部分有识之士普遍的共识，以人为本观念已经渗透到了社会生活的各个方面。再看楚平王之子子西与谋臣子高讨论用人的一段话，子高曰：“诈谋之心，无所靖（平静，止息之意）矣。（人）有一不义，犹败国家，今壹五六，而必欲用之，不亦难乎？吾闻国家将败，必用奸人。”子高的意思是说，品德败坏的人那颗狡诈阴险之心从来没有安静下来，一个人有一点不道德的思想就会败坏国家声誉，现在一个人同时拥有这么多污行，如果受到重用，不是一件很危险的事吗？我听说国家将要灭亡，一定是任用了这种奸诈小人。这里子高从反面论证了只有任用有品德有才能的人，国家才能够兴旺发达，长治久安，而任用奸人就一定不会有好的结果。子高的论点同样表明了人才在治理国家中的重要作用。

(二)"三不朽"学说的提出

从思想家对"三不朽"问题的论述上，同样可以看出春秋时期神事向人事转化的基本轨迹。我国自进入文明社会以后，原始的血缘关系融入了新的文明之中，祖宗有灵意识及祖先崇拜意识成为社会中最普遍流行的意识，人们以保住家族宗庙、延续祖宗香火为人生之最终目的，认为谁的祖先在历史上最显赫、最久远，谁就最荣耀、最高贵；反之，就是家族中的不幸和耻辱。春秋时代的范宣子对这种深植于人心中的流行观念有过十分形象的阐释。显然，这种不朽的价值观念是在血缘关系的基础上而形成的。

随着春秋时期血缘政治向地缘政治的转化，人们对不朽的价值标准也发生了重要变化，鲁国的叔孙豹提出了完全不同于范宣子的新的不朽观。他认为，范宣子所宣称的"保姓受氏，以守宗祊，世不绝祀"的"不朽"观，"此之谓世禄，非不朽也"，真正的不朽是"太上有立德，其次有立功，其次有立言"。

立德，即具有高尚美好的操行，受到世人的尊敬与爱戴；立功，即为了国家、民族和社会的发展建功立业；立言，即在思想修养上追求真善美的境界，并给民众以积极的引导和教育，在思想的传播上有巨大作用。在叔孙豹看来，能达到不朽程度的不再是神鬼这些神秘抽象的东西，而是能给人类发展带来具体实际效果的功劳、德行、思想，这种在人事层面上的讨论已经不再涉及"鬼神"问题，虽然三皇五帝、列祖列宗的崇拜祭祀仍普遍存在于一般的政治生活中，但人们有时却可以在重要的问题上拒绝鬼神的参与。立德、立功、立言的"三不朽"学说与天道与人道的分离一样，同样是在思想层面上对殷周以来重鬼神思想的一次重大突破，是对神的权威性的一个巨大挑战。这一学说与天道与人道的分离一样，为以人为本思想的确立提供了强大的理论支持，同时也对后世儒家政治思想中关于圣人、君子人格的确立起到了价值导向的作用。

（三）重人事轻神事：社稷盛衰兴亡之关键

春秋时期，神事向人事的转化还表现在神、人在国家政治生活中的不同地位和作用上。殷周时期，天命神权思想占据主流统治地位。所不同的是，殷人每事必求神问卜，“先鬼而后礼”，而周人则较为理性地对待鬼神，“敬鬼神而远之”。春秋以降，随着人的理性能力的进一步增强及对自然外界认识的进一步加深，固有的天命神权政治价值观越来越暴露出其内在的思想矛盾，天命鬼神从至高无上的信仰崇拜对象成为人们可怨可恨可评说可怀疑的认识对象。春秋时期的大变革，使人们深刻认识到了人的力量的重要性，仲几说：“薛征于人，宋征于鬼，宋罪大矣。”宋国罪大之原因就在于以鬼神为是非，而忽视了人的存在。当时的虢国多以神事为重，周内史便断言，由于虢国“虐而听于神”，“虢必亡矣”。对虢公的祭神举动，虢国的史嚣也说：“虢其亡乎！吾闻之：国将兴，听于民；将亡，听于神。神，聪明正直而壹者也，依人而行。”在史嚣看来，神是“聪明正直而壹者”，它要通过人的力量来表现出来。人的善恶祸福，皆取决于人自己，而不取决于神。在这里，神尽管还存在，还是“聪明正直而壹者”，但它已不再起决定力量，而是要“依人而行”，人成为决定一切的最重要力量。虞国国君认为：“吾享祀丰絜，神必据我。”宫之奇却说：“鬼神非人实亲，惟德是依。”鬼神并不必然保佑某人，而是以有德、无德为庇护之条件。统治者若以民之是非为是非，国家就会兴盛；反之，统治者若一昧听信于鬼神，国家就会衰亡。宫之奇把是听信于民还是听信于神作为国家兴衰存亡的依据，并明确给予了肯定的回答。过去人们认为政权的盛衰存亡、人生的吉凶祸福皆来自天命鬼神，而楚国的斗廉却认为：“卜以决疑，不疑何卜？”用反问的方式表示了政权的盛衰存亡、人生的吉凶祸福与天命鬼神无关，而是由人自己造成的。随国的大臣也认为，立国之根本在于修政而安民。通过这一系列言论的征引，我们可以看出，无论是神依人而行，鬼神唯德是依，还是不取于鬼神而取于人，这种种表述都是对西周时期“皇天无亲，唯德是辅”的思想主题的进一步深化和发展，是对天人关系、神人关系的新的价值评判和解释。它表明，随着春秋时期理性精神的高涨，主体意识的觉醒，传统的天命鬼神思想在仍保持其强大统治力、威慑力的同时，已经开始了其衰变、下降的历程，导致了神的地位的下降和人的地位的上升，在神人关系问题上是一个重大的思想突破，完成了春秋时期伦理政治价值观的根本转向，奠定了中国政治文化发展的基础。

第五讲

寻求儒家思想形而上的价值依据

——以《易传》儒道思想结合为例

《易传》之成书及学派归属问题考辨

（一）《易传》之成书问题考辨

《易传》作为一部解经之作，无论是在内容上还是在形式上，都与《易经》有了很大的不同。如果说《易经》是一部以卦、爻辞为基础预测人事吉凶祸福，指导人们思想和行为活动的卜筮之书，那么，《易传》则是一部以解经为形式，在借鉴早期儒家思想以及道家思想的基础上，继承《易经》卦、爻辞符号系统，从而有了自己系统思想体系的哲学著作。对于《易经》的成书年代，传统观点认为作于殷末周初，“易之兴也，其当殷之末世、周之盛德邪？当文王与纣之事邪？”“文王拘而演周易”，对此我们不做过深的探究。对于《易传》的作者及成书年代，自欧阳修提出“系辞非圣人之所作”后，《易传》的著作年代便成为千古难决之谜，聚讼争论不已，归纳起来有以下几种观点：早于孔子说、春秋末期说、战国中期说和战国晚期说，下面对以上观点做进一步的展开叙述。

1.《易传》的成书年代不晚于孔子说。持此观点者以郭沂为代表。郭沂在《〈易传〉成书与性质若干观点平议》一文中，利用排除法对《易传》作于战国后的几种观点进行否定后，得出了“《易传》的时代不可能晚于孔子”的结论。

2. 春秋末期说。此说为传统观点。这一观点认为《易传》为司马迁所作。司马迁在《史记·孔子世家》中说：“孔子晚而喜《易》，序《彖》《系》

《象》《说卦》《文言》。读《易》，韦编三绝。”汉班固也说：“文王……作上下篇。孔氏为之《彖》《象》《系辞》《文言》《序卦》之属十篇。”王充也认为：“孔子作《彖》《象》《系辞》。”班固、王充所持观点乃据司马迁而来，自古及今持此观点者大有人在，其行文方式也大致雷同，成为中国古代最流行、影响最大的一种说法。但据研究者研究成果显示，《易传》中记载叙述的一些内容显然晚于孔子时代，传经者只是为了论证作为儒家经典的《易传》的权威性而把其著作权归之于孔子而已。从司马迁的话语中，并不能得出《易传》为孔子所作的结论，而事实是，现存最早明确说孔子作《易传》的文献不是司马迁等人，而是纬书《周易乾凿度》：“孔子占《易》，得《旅》，息志停读，五十究《易》作《十翼》。”由于该书为伪书，故其所言并不可据信。后人多不注意该书的存在，故把司马迁模棱两可的话当作了孔子作《易传》的依据。

3.《易传》非孔子所作。在宋以前，没有人怀疑《易传》为孔子所作。首先提出质疑的是宋欧阳修。欧阳修认为，《易传》的思想内容颇有相抵牾之处，“孔子之文章，《易》《春秋》是已（《易》字当系笔误），其言愈简其义愈深。吾不知圣人之作，繁衍丛脞之如此也。虽然辨其非圣之言而已，其于易义，尚未有害也。”假如《易传》真为孔子所作，那么其思想应前后一以贯之，不应有言外之词。故欧阳修得出结论说，《系辞》《文言》《说卦》而下“皆非圣人之作，而众说淆乱，亦非一人之言也”。但欧阳修还是做了保留，认为《彖》《象》为孔子所作。到了清代，崔述在总结前人考证成果的基础上，对孔子作《易传》之说进行了全盘否定，指出不仅《系辞》而下非孔子所作，《象》《彖》等也非孔子所作，完全颠覆了传统的观点。他的理由是：“孟子之于《春秋》也，尝屡言之，而无一言及于孔子传《易》之事；孔孟相去甚近，孟子之表章孔子不遗余力，不应不知，亦不应知之而不言也。”当代著名学者冯友兰先生也持相同看法。

4. 战国初期与战国中期说。刘大钧先生通过深入的研究和详密的考证，将《易传》各篇文字与老庄、思孟的传世著作相比勘，认定“《易大传》的基本部分是战国初期至战国中期写成”，“《易大传》之《彖》《象》《文言》为思孟学派所整理、润色，《系辞》中亦有思孟学的内容”，把《易传》的成书时间限定在了战国初期至战国中期。

5. 战国中期与战国晚期说。持此观点者以张岱年先生为代表。张先生曾批评将《易传》成书限定在秦汉之间的说法是“疑古过勇”。经过缜密论证，张先生指出：“《易大传》的基本部分是战国中期至战国晚期的著作。”

6. 秦汉时期说。此说以李镜池先生为代表。他在《易传探源》一文中指出，《易传》七种十篇皆成书于秦以后，“《彖》《象》二《传》大概作于秦汉间，《系辞》《文言》则作于史迁之后、昭宣之前”。李先生用大量论据论证了自己的观点。

（二）《易传》之学派归属问题考辨

1. 认为《易传》与思孟学派有关，属于思孟学派的作品。这一观点认为，《易传》非一人一时之作，其各篇章之间亦有先后早晚之分，但从《易传》内容的思想倾向看，《易传》的创作年代在思孟学派的形成和兴盛时期，其为思孟时期的作品则是可以肯定的。

2. 认为《易传》与荀学有关，成书时间在荀子之后甚或更晚。如郭沫若先生说：“两者（指《荀子・大略》和《彖下传》）之相类似是很明显的……《易传》显明地是把荀子的话更展开了。它把他的见解由君臣父子的人伦问题扩展到了天地万物的宇宙观上去了”，“《系辞传》至少其中的一部分也明明受了荀子的影响，从思想系统上可以见到它们的关系”。李泽厚先生也说：“《易传》讲了许多人类历史和宇宙事物的起源、演变和发展，从整体上说，它更近于荀而不近于孟”，“（《易传》的思想）就总体实质言……与荀子无神论思想接近。

《易传》说‘观天之神道而四时不忒，圣人以神道设教，而天下服矣’，与荀子神道设想的思想便完全一致”。

3.《易传》属于道家学派的作品。陈鼓应先生通过对马王堆出土帛书《黄帝四经》、帛书《系辞》与《易传》的比较研究，通过老庄思想与《易传》的比较研究，通过稷下道家、黄老学派与《易传》的比较研究，提出了《易传》属于道家学派作品的观点，打破了千百年来学术界形成的传统看法。

以上所列《易传》成书时代、学派归属等问题自唐宋以来至今已经争论了一千多年，尽管20世纪以来已经出土了大量的简帛《易经》《易传》，学者们通过比较研究，否定了一些传统的观点，但新的问题又接踵而来，可以说，在更新、更多、更有价值的史料文献发现之前，学术界对这一问题的争论还将长期进行下去。笔者在此只是依据自己的研究心得，得出自己的观点。笔者认为，《易传》各个篇章的写作年代有早有晚当无争议，其基本部分约成书于战国中后期或秦汉之际。也就是说，其中《系辞》《说卦》的基本内容约形成于战国中后期，而《彖》《象》《文言》《序卦》《杂卦》等可能是秦汉之际或汉初的作品；是以儒家思想为基本价值观，在大量吸收和借鉴道家思想及阴阳家思想的基础上，把它们与儒家思想结合起来，纳入儒家思想的体系中去，以建构儒家形而上本体思想体系为目的的儒家思想学说，从而达到为儒家思想寻求一种形而上的本体论依据。

人类社会演进图式与“三材之道”

《易传》吸收和借鉴了道家、阴阳家等学派的思想观点，为儒家思想注入了新的思想内容，在更高的层次上建构了儒家的天道观[①]和人道观。

---

①《易传》之天，概括起来有五种含义，即自然之天、自然规律之天、义利之天、宗教之天和阳气之天等。

自殷商以来，对天的认识经历了一个漫长曲折的历史发展过程。到战国末期，经过荀子对天所做的自然性回归，思想家们已经把关注的重心转移到如何寻求天道之规律，以更好地为人类自身服务这一轨道上来。

在中国思想史上，老子最早提出了系统的宇宙生成理论，他说，“天下万物生于‘有’，‘有’生于‘无’”；“道生一，一生二，二生三，三生万物。万物负阴而抱阳，冲气以为和”；“人法地，地法天，天法道，道法自然”。老子构建了中国早期的宇宙生成图式。《易传》在借鉴老子自然哲学的基础上，也提出了自己独特的宇宙生成理论，初步揭示了宇宙万物何以生成的根据。《易传》关于宇宙生成的理论主要集中在《彖传》《系辞传》《序卦传》诸篇中。“天地感，而万物化生，圣人感人心，而天下和平。观其所感，而天地万物之情可见矣。”“天地之大德曰生”，“天地细蕴，万物化醇；男女构精，万物化生”。“有天地，然后万物生焉。”“天地交而万物通也。”《易传》所说的“万物”是“天地交感”的结果，“天”或“天地”是《易传》的最高范畴，万物乃天地交感之结果，否定了神创造万物、主宰万物的观点。除此之外，《易传》还提出了一个与天并列的太极概念，来阐释宇宙万物的生化过程，这就是大家耳熟能详的“易有太极，是生两仪。两仪生四象。四象生八卦”。这种宇宙衍生模式与老子对宇宙衍生的态度在运思取向上具有惊人的相似之处。太极这时成为产生万物的总根源，并且提出阴阳的互动是事物发展的规律体现。反映出这一思想注重以自然本身的面目来探讨天地之道，从而得出天地万物的生长变化都是自然界自身运动发展的结果，为后来《易传》之人道观的产生提供了坚实的形而上依据。

《易传》把宇宙生成理论运用于人类社会，勾勒了一幅人类社会演进的一般图画，“有天地，然后万物生焉。盈天地之间者唯万物”，“有天地然后有万物，有万物然后有男女。有男女然后有夫妇，有夫妇然后有父子。有父子然后有君臣，有君臣然后有上下。有上下然后礼义有所措。”在《易传》看来，整个自然界及人类社会都是遵循一种自然演进的规律而产生的，君臣、父子、夫妇、上下、贵贱、尊卑、长幼等，用礼义加以区别、规范，做到上下有别，长幼有序，各有等差，在这种分别等差中，“礼”起到了至关重要的作用。《易传》指出，整个社会只有严格分别、遵循这种等级关系，使彼此不相逾越，才能达到天下稳定的社会目标，“女正位乎内，男正位乎外。男女正，天地之大义也。家人有严君焉，父母之谓也。父父、子子、兄兄、弟弟、夫夫、妇妇，而家道正。正家，而天下定矣”。实际上，《易传》以高度概括的语句揭示出宇宙生成的根源，其目的是为其人道思想提供本体论依据。那么，天道与人道之间的关系究竟如何？

《易传》指出天道与人道具有不同的作用，《易传·系辞上》接着又说：“一阴一阳之谓道，继之者善也，成之者性也。”这种“继善成性”的理论从阴阳的对立变化中把握人性问题，将天地阴阳之道置于天、地、人三个领域中，使之成为自然界和人类社会的基本准则。我们还可以从《易传》提出的“三材之道”来理解这一思想特点。“《易》之为书也，广大悉备，有天道焉，有人道焉，有地道焉。兼三材而两之，故六。六者非它也，三材之道也。”在《易传》看来，人与万物都是自然演化的结果，人可以与天地相提并论，并处于自然界的中心位置，通过人把天、地联系起来，构成一幅完整的自然——社会进化图式。离开了人的参与，自然万物便不再具有价值和意义。《易传》还指出：“昔者圣人之作《易》也，将以顺性命之理，是以立天之道曰阴与阳，立地之道曰柔与刚，立人之道曰仁与义。”《易传》的这两段话准确揭示了自然界与人类社会存在发展的基本准则。所谓天之道、地之道，乃是自然界阴阳二气互消互长之体现，而人之道从根本上说是从属于天道、地道的，天道、地道究其实质是为了人道，因此《易传》突出了人道在天道、地道中的价值和作用，天、地、人在宇宙中具有同等重要的价值和意义。这样《易传》就在更高的理论层面上建构了儒家形而上的理论框架，为儒家政治理论的进一步发展提供了有力的支持。在天、地、人三者关系中，《易传》特别突出了人的价值问题。认为人能“财成天地之道，辅相天地之宜”；“范围天地之化而不过，曲成万物而不遗”。人通过自己的主观能动性能够作用于天地万物，充分体现了人为“天地立心”的主体价值观念。

《易传》与理想人格塑造

《易传》中关于理想人格的论述与解释是对先秦儒家理想人格的概括和总结，《易传》中关于理想人格的思想散见于《易传》的各篇之中。

（一）圣人：理想人格的最高体现

《易传》继承了孔、孟、荀关于理想人格的思想，把人类所具有的一切智慧和能力投射到圣人身上，肯定了圣人所具有的超越众生的神圣性、崇高性及独特价值。在《易传》中，“圣人”一词出现频率达 38 次之多，圣人具有广博的知识和深厚的感情，能够顺应自然而控制万物，“与天地相似，故不违；知周乎万物，而道济天下，故不过；旁行而不流，乐天知命，故不忧；安土敦乎仁，故能爱”。圣人甚至具有一种不可言说的神奇功能，“与天地合其德，与日月合其明，与四时合其序，与鬼神合其吉凶”。《易传》把圣人所面对的环境划分为天文环境和人文环境。所谓天文环境，是指包括天地万物及其运行之永恒规律；所谓人文环境，是指人类社会各种制度规范的总称。《易传》认为，“圣人”通过对自然和社会现象的观察，深察自然、社会之规律，“仰以观于天文，俯以察于地理”，把观察的心得浓缩到一部《易经》中，体现了人生的最高智慧。“昔者圣人之作《易》也，幽赞于神明而生蓍，参天两地而倚数。”“圣人设卦观象，系辞焉，而明吉凶。”“圣人有以见天下之赜，而拟诸其形容，象其物宜，是故谓之象。圣人有以见天下之动，而观其会通，以行其典礼，系辞焉以断其吉凶，是故谓之爻。”“夫易，圣人之所以极深而研几也。”圣人所作的《易经》不但能“知周乎万物”“弥纶天地之道”，而且能够利用《易经》探究一切未著未显、艰深难测之事。正是由于圣人把握了天地之道，对一切事物有了深刻省察，故而圣人能够通晓天地至深至奥之理，成就人世间一切伟大之事业，“惟深也，故能通天下之志；惟几也，故能成天下之务”。不但如此，圣人既是天地万物和社会规范的主宰者和裁决者，“是故圣人以通天下之志，以定天下之业，以断天下之疑”。同时，还是社会制度、社会规范、社会文化的发明者和创造者，所谓“宫室”“棺椁”“书契”等社会文明现象，都是“后世圣人”创制的结果。总而言之，把握天地之道，成就一切事业，测知过去，预知未来，成为《易传》理想人格中圣人的第一个特征。

如果说圣人的第一个特征还具有理想化色彩的话，那么，圣人的第二个特征便是儒家理想人格中一直存在的对现实理想人格的价值认同，指的是有君之名且有君之实、治国有方、爱民如子的“圣王”。圣人的这两个特征突出反映了儒家政治思想中两种理想人格模式：一种是前已述及的圣人模式，它是儒家思想所向往和追求的理想人格的最高境界；另一种是圣王模式，它是封建君主所向往和追求的理想人格和理想目标。这两种儒家理想人格模式可以用一句话来表述，即“内圣外王之道”。《易传》说，“圣人南面而听天下，向明而治”，“圣人养贤以及万民”。这显然是一副当代君王的形象。圣人作为当代之君王，能够“财成天地之道，辅相天地之宜，以左右民”。划分社会尊卑上下贵贱，使君臣上下各安其分，各守其道，最终建立起“上下志同”的和谐理想社会，最终达到“范围天地之化而不过，曲成万物而不遗”“与天地合其德，与日月合其明，与四时合其序，与鬼神合其吉凶”的理想境界。此处之圣人是社会政治生活中最高的统治者，他积极为民众创设良好的生活、生产条件，在此过程中也成为了人民所崇拜推崇的对象。《易传》把诸多功业都集中于圣人身上，既可以为一般人树立一个可以追求的理想目标，又可以在较广泛的范围内从思想上凝聚人们的力量，从而达到更顺利进行统治的目的。因此，就像我们在前面已经指出的那样，无论儒家文化乃至中国传统文化中怎样美化圣人，怎样强化圣人经天纬地、弥纶天地之道的功能，但其非常明确的功利目的，都是为现实政治服务的。

（二）君子：刚健自强的象征

《易传》关于理想人格的另一重要特征是对君子人格品行的探讨。《易传》全书共出现“君子”一词达 125 次之多，值得注意的是，其中出现次数最多的在《象辞》中，有 54 卦的《象辞》中提到了君子并对君子的形象特征做了描述，足见《易传》对君子的重视程度。相对于孔、孟、荀等儒学大师来说，《易传》的君子观更带有时代特征，更具有实践指导意义。具体说来，《易传》中的君子具有如下的人格特征。

1. 德性深厚与崇德广业。《易传》用很大篇幅对“进德”“明德”“崇德”等进行了描述，足见德在君子道德修为中的重要地位。“象曰：山上有水，蹇。君子以反身修德。”“‘君子终日乾乾，夕惕若，厉无咎’。何谓也？子曰：‘君子进德修业。忠信所以进德也。’”“象曰：明出地上，晋。君子以自昭明德。”以上论述明确地表达了君子所具有的深厚的德性特征。“崇德”应是君子首先要具备的素质，是其他一切道德修为的基础。德在此处具有“克己修身”与“建功立业”两方面的含义。从天、地、人三材之道同出一源的角度讲，君子“崇德”的最大体现是对天地规律的效仿与遵循，如：“象曰：风自火出，家人。君子以言有物，而行有恒。”“象曰：山下有雷，颐。君子以慎言语，节饮食。”君子之德正体现了天地之道对人道的指导。

2. 广业安人与积极有为。从伦理学角度讲，“崇德”更多的是个体自我的道德体验，而这种内在道德体验最终要表现在外在的事功之上。故而《易传》又提出了广业安人的观点。“象曰：上天下泽，履。君子以辩上下，定民志。”“象曰：泽上有地，临。君子以教思无穷，容保民无疆。”“象曰：木上有水，井。君子以劳民劝相。”“象曰：山下有风，蛊。君子以振民育德。”君子正是这样，不以单纯修己正心为目标，而是最终以安民、振民、建功广业为目的。正如《易传》所言：“君子敬以直内，义以方外，敬义立而德不孤。”内在修为达到一定高度就可以取得众人信赖，继而在社会政治生活中产生积极的影响，实现“振民良德”的理想目标，达到“安而不忘危，存而不忘亡，治而不忘乱”的理想境界。实际上，修德与广业是相辅相成的两个方面，二者互相促进，内在道德水平的提高能够促进外在事业的成功，而取信于民又能够巩固修德正心的成果。《易传》这种以辩证修为为主的君子观正是对孟、荀君子观的补充和修订。孟子偏重于内心修为，强调修心的内圣之道；而荀子崇礼重法，鼓励外在约束的外王之道，《易传》结合两者之优点，提出既注重内又注重外的观点，超越了这种君子观，从而为君子人格在中国人心中的扎根奠定了更为坚实的基础。

3. 刚健自强与厚德载物。这是君子所具有的一种伟大品质和海纳百川的高尚情怀，这种精神已经熔铸到中华民族的血液之中，成为中华民族自强不息、积极有为的鲜明写照，成为中华民族思想宝库中极其重要的组成部分。《易传》说：“天行健，君子以自强不息。”自强不息成为君子道德修为的重要动力和象征。“刚健自强”是对“天行健，君子以自强不息”的概括，《易传》认为，天道刚健有力，周行不殆，永不停息；“夫乾，天下之至健也，德行恒易，以知险”。君子应以天道为法，自强不息，奋发向上。《易传》对“乾”赞美说：“大哉乾乎！刚健中正，纯粹精也。”又云：“……曰大有，其德刚健而文明，应乎天而时行。”再云：“大畜，刚健笃实，辉光日新。其德刚上而尚贤，能止健，大正也。”《周易正义》对“天行健”注释说：“天行健者，为天体之行，昼夜不息，周而复始，无时亏退，故云‘天行健’，此谓天之自然象。‘君子以自强不息’，此以人事法天所行，言君子之人用此卦象自强勉力，不有止息。”以乾卦之精神来激发人们积极有为地去生活。同刚健自强相补充相发明的是厚德载物，此句来自《易传·坤·象》：“地势坤，君子以厚德载物”，“坤厚载物，德合无疆；含弘光大，品物咸‘亨’。”坤是地，是至顺，是至柔，君子应像大地一样以博大的胸怀接纳万物，丰富自己的内涵，提高自我道德修养水平。正因为有乾之刚健自强与坤之厚德载物，才有中华民族生生不息的发展历程及胸襟宽广、海纳百川的包容精神。

4. 态度谦恭与文质彬彬。“彖曰：谦，‘亨’。天道下济而光明，地道卑而上行。天道亏盈而益谦。地道变盈而流谦。鬼神害盈而福谦。人道恶盈而好谦。谦，尊而光。卑而不可逾，‘君子’之‘终’也。”“劳谦，君子有终，吉。”天道、地道、鬼神皆有“益谦”“流谦”“福谦”之说，人道亦因“好谦”而获得有始有终的结局。“满招损，谦受益”是事物发展的一般规律，在君子个体修为上同样是一个准则，当事情太顺利时应守贞，谦退而求安，故《易传》又云：“谦谦，君子用涉大川，吉。”“谦也者，致恭以存其位者也。”又云：“象曰：地中有山，谦。君子以裒多益寡，称物平施。”这些都说明君子具有谦虚、恭谨的品格，对成就事业、对个体修为来说都是十分有利的。

5. 谨言慎行与举止有节。一个人的言谈举止是与他的道德修养境界紧密相连的，君子在行事时应时刻关注自己的言谈举止是否符合礼义道德的规范要求。“象曰：天与水违行，讼。君子以作事谋始。”“象曰：泽上有水，节。君子以制数度，议德行。”“象曰：风自火出，家人。君子以言有物。而行有恒。”“君子以非礼弗履”，这些只是从卦象上得出君子要谨慎自己的言谈举止，不要有过分的举动。慎始、有恒、谨慎等是君子处事修身的基本准则，因而《易传》引孔子话说：“子曰：君子居其室，出其言善，则千里之外应之。况其迩者乎；居其室，出其言不善，则千里之外违之，况其迩者乎。言出乎身，加乎民。行发乎迩，见乎远。言行，君子之枢机。枢机之发，荣辱之主也。言行，君子之所以动天地也，可不慎乎。”这段话更是把“言行”提到了事关君子荣辱、天地之道的高度上来，言行失则天地之道不行；谨慎言行则可以少凶事多胜吉。《易传》强调君子在修为过程中要言行谨慎、举止有度，有一定的实践指导意义。

6. 克己修德与坚持不懈。“反求诸己”“反身而诚”一直是儒家提倡的追求和塑造理想人格的重要方法，这种道德修为方法对中国文化的影响十分巨大。《易传》十分强调“君子以反身修德”。就是说，君子通过反求自身来提高自身的道德修养和道德境界。《易传》告诫说：“君子以惩忿窒欲。”“闲邪存其诚，善世而不伐，德博而化。”对贪欲、邪恶、非礼之事要进行自我克制，要用正当的手段来引导自我，使自我之行为符合礼义之要求，为此，《易传》还提出：“君子以顺德，积小以高大。”这个“积”字与荀子所谓的“积”字在含义上十分一致，在成就君子理想人格过程中具有十分重要的意义。只要坚持不懈地修为，由小到大，积少成多，量变就会引起质变，这是事物发展的一般规律，同时也是个体道德修为的重要方法。

7. 应时而发与伺机而作。君子经过长期的道德修为，具备了一些其他人不具备的先决条件，这些条件为最后实现自己的人生理想奠定了良好的基础。但仅仅具有这些条件还不够，如果不掌握合适的时机，不把握事物发展的契机，就会错失良机，就会难有大的建树，故而《易传》说：“彖曰：困，刚揜也。险以说，困而不失其所，‘亨’，其唯君子乎。”“彖曰：泽中有雷，随。君子以向晦入宴息。”君子应时而动，依环境的变化而改变自己，但又坚持本位不改变，故而《乾·文言》曰：“是故居上位而不骄，在下位而不忧。故乾乾因其时而惕，虽危无咎矣。”这句话展现了一副君子应时而发、伺机而作、处忧不惊、居危不乱的闲适状态。“‘或跃在渊，无咎。’何谓也？子曰：‘上下无常，非为邪也。进退无恒，非离群也。君子进德修业，欲及时也，故无咎。’”“其故君子所居而安者，易之象也。所乐而玩者，爻之辞也。是故君子居则观其象而玩其辞，动则观其变而玩其占，是以自天佑之，吉无不利。”“知几，其神乎。君子上交不谄，下交不渎，其知几乎。几者，动之微，吉凶之先见者也。君子见几而作，不俟终曰……君子知微知彰，知柔知刚，万夫之望。”“及时”“见几而作”都是要君子作明智之举，随着不同的事物发展形态采取不同的对策。既要洞悉细微的一面，还要知晓宏大的一面；既要洞悉柔顺的一面，还要知晓刚健的一面，只有这样，修养身性、追求完美道德人格才有可能实现。

综上所述，《易传》对君子人格的描述与孔、孟、荀所阐述的君子人格有着必然的内在联系，但又有自己的特征。《易传》的君子观总结了前一时期君子观的精华，提炼出儒家君子人格的本质性特征，以德为统领，以自强不息的精神为推动力，言行谨慎，举止有节而又把握时机，这样就可以经世致用，真正实现君子的理想人格目标。

《易传》与主体价值的实现

《易传》所确立的理想人格价值目标主要体现在广泛的社会政治、思想及实践活动中。对此，《易传》还提出了追求真善美利（义）的综合价值及天人和谐的理想社会境界等问题。

（一）追求“真善美利”的综合价值

《易传》提出了真善美利（义）的综合价值论。这四种人生价值主要体现在对乾卦卦辞所做的解释上，“‘元’者，善之长也；‘亨’者，嘉之会也；‘利’者，义之和也；‘贞’者，事之干也。君子体仁足以长人，嘉会足以合礼，利物足以和义，贞固足以干事。君子行此四德者，故曰：‘乾：元，亨，利，贞。’”这段对乾卦卦辞的解释表明了这样一种价值判断，天的价值表现为元亨利贞；而人效法天地之德，其价值表现为仁义礼智；在天、人的相互沟通、感应中，其价值表现为真善美利。

《易传》认为，自然万物有其生生不息的品格，人类社会乃至君臣、父子、夫妇、兄弟等人伦关系皆由自然界演化而来，因此自然界与人类社会之间存在各种各样的价值关系，《易传》从四个方面来描述自然界与人类社会之间的这种价值关系。一是所谓真。真，体现的是自然界与人类社会本相的一种真实状态，真的表现形态是多种多样的，在天为贞，在人则为智。正像《易传》所赞美的那样："大哉乾乎！刚健中正，纯粹精也。""大壮'利贞'，大者正也。正大，而天地之情可见矣。""天地之道，贞观者也；日月之道，贞明者也；天下之动，贞夫一者也。""修辞立其诚，所以居业也。"真在天之道、在人之道都起着十分重要的作用，它涉及自然界和社会领域的各个方面。认识自然、社会的本来面目，成为人们最基本、最起码的价值追求和行为准则，故而人之为人先得求真。

善是指一种关爱众生万物、己立立人、达己达人的人生价值。善在天为元，而人道之中以仁为核心。《易传》对"善"也进行了赞美："大哉乾元！万物资始，乃统天；云行雨施，品物流行……首出庶物，万国咸宁。"这是指万物生物养物之善；"象曰：火在天上，大有。君子以遏恶扬善，顺天休命。""君子体仁足以长人"这是对道德人格之善的赞美。《易传》赋予自然万物以善的理念及伦理道德色彩，对善的价值追求既是一种人伦道德规范，又是君子修身养性的目标，最后使之成为社会上一种普遍的伦理准则，对社会的进步和人际关系的和谐发展都将产生积极的作用和影响。

美是指万物生机勃发、神采飞扬、生长繁衍、亨达顺畅的一种自然状态。美在天为亨，在人为礼，它可以适用于人类社会的任何领域，故而也是人所追求的重要价值之一。《易传》在描述天地万物氤氲变化的同时，把它视为一种神奇的艺术造化，一种美的韵律。《易传》对大自然进行了由衷地赞美："天地变化，草木蕃"，"天地交而万物通"。自然界的变化被赋予了一种美感。《易传》的这种思想对中国的文学艺术、绘画雕刻艺术都产生了十分长久深远的影响。那么，人生之美又是怎样一种形态？"君子'黄'中通理，正位居体，美在其中，而畅于四支，发于事业，美之至也。""象曰：风行天上，小畜。君子以懿文德。"人生天地间，生命本身就是美好的，对道德的追求既是对善的追求，同时也是对美的追求。《易传》时刻在引导人们寻求一种美善的生活，从而达到一种天地之间美不胜收的人文景观。

《易传》之所谓利是指阴阳协调、风雨调顺、万物各得其所、万事各得其宜的一种贯通宇宙人生的现象，在天之道为利，在人之道则为义。众所周知，儒家在义、利关系问题上一贯主张重义轻利、舍生取义，十分看重义对人格修养的重要意义，而《易传》则从人应效仿天地的理论根据出发，提出了关于利的新观点，注重利对义的补充作用。在《易传》看来，首先定为"利者，义之和也""乾始能以美利利天下"，巧妙地为利、义的相互补充和转化设立了价值准则。还说："往者屈也，来者伸也，屈信相感而利生焉。"在人类社会中，利的价值也是卓然可见，《易传》对利在人类社会中的价值做了多方面的界说。如《易传》认为上古时期人类社会茹毛饮血、混沌未开，圣人教民众制作网罟、耒耨、舟楫等"以教天下""以利天下""以威天下"。还说："备物致用，立功成器，以为天下利。""利物足以和义，贞固足以干事。""君子藏器于身，待时而动。"……《易传》中类似的言论还有许多，其目的都在于说明利在人们实现价值目标时具有积极的推动作用，利在物质生产中的作用，经过恰当途径转化为人们追求的一种价值目标。从《易传》强调利的重要性来说，《易传》与孔、孟、荀在义、利关系问题上有不尽相同的地方，相反，却与墨家、法家有一些相似的方面，从这一点上看，我们也可以看出战国末期秦汉之际各种思想观点之间交互融合、相互影响的痕迹。

真、善、美、利在哲学意义上属于贯穿人类社会生活领域的一些基本范畴，在伦理道德领域，又是人实现道德理想的价值体现。《易传》用言简意赅的语言概括了这些基本范畴所具有的本质特征，从这一点来说，《易传》对人类终极价值追求目标的描述是很精辟的，这种价值观在现代社会中仍有不可替代的现实意义。

（二）天人和谐的社会理想境界

天人和谐的理想境界是《易传》价值体系中所着力弘扬的又一重点，这是由天人合一的宇宙构成论和人道观所决定的。人生活在天地宇宙间，如何才能体现出人在天地间的固有价值？如何才能求得人与天地万物的和谐相处与和谐发展？这是每一个思想家都必须思考的人生问题。《易传》与大多数中国古代思想家一样，选择了天人和谐而又侧重于人合于天的理论倾向。

《易传》提倡一种人与自然的和谐关系，人不但要利用、改造自然环境，更重要的是适应、协调自然环境，从而达到与自然环境和谐相处的目的。《易传》还描述了人与自然的理想状态："夫大人者，与天地合其德，与日月合其明，与四时合其序，与鬼神合其吉凶。先天而天弗违，后天而奉天时。天且弗违，而况于人乎？而况于鬼神乎？"

《易传》的这一段论述为人法天地之道定下了理论基调，人应合于天地阴阳的运行规律才能求得自身发展。继而《易传》又阐述道："大哉乾元，万物资始，乃统天……乾道变化，各正性命，保合太和，乃利贞。""太和"之后就出现"利贞"的局面。《易传》还指出："和顺于道德，而理于义，穷理尽性以至于命。""天地感，而万物化生。圣人感人心，而天下和平。观其所感，而天地万物之情可见矣。"又有："刚中而柔外，说以'利贞'，是以顺乎天而应乎人。"《易传》主张人要法天、顺天，唯有这样，才能真正运用易之道"彰往而察来"，"以通天下之志，以定天下之业，以断天下之疑"，最终达到外在事功与内在价值的有机结合，达到天人合一的社会理想境界。

总之，《易传》在对人的价值的规定性上把握了人是自然界产物这一根本特性，处处以自然之运动规律即天地之道、乾坤之道、阴阳之道来解释人道的各方面内涵。正是从这一角度讲，我们说《易传》天人和谐思想不重在研究天，而是通过天来研究人，来规范人，引导人的各种活动。《易传》所阐述的天道观、人道观以及天人和谐思想等，既是对先秦儒、道两家思想的进一步提高总结，同时又为儒家政治思想的进一步发展准备了必要的思想内容，拉开了中国政治思想在秦汉时期发展的序幕。

第六讲

超稳定伦理政治模式

——孔子的“仁—礼”思想及其展开

孔子政治思想理论的核心与主旨是什么？千百年来，众说纷纭，争论不休，至今未有一致的意见。笔者认为，作为中国早期的政治思想家，孔子对作为其思想基石的仁、礼的态度不是一成不变的，而是在不同场合针对不同对象具有不同的本质规定性，有时以仁为阐释重点，有时又以礼为论说中心，并无一定之规，并非不变之论。因此，笔者认为，研究孔子的政治思想理论，不拘泥于何者为核心的处理问题的思维方法或许是更好地理解和把握孔学思想精髓的一把钥匙。

孔子对社会政治生活及人生价值的基本态度，在很大程度上取决于对这两个概念的相互诠释和理解。一方面，仁或礼已经不是两个独立的概念范畴，而是在内涵和外延上都具有互摄性和互补性，它们之间密切而不可分离，它们已经不能通过自身而解释自身，而必须借助于对方而阐释自身的意义和价值，其自身的价值和意义须从对方中得以确认和认同。另一方面，单纯的仁或礼所要凸显的价值和目的都已不能成为孔子所要达到的终极目标，而它们的有机结合，即仁—礼所架构的伦理政治模式及其所显示的全部内容和意义，才是孔子所追求的政治理想目标。也就是说，在孔子的政治思想体系中，仁、礼互为表里、互为补充、互为说明，无仁则礼不成其为礼，无礼则仁无所依托搁置。因此，按照钱穆先生的解释就是：“仁之于礼，一内一外，若相反而相成也。”本讲就是试图把孔子政治思想的基础建构在超稳定的仁—礼伦理政治思想模式上，并从仁论、礼说及以仁释礼三个方面对孔子的仁—礼伦理政治模式做一番系统的梳理与阐释。

仁论：内在价值规范及思想内涵创新

（一）“仁”的思想变迁及其发现

清代著名学者阮元考证说：“夏商之前无仁字。《虞书》‘克明峻德’即与《孟子》仁字无异，故仁字不见于《尚书》虞夏商书、《诗》雅颂、《易》卦爻辞之中。”可以说，在殷代的甲骨文及西周的金文中，尚无“仁”字出现。近人董作宾也认为，甲骨文中尚未出现“仁”字。在孔子所删定的原始儒家经典如《诗经》《尚书》《易经》中，极少有“仁”字出现，只是在《尚书》《诗经》中有三例“仁”字[①]。但对这三例“仁”字，据清王念孙、王引之父子、阮元及今人于省吾先生等人的缜密考证，认为以上经典所载三个“仁”字，虽有仁之字，但无仁之实，于是得出结论说，在《尚书》《诗经》中其实都“未见真正的仁字”，即使春秋时期如《左传》谈仁者也有多次，“不过就其含义来看，可以和孔子所说的仁相契合者实在很少”。

仁的思想萌芽出现于西周时期，其重要特征就是与西周社会的宗法等级制度具有内在的关联，具体说就是与“亲”的内在关联，属于道德领域的范畴。《国语·晋语》记载说：“为仁与为国不同，为仁者爱亲之谓仁，为国者利国之谓仁。”“仁”兼有“爱亲”与“利国”的双重特征。《大学》称之为“亡人无以为宝，仁亲以为宝”；《中庸》则称之为“仁者人也，亲亲为大。”春秋时期，“仁”字已大量出现，含义也有所拓展，并广泛地出现于各种历史典籍中。思想家们开始借用“仁”的概念，并一点一滴地赋予它伦理的、政治的含义。“仁”字最早是喻指统治者或“君子”“仁者”所拥有的一种美德。《左传·僖公二十三年》记载说：“出门如宾，承事如祭，仁之则也。”《左

① 《尚书·金縢》：“予仁若考”；《诗经》305篇中也仅两见：一是《诗经·郑风·叔于田》：“洵美且仁”；一是《诗经·齐风·卢令》：“其人美且仁”。

传·定公四年》也谓："柔亦不茹，刚亦不吐，不侮矜寡，不畏强御，唯仁者能之。"再如，郑子产问政于然明，然明答曰："视民如子，见不仁者，诛之，如鹰鹯之逐鸟雀也"；郧公辛之弟欲杀楚昭王，郧公辛以"乘人之危，非仁也"予以阻拦；晋文公面对子犯建议伐秦，文公以秦穆公曾有恩于己，以为"因人之力而敝之，不仁"予以拒绝。这里的"仁"都是就统治者或"君子""仁者"的行为或美德而言的，是从道德的层面来界定的。仁除了具有道德意义外，还逐渐增加了治国之道的意蕴，如"亲仁善邻，国之宝也""度公而行，仁也"；"仁所以保民也……不仁则民不至"。这些出现于春秋前中期的仁的观念还是一种零星的杂乱的不系统的言论，但已经具有了伦理道德的思想萌芽[①]，它作为道德层面的价值内涵及与人性深层相表征的意蕴已经显露了出来，为春秋晚期孔子仁的思想的发现及系统梳理奠定了有力的思想基础。

真正发现、揭示"仁"的思想内涵的是孔子。孔子之仁是在梳理总结西周以来宗法伦理思想的基础上并结合春秋时期社会发展的一般特征而提出的调整人与人、人与社会之间关系的思想总则，是带有共通性、普适性的基本价值准则，是在批判地继承西周时期的敬德保民思想，汲取了春秋时代"仁"的思想精华，并在春秋时代"仁"的思想进行系统理性的反思和总结的基础上而形成了仁学理论体系，具有划时代的思想价值和意义，标志着中国传统政治思想——殷周天命神学向儒家伦理型政治哲学——在春秋末期发生了重大转折。

孔子从政治层面和伦理层面提出了一个全新的具有普适性的范畴——"仁"，构建了其仁学思想体系。孔子之仁学就是恢复以血缘关系为基础、以等级制度为特征的宗法伦理秩序，他试图借周礼之权威以纠正和阻止大小诸

①"仁"在春秋早中期的思想观念中并不占有突出地位。而"礼"则是这一时期的主导思想，如《左传》讲"礼"的地方多达462次，比讲"仁"的地方多了429次。

侯们的各种僭越行为，以建立一个“君君、臣臣、父父、子子”的等级社会，在内在精神上，孔子深入人的最基本的以血缘关系为纽带的关系中来发现和建构“仁”的精神价值。汉许慎《说文解字》释“仁”为：“仁，亲也，从人二”；《中庸》释“仁”为：“仁者，人也，亲亲为大”，都说明了仁之起源与氏族血缘关系有内在的直接的联系，反映了原始氏族部落内部的亲亲原则。可以说，从最原始的血缘关系入手来阐释仁的丰富内涵及精神实质是孔子创建其仁学理论并万世不衰的最独创之处及最伟大的思想发现，从而完成了由外在规范向内在道德要求的价值转向。

孔子提出的仁的重大价值和发现就在于回到人类以血缘关系为基础的最原始的自然情感中，以寻找人类最真实、最牢固的道德合理性基础，试图从血缘亲情关系中找寻解决一切社会和人生问题的答案。因此，孔子把基于人类血缘亲情关系而产生的两种情感——孝、悌——作为仁的根本，作为仁的逻辑出发点。对此，孔子的学生有子表述得非常明确：“有子曰：‘其为人也孝弟（悌），而好犯上者，鲜矣；不好犯上，而好作乱者，未之有也。君子务本，本立而道生，孝弟也者，其为人之本欤！”孝悌是人伦关系中最原始、最天然、最本根、最基础的东西，是人伦之道之始，是仁之根本。

把握了仁之根本，一切其他问题就可迎刃而解。孔子正是从人伦的本根上找到了其阐述问题的出发点。因此，他强调父慈子孝、兄友弟恭；强调己立立人、己达达人，强调每一社会成员都从自我入手，不断加强自我的道德修养，以至治国平天下，都是从仁的最原始层面即正心、修身开始。因为身心是一切伦常之载体，无身心则其他一切无从可言。在回归最原始、最天然、最本根的基础上，将孝悌原则进一步拓展、扩大，由关注具有血亲关系之人到关切一切社会之人，由血缘关系扩充到社会中的一般关系，从而形成“泛爱众”的主张及“己欲立而立人，己欲达而达人”“己所不欲，勿施于人”的忠恕之道原则，仁的拓展过程同时也就是德治的现实政治实践过程。正是由于仁是基于人的最基本的血缘关系而建构起来的，因此它不受任何外在力量的支配和制约，而完全取决于人的自身自我道德意识的发扬。他说：“为仁由己，而由人乎哉？”“人远乎哉？我欲仁，斯仁至矣。”

（二）“仁”的思想内容及其理论价值

孔子是从最原始的血缘关系入手来阐释仁的丰富内涵及其精神实质的。孔子之仁，看似散乱无序，实则有一严密之逻辑顺序，孔子以“仁者爱人”为逻辑起点，以“以礼约仁”为中间环节，以“天下归仁”为终极价值目标。孔子的仁学提出了何者为仁、仁者应何为、如何成为圣人等问题，提出了主观追求仁的可能性及现实可操作性问题。但如何才能自觉地贯彻仁的原则、实现仁的要求，孔子却没有提出具体可行的路径和方法，从来没有给仁定义过标准，这就给不同的价值主体在施行仁的过程中造成了理解上的自由空间，任何一种学说都可以从孔子的论述中找到其所需要的理论根据。

据粗略统计，《论语》一书中有58段文字讨论了仁，仁字共出现了104次，足见仁在孔子整个政治思想体系中的重要地位和作用。那么，孔子所谓的仁究竟指什么？我们仍然需要从《论语》文本中寻找答案。孔子把仁视为理想人格修养的最高境界，非一般人可轻易达到，当子贡问：“如有博施于民，而能济众，何如？可谓仁乎？”孔子回答说：“何事于仁，必也圣乎！尧舜其犹病诸！夫仁者，己欲立而立人，己欲达而达人。能近取譬，可谓仁之方也已。”孔子认为，博施而能济众这种境界比仁还高，达到了圣人的境界，就是尧舜这样的人也难以达到，而且有仁境界的人，自己求立也使人可立，自己求达也使人发达，概括起来便是“成己成人”。据此，张岱年先生认为，在孔子的思想体系中，“仁之本旨只在己立立人，己达达人”。“己立立人，己达达人”侧重于说明仁的外在表现方式，又比如，“刚、毅、木、讷近仁”，刚强、坚毅、质朴、迟缓这四种行为的表现近乎达到仁的境界和标准了，孔子对仁的阐述不能以《论语》中任何一段论述来论证它的本质含义，而只能以全面的多视角的观点并结合仁的内在、外在的表现方式来说明仁的精神价值内涵，才能对仁所具有的本质特性给予全面的了解和把握。

1. 对待仁的态度。孔子认为，人人都具有一种为仁的愿望，应该诚心诚意去求仁，达到仁之境界的根源在于自己，而不是由他人来推动，只有认知主体的自觉自愿追求，才有可能达到“仁”的境界，孔子还认为，“仁”虽然是一种较难达到的修养境界，但并非遥不可及，只要能有意志去修仁，那么人人都可以达到仁的目标。这种向自我追寻发掘的致思趋向是孔子回归人的原始本性，把仁建构在原始的亲情关系基础上的一种必然结果。孔子这种向自我深处追求仁的价值的思想，成为战国中期孟子仁政思想的最直接思想来源。

2. 仁的价值内涵。仁的价值内涵主要是指仁者爱人这一层面。“樊迟问仁，子曰：‘爱人’。”从理论源头上考察，“爱人”来自政治意义上的保民、敬民观点，由爱群体意义上的人，然后发现人的自我价值，提倡对人的尊重。在孔子仁的价值内涵中，由爱人所推导出的一系列内容都深刻体现出孔子对一般社会民众的关注，对整个人类社会发展中实现人际之间共同和谐发展的关切，这一切都奠定了孔子作为中国乃至世界最伟大思想家的地位。在几千年后的今天，孔子所提出的一系列思想仍具有普遍适用性和永恒价值。

3. 仁的多样性特征。前面已经提到，孔子对于仁的本质特征没有做过多的陈述，更多的是针对弟子所具有的不同情况给予不同的回答。这种回答因时间、地点、场合的不同而带来的不确定性使孔子对仁的表述呈现出多样性的特征，为一般民众达到仁的理想境界提供了各种各样的途径。

4. 仁的实践价值。孔子把关注的焦点投向社会政治和现实人生，他时刻关注着现实生活中如何实现人的全面发展问题。前面已经说过，孔子之仁并没有向人们提供一套普遍适用的方法，我们所能看到的只是一些原则性的教谕。在孔子关于仁的论述中，最具代表性的言论或许就是颜渊与孔子关于“克己复礼”的一段对话。“颜渊问仁。子曰：‘克己复礼为仁。一日克己复礼，天下归仁焉。为仁由己，而由人乎哉？’”“克己复礼”所要达到的是一种自我牺牲、控制私利、成就公利、舍小我从大我的道德要求。为此，郭沫若先生认为，“仁的含义是克己而为人的一种利他的行为……他要人们除掉一切自私自利的心机，而养成为大众而献身的牺牲精神”。从这一点来看，孔子所提倡的克己复礼的仁的行为方式已经在实际意义上超越了原来的狭隘的宗族血缘关系的范围，将这种利他行为拓展至整个国家、整个民族，成为人们共同遵守的伦理道德原则。

礼说：礼的价值的多层面呈现

西周时期形成的一整套规范人们言论及社会行为的周礼制度，为后世人们参照制定规章制度树立了良好的典范。周朝的礼乐制度是远古特别是夏殷以来积淀于社会形态各层面思想、行为规范的总汇和集大成者，成为西周社会政治生活领域广泛遵循的价值标准和行为准绳，“朝觐之礼，所以明君臣之义也；聘问之礼，所以使诸侯相尊敬也；丧祭之礼，所以明臣子之恩也；乡饮酒之礼，所以明长幼之序也；昏姻之礼，所以明男女之别也。”周衰亡后，中国社会进入了历史大变革的时代。随着井田制度的瓦解，政治结构和利益结构的调整，旧的意识形态——周礼日益遭到冲击，旧的等级名分、宗法关系遭到严重破坏，天子失政，诸侯攻伐，弑君弑父之事屡见不鲜，传统政治价值观与现实社会之间面临着剧烈的矛盾冲突，历史进入了一个“上下失礼”“乱臣贼子”“礼坏乐崩”“礼乐征伐自诸侯出”的时代。“世衰道微，邪说暴行有作，臣弑其君者有之，子弑其父者有之。”这种纲纪沦丧与道德堕落的现象我们从春秋时代发生的36次弑君事件及52次争霸战争中[①]可以很清楚地看出。

由于西周时期建立在神权政治笼罩下的政治统治秩序正在瓦解，宗法等级制度面临着前所未有的危机和挑战，作为生活在社会转型过程中的孔子明显地感到传统礼乐文化所面临的困境，孔子一生强烈的从政意识[②]、“信而好古”的思维禀赋、深厚的鲁国文化背景的积累，使孔子很早就确立了以传统改造社会，以历史讽喻现实的思维路径并将之贯穿于自己的政治实践活动中。孔子在系统研究殷周以来礼文化的基础上，对三代之礼进行了系统的梳理和总结，以恢复三代尤其是西周礼乐制度及传统礼制思想在社会政治生活中的主导地位和固有价值为己任，试图重建文武周公时代那种社会政治秩序，并提出了一系列“安上治民，莫善于礼”“为政先礼”的政治主张，首开先秦礼学理论之先河，成为中国礼制思想的集大成者和中国礼学理论的开山鼻祖。

（一）礼制与正名：政治秩序的重构

殷周以来流行的政治价值观认为，传统的等级秩序和等级制度是维持社会运转的首要条件。“天子建国，诸侯立家，卿置侧室，大夫有贰宗，士有隶子弟，庶人工商，各有分亲，皆有等衰。是以民服事其上而下无觊觎。”由于社会转型所造成的一系列政治价值观的冲突，沿袭数百年之久的周礼第一次遭到了前所未有的危机和挑战。各种形式的犯分僭礼行为不断发生，旧有的政治秩序格局出现了混乱失序的局面。习惯了等级社会的生活，一旦旧的等级制度出现了变革，人们就感到无所适从，于是发出了“下陵上替，能无乱乎”的喟叹！面对社会转型造成的矛盾冲突，适合社会政治需要的新礼尚

---

①《史记·太史公自序》：“春秋之中，弑君三十六，亡国五十二，诸侯奔走不得保其社稷者不可胜数。”

② 孔子周游列国时，每至一国，“必闻其政”（《论语·学而》），表明孔子有强烈的从政愿望。

未建构，礼的演变发展出现了断裂，社会出现了许多“违礼”的现象。如何尽快建构起一套适合现实政治社会需要的制度，使整个社会有遵循之价值标准，就成为春秋时期思想家们不得不考虑的一个迫切需要解决的问题。一些有远见卓识的政治思想家开始反思这一社会现象，并试图寻找造成这一现象的内在原因。孔子认为，这一社会混乱局面的出现完全是由名实关系的错位和分离造成的，其总根源就在于“名不正”。名不正破坏了社会固有的纲常名教和等级关系，破坏了人们在社会关系中所应承担的角色，导致了社会的无序和混乱。因此，要使社会政治秩序恢复到君臣父子平稳有序的理想状态，首先要做的就是正名工作。正名乃为政者第一要务。孔子作《春秋》时有意识地贯穿了其鲜明的正名思想。《庄子·天下》说，“《春秋》以道名分”，基本上反映了孔子作《春秋》时的心态。孔子试图阐述和证明一种名正则治、名不正则乱的政治思想理念，他说：“政者，正也。君为正，则百姓从政矣。”“政”就是“正”，理想的政治，就应当用公正、正当的原则来管理国家和人民。要实现理想的政治，将“正”真真切切地运用于现实政治生活中，提倡维护和巩固“君君、臣臣、父父、子子”的社会等级秩序，而坚决反对出现“君不君、臣不臣、父不父、子不子”的纲纪败坏、犯上作乱局面。

一般来说，三代之礼基本上反映了当时的社会经济发展与生产力发展水平相适应的状况，礼之名及其所反映的礼之实之间基本上是相符合的，并没有出现太大的偏差与分离，尽管周礼所标举的政治分层制对不同等级的人都划定了不同的等级范围，把周礼的各项规定制度化、具体化、合法化，使社会在尊卑、长幼、贵贱、嫡庶、昭穆以及大小宗等都有严格的界限，但名实关系基本上还是和谐稳定的，基本上符合有其名必有其实、名实相符的原则。因此，社会结构基本上没有太大的波折和震动，社会能够按照政治等级秩序设定的轨迹缓慢地运转。

春秋以降，随着各国社会、政治结构的大变革大调整，周礼所依据的社会政治基础发生了根本性的变化，周礼日益丧失其凝聚力和约束力，也日益丧失其维系人心的力量。尤其是春秋后期，名存实亡现象已经十分普遍，周礼的一系列具体规定已变得可有可无；曾经被视为违礼僭越的行为也已成为司空见惯的现象。春秋时期名实关系的悖乱与偏离主要表现为一系列的僭礼的行为上。《论语》《左传》《国语》等著作记述着各种不同时间、不同形式、不同类型、不同规格的违礼僭越行为。与这一系列的僭礼行为不同的是，孔子在其日常生活中一举一动皆按礼之要求行事，“出则事公卿，入则事父母，丧事不敢不勉，不为酒困，何有于我哉？”对待别人包括他的学生，他也按礼的规定来要求他们。子贡违背周礼，以为每月初一告祭祖庙的活羊可去而不用，孔子明确表示反对，指出子贡只是爱羊，而我则爱礼之规定；又如，颜回死后无棺外之椁，颜路建议把他的车子卖了买椁，孔子也极力反对，因为按周礼之规定，大夫出门必须坐车，而不能步行。

正因为孔子对周礼的规定践履不渝，因而对违反周礼的行为则大加鞭挞。如公元前589年，在一场卫齐之战中，新筑大夫仲叔于奚救了卫军统帅孙桓子一命，对卫国人的赏赐，仲叔于奚拒绝了，而“请曲县、繁缨以朝”，卫国人同意了。仲叔于奚不要卫人采邑的赏赐，而只是请求使用一次诸侯用的乐队（曲县）及马饰（繁缨），这在当时是一件极不合礼仪之事，孔子对此事发表了自己的看法，他说：“惜也，不如多与之邑。唯器与名，不可以假人，君之所司也。名以出信，信以守器，器以藏礼，礼以行义，义以生利，利以平民，政之大节也。若以假人，与人政也。政亡，则国家从之，弗可止也已。”孔子把名分问题提到了亡国的高度来认识，认为仲叔于奚的做法是一种不可饶恕的僭礼行为。孔子不能容忍当时的从政者对维系社会安定的礼仪制度的践踏和破坏，当他听说鲁国的仲孙氏、叔孙氏、季孙氏三家在祭祖时僭用天子之礼、唱《雍》诗时，孔子的愤怒之情溢于言表，提出了“‘相维辟公，天子穆穆’，奚取于三家之堂？”的质疑，指责三桓没有资格使用《雍》

这样的礼乐；针对季氏僭用天子的八佾之舞，孔子同样发出了“是可忍，孰不可忍也”的怒吼。因为八佾是周天子专用的祭祀大典的舞队，按照周礼，“天子用八，诸侯用六，大夫四，士二”。鲁国由于享有周公传下的特权，国君也可享用八佾之舞，一般卿大夫只能用四佾，而季桓子却在鲁昭公举行祭祖典礼时公然用八佾之舞，孔子虽受恩于季桓子，但仍认为这是一件令人不能容忍的事情。再如，季氏僭用天子诸侯之礼祭祀泰山，孔子对此发出了“呜呼！曾谓泰山不如林放乎！”的慨叹，认为泰山之神是不会接受这种违礼之祭的。①

针对春秋时期社会巨变造成的名实严重不符、名实混乱现象，各家各派的思想家们从各自的政治立场出发，对维系千年之久的周礼沦落为“礼崩乐坏”、社会道德失序等现象进行了新的探讨和估价，孔子通过修《春秋》以寄托自己的政治理想。他提出的正名方案就是“君君、臣臣、父父、子子”，这一思想方案的宗旨就是要求君臣、父子、夫妇、上下、长幼、亲疏、男女、尊卑、贵贱等社会各人等、各阶层都能各尽其职、各符其名、各守其分，使之不相僭越，这是一种典型的正名思想。孔子成熟的正名理论是他在晚年时期提出来的。当子路问孔子“卫君待子而为政，子将奚先？”时，孔子以“必也正名乎”作答并进行了系统的阐述，他说：“名不正，则言不顺，言不顺，则事不成，事不成，则礼乐不兴，礼乐不兴，则刑罚不中，刑罚不中，则民无所措手足。故君子名之必可言也，言之必可行也。君子于其言，无所苟而已矣。”所谓正名，按汉马融之说，就是指“正百事之名”。孔子把正名作为为政之先，从正名的角度提出了匡正天下的具体步骤：正名—言顺—事成—礼乐兴—民可措手足。在孔子看来，正名之所以重要，不但关系到国家社稷之存亡，它还与礼乐刑罚的实施、庶民百姓的管理密切相关。因此，孔

① 司马迁在《史记》中对此事也进行了记载：“季氏旅于泰山，仲尼讥之。”（《史记·封禅书》）

子把正名作为为政之第一要务。

孔子之正名思想与他恢复西周时期的礼乐制度、重构等级有序的政治理想社会是并行不悖的。尽管孔子希望通过其正名步骤形成一种“君令、臣共，父慈、子孝，兄爱、弟敬，夫和、妻柔，姑慈、妇听”的圆融通达、和谐稳定的理想状态，但这种贵贱尊卑界限分明的静态的思想形态仍具有相当大的保守性，也是以孔子为代表的儒家思想之所以能被汉代统治者所采纳并成为中国传统政治意识形态的主要原因之一。

（二）礼之质与礼之仪

所谓“礼之质”（内容）是指礼的内在精蕴、内在特质、内在精神；“礼之仪”（形式）是指礼的外在表现形式，泛指揖让周旋之仪式及各种行礼之器物。“礼之质”是“礼之仪”的基础、标准，“礼之仪”为“礼之质”的具体表现形式，是“礼”的具体化、形象化。对礼之质与礼之仪的分别，实际上是礼的本质规定及其外在表现形式的分别，是对礼的认识的进一步深化。西周衰亡后，西周以来所树立的政治价值观已经明显地滞后于历史的发展，传统与现实面临着剧烈的矛盾冲突。春秋时期，随着神人地位发生的微妙变化，一些早期的政治思想家开始突破礼的宗教性的非理性束缚，礼的神圣性和权威性受到了人们的普遍质疑。随着礼自身形式的演进及其象征意义的进一步强化，逐渐出现了礼与其所蕴含的象征意义的分离——礼、仪的分离。人们开始从人自身的视角观察和思考礼的现象和本质、功能和作用等问题，礼由信仰的对象变为研究、思考的对象。早在孔子之前，礼、仪之分离已成为一种趋势并为一般上层社会所认可，成为一种共识，具体表现就是：一方面是周礼维护等级制功能及其权威性的日益丧失；另一方面是礼的外在表现形式即揖让周旋玉帛钟鼓之“仪”的繁盛，揖让周旋进退之礼仪形式成为一种外交沟通之手段、一种象征层面之点缀。人们对礼的认识已经不再局限于对礼之外在形式的把握，而是要求对礼的内在特征予以厘定界说。孔子之前的两则历史史料很清楚地记载了当时社会上对礼、仪分别后的一些态度。《左传·昭公五年》记载说："公如晋，自郊劳至于赠贿，无失礼。晋侯谓女叔齐曰：'鲁侯不亦善于礼乎？'对曰：'鲁侯焉知礼？'公曰：'何为？自郊劳至于赠贿，礼无违者，何故不知？'对曰：'是仪也，不可谓礼。礼所以守其国，行其政令，无失其民者也。'"又《左传·昭公二十五年》记载："子大叔见赵简子，简子问揖让周旋之礼焉。对曰：'是仪也，非礼也。'"这里，女叔齐、子大叔对礼、仪已经做了十分明确的分别，在他们看来，周旋揖让等只是一种仪式，并不是礼，礼是一种经国安邦之道、治国之理，与礼所表现出来的揖让周旋之礼根本不是一回事。从春秋初年的晋大夫师服已经意识到礼在"体政""正民"方面所具有的政治性作用；春秋中期的鲁曹刿更加明确了礼在"整民""帅长幼之序"方面所具有的等级功能，到春秋末期的晋叔向把礼视为"王之大经"，郑子产则把礼视为"天之经也，地之义也，民之行也"。对礼的本质的认识发生了一重大转折，表明春秋时期的政治思想家们对礼的认识更加具体更加细致，已经由表象深入实质，由外在形式深入内在本质，为孔子对礼、仪的认识打下了坚实深厚的基础。

孔子置身于礼崩乐坏的现实矛盾和困境中，同时又希望摆脱和超越这一矛盾困境，他在继承和借鉴前辈思想家对礼、仪探讨的基础上，对传统的礼乐制度、礼乐文明的内在精神实质进行了认真的梳理与反思。鉴于社会上对礼的形式的重视，而忽视礼的本质的存在，孔子反对礼徒具外在形式，而主张回归礼之本根，更加强调对礼之本质及形式的分别，使礼由此从模糊走向清晰，由抽象走向具体。孔子认为，人们对于礼不能仅仅局限于其形式如何，而要注重其内在精神实质。孔子把礼分为文与质，常常用质与文这对范畴来诠解礼的本质与形式问题[①]。他说：“质胜文则野，文胜质则史。文质彬彬，然后君子。”仁质礼文的思想从孔子与子夏的一段对话也可以看出来，“子夏问曰：‘巧笑倩兮，美目盼兮，素以为绚兮，’何谓也？子曰：‘绘事后素’。曰：‘礼后乎？’子曰：‘起予者商也。’”对这句话，韦政通先生评价说：“孔子以‘绚’喻仁之质，以‘素’喻礼之文，子夏竟然能从这个比喻中领悟‘礼后’的道理。”孔子看到当时“礼崩乐坏”，诸侯相互攻伐兼并，有些诸侯弑君犯上，虽然保有礼乐的形式，却失掉礼乐应有的内涵。因此他喟然慨叹：“礼云礼云，玉帛云乎哉？乐云乐云，钟鼓云乎哉？”孔子还说：“君子义以为质，礼以行之，逊以出之，信以成之。君子哉。”根据朱子的注释，“质”是“质干”的意思。孔子认为，君子应当“以仁居心”，“义以为质”，“礼以行之”，“逊以出之，信以成之”，如果缺少了“仁心”，“人而不仁”，即使勉强维持“礼乐”的形式，也没有什么意义。所以孔子感叹：“人而不仁，如礼何？人而不仁，如乐何？”人的视听言动只要合乎礼就是仁。

孔子虽然认为礼之质较礼之仪来说起重要的决定作用，但礼的外在表现形式在日常政治生活中也是必不可少的。礼的外在表现形式不同于礼的内在特质，从揖让周旋到舆马、器皿、服饰等皆以尊卑贵贱高下为准则，即所谓“名位不同，礼亦异数”。只要是不违背礼的标准，礼的外在表现形式可以根据内容、场合的需要做适当的变革、调整，而不须固守固定的形式。如对冕从麻变为丝，因这纯粹属于质地的变化，不影响等级名分的规定，故孔子从众；但在对拜上拜下问题上，则属于礼的规定，是不容僭越的，虽不合众人之意，孔子宁愿违众不违礼。对于那些僭越破坏礼的行为，孔子深恶痛绝，当“林放问礼之本”时，孔子认为，“礼，与其奢也，宁俭；丧，与其易也，

①《礼记》把礼的形式称为礼之“数”或礼之“文”，内容重于形式。“礼之所尊，尊其义也。”（《礼记·郊特牲》）

宁戚”。对礼之形式可以损益，但对于礼之本质则必须坚持，这是孔子对礼所坚持的一条基本原则。

（三）礼法之争：礼治价值优先论

先秦时期，对礼法（德刑）之间的关系，不同学派的思想家都参与了论争，但最后真正形成礼法之争的则只有儒法两家。儒家倡礼治，重德教，是典型的德治主义派；而法家则倡法治，重刑罚，是典型的法治主义派。儒法两家在几百年的论争中，彼此吸收、互有长短，争论的焦点在于究竟应该是以礼治国，还是应该以法治国。针对春秋末期礼崩乐坏的社会现实，一些思想家认为传统之礼治已然丧失了其规范社会政治秩序的力量，而必须寻找一种更加严厉更加强硬的措施来治理国家，这就是与儒家德治、礼治相对立的法治，于是在思想界掀起了一场关于礼治（德治）与法治孰优孰劣的大论争。

在中国古代政治社会里，“法治”一词最早由管子提出，“以法治国则举措而已。”管子对“法治”的含义给予了明确规定，他说：“有生法，有守法，有法于法。夫生法者，君也；守法者，臣也；法于法者，民也。君臣上下贵贱皆从法，此之谓大治。”法家不但主张“不务德而务法”“唯治为法”，而且认为，只有“以法治国”“以法为本”，才能实现“法治”的社会管理目标。春秋时期，一些诸侯国纷纷采取了以法治国的尝试，并制定了一系列具体的措施，如子产之制刑书，邓析之制竹刑，范宣子之铸刑鼎等，他们的共同特点就是认为法治优于礼治，成为中国早期法家思想的重要代表人物。而孔子则是站在礼治的立场上坚决反对法治，针对晋国铸造刑鼎之事，孔子从“礼治”的角度猛烈抨击说：“晋其亡乎！失其度矣。夫晋国将守唐叔之所受法度，以经纬其民，卿大夫以序守之，民是以能尊其贵，贵是以能守其业。贵贱不愆，所谓度也……今弃是度也，而为刑鼎，民在鼎矣，何以尊贵？贵何业之守？贵贱无序，何以为国？”孔子所强调的度其实就是他所谓的礼，在礼的范围内，政治阶层划分严格有序，各阶层皆按礼之规定规范自己的思想行为，而没有越雷池之念头，“君子思不出其位”，从而使社会达到一种“贵贱有等，长幼有差，贫富轻重皆有称”及“定亲疏、决嫌疑、别同异、明是非”的圆融和谐状态。社会的每一个成员都在自己的等级范围内遵循由自己的社会地位所决定的礼仪规范。所谓“君君、臣臣、父父、子子、兄弟、夫妇”就是这种等级序列的界定，与之相适应，则要求“君令、臣恭，父慈、子孝，兄爱、弟敬，夫和、妻柔，姑慈、妇听”。超出此范围界限即是违礼行为，这就是孔子所强调礼的本质所在。而晋国铸刑鼎，以法为治国之标准，势必将打破贵贱等级秩序，造成“贵贱无序”的社会现状，这在孔子看来是绝对无法容忍的。孔子认为，贵贱等级不存在了，国将何以为国？

礼法作为一种外在的规范对人的思想行为具有一定的强制力、约束力，春秋时期，虽然往往礼法并举，但在本质上礼法之间具有很大的差别，其差别就在于：“夫礼者，禁于将然之前，而法者，禁于已然之后。”“法之所用易见，而礼之所为生难知也。”显然，礼比法所具有的优越性就在于礼是“禁于将然之前”，而不是“已然之后”。法治的实施不但不能从根本上阻止事情的发生，还破坏了上下贵贱等级之序，导致了“贵贱无序”“上下失礼”，这样国家就必然出现混乱不堪的局面。

（四）礼乐政治文化

据史料记载，周公是制礼作乐的始作俑者[①]。其实，礼乐在西周以前就已存在，只是到了西周时期才把他们结合在一起并赋予其人文意识和道德实践精神，构成了自西周至春秋战国以来独特的礼乐政治文化[②]。杨向奎先生指出：

---

① 有关记载可参见《左传·文公十八年》鲁季文子语、《左传·昭公二年》晋大夫韩宣子语以及《史记·周本纪》等。

② 礼乐在西周人的思想观念中，还仅仅是一种外在的规定，内外界限分明，还没有构成一个有机的内在整体。这从礼、乐的各自功能中就可很明显地窥见一斑。

"自周公制礼作乐开始，才是我国第一次对于礼的加工和改造。"《礼记·乐记》所谓"礼乐刑政，其极一也""礼乐不可斯须去身"；《论语·子路》所谓"礼乐不兴则刑罚不中"；《左传·僖公二十七年》所谓"礼乐，德之则也"都是把礼乐作为从内外规范社会成员的思想和行为的价值评判标准来使用的。

广义之礼包含乐在内，含括了整个西周文化的体制，但就礼的狭义范围而言，礼乐则有其内在区别，简言之就是，礼主"别"主"分"，乐主"合"主"同"。所谓"别""分"是指等级关系而言；"合""同"是指和谐共处而言。早在西周末年的史伯就提出了"和六律以聪耳"的观点，指出乐的主要功能就是以和为主。略早于孔子的齐晏婴也说过："先王之济五味，和五声也，以平其心，成其政也。"乐的功能就是使人心平德和，以成就完美的政治。如果说礼是一种外在规范，乐则是一种内在规范；礼为社会及个人道德行为之规范，乐则为调节人际关系及陶冶人的性情，礼是别异的，乐是和同的，森严的等级制度造成了社会关系的疏远与紧张，为使社会关系既等级森严又不至崩解，故必须辅之于乐。礼乐相为表里，相互为用，共同维持着社会等级制度的和谐与稳定，即荀子所说："乐合同，礼别异；礼乐之统，管乎人心矣。""乐者为同，礼者为异，同则相亲，异则相敬。乐胜则流，礼胜则离。"孔子认为，乐的主要功能在于以内在的形式潜移默化地影响和调节国与国之间、社会成员之间的关系，调节礼在规范人际关系时所出现的偏差。《孝经·广要道》记载孔子之言："移风易俗，莫善于乐；安上治民，莫善于礼。"礼乐结合的实质就是要达到"乐以治内而不同，礼以修外而为异，同则相亲，异则畏敬"，从而达到"乐而不流"的圆融和谐的理想状态。

礼的治国安邦作用与政治教化功能

儒家所称颂的礼是指以宗法制度为核心的政治制度、等级观念、道德行为规范及各种礼节仪式，它几乎涵盖了社会政治、经济、军事、法律、教育、文化生活的方方面面，它既可以是个人思想行为之基本准则，又可以是治国安邦之根本纲领；既可以是道德评判与法律制裁之最终依据，又可以是社会机构运作中一切精神之体现。正如《礼记·曲礼》所言：“道德仁义，非礼不成；教训正俗，非礼不备；分争辩讼，非礼不决；君臣上下，父子兄弟，非礼不定；宦学事师，非礼不亲；班朝治军，莅宦行法，非礼威严不行；祷祠祭祀，供给鬼神，非礼不诚不庄。”因此，礼在中国的政治思想文化中，有着极其重要的特殊价值和意义，是中国传统政治文化的重要组成部分。

针对礼的颓败崩坏之势，春秋时期的思想家们表现出各种不同的态度和观点[①]，由于春秋时期“犹尊礼重信”，各国统治者都把礼视为“身之干”“人之干”“国之干”，是“王之大经”“政之舆”。春秋时期，虽然礼乐制度受到冲击和挑战，呈现出“礼崩乐坏”的颓势，但由于受传统价值观及传统思维定式的影响，当时大多数人还是用周礼的价值观标准来评判是非曲直，社会中仍有一股相当的势力在顽强地维护着周礼的社会地位及尊严，周礼所确定的政治等级价值观仍十分牢固地左右着人们的思想观念，礼仍是当时处理和调节人际关系及国际关系的重要准则。与此同时，还有一部分人则把握时代发展之脉搏，站在新时代的角度对周礼进行了新的诠释和评价，礼成为这些人推行政治改革可资利用的“武器”。如郑子产铸刑书，虽遭众人非议，然子产以为铸刑书乃“为刑罚、威狱，使民畏忌”而符合礼之规定为由不言放弃；对于齐政权下移之趋势，晏子认为惟礼可制止这种局势之蔓延。孔子援仁入

① 以道家为代表，或认为礼为忠信之薄而乱之首，主张“弃礼”；以儒家和法家为代表，或认为对传统之礼进行改良或创新，用仁或法的新观念对礼进行新的诠释。

礼、以仁释礼，使处于崩坏之中的礼在获得新的价值内涵及内在价值本源规定性后又重现其经天纬地、治国安邦、规范社会与人生的重大作用与功能，礼重新确定了其在社会政治领域及人生道德修养领域中的权威和地位。具体表现在以下六个方面：

（一）为国以礼：礼在治国安邦中的重要作用

礼在孔子的政治思想体系中占有十分重要的地位。《左传·隐公十一年》引孔子之言："礼，经国家，定社稷，序民人，利后嗣者也。""经国家，定社稷"是指礼维护以血缘关系为基础建构起来的国家政治秩序；"序民人"是指礼把社会关系划分为上下贵贱尊卑亲疏远近，使人人各守其业，各司其职，不得逾越；"利后嗣"是指礼要使社会等级秩序按照既定的模式，虽百世而不变。在国家政治生活中，礼的作用是通过从饮食起居到车马服饰，从冠昏丧祭到射御宴饮，从征伐盟会到朝觐告聘，从进退揖让到诗词歌舞等许多具体繁杂的规定来体现的，只要与社会生活、政治生活有关的一切活动，都有礼的严格规定。礼不仅体现了社会政治结构的内在秩序和运作机制，而且还维系、制约、调节着社会的上下尊卑及亲疏长幼关系。孔子认为，要达到理想的社会政治目标，礼在治国安邦中的重要性是不言而喻的，"礼之于正国也，犹衡之于轻重也，绳墨之于曲直也，规矩之于方圆也"。治国之道离不开礼，要以礼让作为治国的根本，执政者只有掌握了为礼之原则，以礼为国，就会很容易使百姓听从信服，而不会产生非分之想。"礼之所兴，众之所治；礼之所废，众之所乱也。"是否循礼已成为衡量和评价一国政治兴衰、社会治乱的价值标尺。孔子还从政刑与德礼对治国安邦及治民教民的比较层面上提出了自己著名的政治主张，凸显了礼在社会政治生活及治国安邦中的重要作用。

（二）明分别异：维护社会等级制度

礼的实质就是维护"君君、臣臣、父父、子子"的等级制度。春秋时代把人分为许多等级。《左传·昭公七年》记载说：“天有十日，人有十等，下所以事上，上所以共神也。故王臣公，公臣大夫，大夫臣士，士臣皂，皂臣舆，舆臣隶，隶臣僚，僚臣仆，仆臣台。”其实，当时社会政治等级之划分又何止十级？且不说各级又有不同划分[①]，还有大量尚来列入十等之列的从事农、工、商的庶人。礼的明分别异功能在社会政治生活中随处可见。北宫父子说，礼仪之本在于分别“君臣上下、父子兄弟、内外大小”。晋随武子说：“君子小人，物有服章，贵有常尊，贱有等威，礼之不逆也。”与孔子同时代的孟喜子说：“礼，人之干也。无礼，无以立。”孔子思想深处也有非常牢固的等级秩序观念，他曾说过“唯上知（智）与下愚不移”的话。春秋时期的统治者都在利用礼来维护国家的统治和社会的稳定。《礼记·昏义》说：“礼之大体，而所以成男女之别，而立夫妇之义。男女有别，而后夫妇有义；夫妇有义，而后父子有亲；父子有亲，而后君臣有正。”“民之所由生，礼为大。非礼无以节事天地之神也，非礼无以辨君臣、上下、长幼之位也，非礼无以别男女、父子、兄弟之亲，婚姻、疏数之交也。”司马谈在《论六家之要指》中也指出儒家的特点是“序君臣父子之礼，列夫妇长幼之别，不可易也”。《史记·礼书》也把礼的特性界定为：“君臣朝廷尊卑贵贱之序，下及黎庶车舆衣服宫室饮食嫁娶丧祭之分。”孔子的政治理想目的就是使礼的这种“辨君臣、上下、长幼”“别男女、父子、兄弟”的功能为社会每一成员所遵循，使人人都能各尽其职、各安其位，使人人的思想、行为都在社会为其所规定好了的范围内进行，达到无犯上作乱之心，从而使社会出现一幅上下和谐、各司其职、各安其位、尊卑有等、长幼有序的社会政治画面。礼在构建和营造这一有序的社会政治画面中起着不可替代的重要作用。

① 如《周礼》又把大夫分为上大夫、中大夫和下大夫；士也分为上士、中士和下士，等等。

（三）约之以礼：个人道德修养的规范和要求

礼不但在国家政治生活中起着极其重要的作用，而且对一个人的修身立命也起着至关重要的引导和规范作用。孔子之重礼在于他认识到礼对于处理和维系社会政治关系及人际关系的重要作用。礼不但具有外在的规范功能，同时还具有内在价值要求的特征。礼的这种双重功能对一个人的道德修养是非常重要的，它决定了一个人在社会政治生活中的地位及身份。孔子认为，要真正成为有学问、有道德修养的人，学习和运用礼都是一个根本条件。“子曰：兴于诗，立于礼，成于乐。”礼是立人之本，不学礼则在社会上无以立足，不能适应社会道德和规范的要求。作为君子，除了“博学于文”外，还要“约之以礼”。一个人如果“不学礼”，就无以立足于社会。因此，礼为人修身立命之本。

（四）华夷之辨：评判各国文明程度之价值标准

礼是人禽划分之标准，是判断各国文明程度之标志。在先秦人的观念里，区分华夏与蛮夷、戎狄，除了地域上的因素外，最重要的标志就是礼，这就是当时著名的华夷之辨。华夷之辨同人禽之分一样，其标尺在于礼。孔子在对华夏与周边民族关系问题上带有很深的偏见，他说：“夷狄之有君，不如诸夏之亡也。”这种偏见到了孟子那里便发展为“用夏变夷”的思想。那些被称为蛮夷、戎狄的地域，不但在“饮食、衣服”上“不与华同”，而且还“冒没轻儳，贪而不让”，完全不知礼义为何物，因此被周定王贬斥为“若禽兽然”。尽管当时赵武灵王对这种因因相袭的传统提出了超俗的看法，认为各族皆有其固有的生活习俗，只要是能够“利其民”“便其事”就应予以认可，而无须拘泥于是否遵循传统之礼上，但这种看法在当时并不占主流。

（五）君礼臣忠：君臣关系的单向度规定

在国家政治领域，君臣关系是最重要的关系之一，孔子从君臣尊卑等级之分的角度，认为在君臣关系上，“为君难，为臣不易”。由于在治理国家中君臣所处的特殊关系，处理好君臣这对矛盾关系就显得十分重要。孔子在其君臣关系中明确地主张“尊君”“明君”，强调“君臣之义”不可废，但他所谓的“尊君”“明君”是有条件的。孔子认为，礼和忠是处理好君臣关系的最基本准则，“君使臣以礼，臣事君以忠”。若任何一方没有按自己应尽的义务从事，就可能使君臣双方的对待关系破裂。君臣之间不是一种平等的关系，而是存在一种严格的等级关系，“君在，踧踖如也，与与如也”；“入公门，鞠躬如也，如不容……屏气似不息者”。俨然一副谨小慎微的态势。尽管如此，君主也不能无限拓伸、滥用自己的权力，而必须在道的范围内行事。其行为要以道为准绳和标准，臣事君要忠，这是基础，但更要“以道事君”，否则便可弃君而去，在某种程度上对君权又有所限制。孔子以史鱼和蘧伯玉为例，赞颂了他们对“以道事君”的态度。孔子的君臣关系尽管是君主臣辅的尊卑等级关系，但孔子试图使这一关系维持在一定合理的范围内，使为臣者在择君方面增加了更多的选择性和自主性。孔子认为，以父子为核心的家庭关系和以君臣为核心的政治关系构成了最基本的社会政治结构，社会结构的有序运转，就在于社会各成员皆能按其在社会中所确定和扮演的角色行事并履行相应的社会职责，使“君君、臣臣、父父、子子”的等级秩序在有序的社会秩序中得以施行。孔子对把人划分为不同等级并对此等级关系从礼制上予以确认和规范，而对那些不顾等级差异而任意僭越的行为大加鞭笞。

（六）以和为贵：礼的社会调节功能

礼在日常生活中表现为人与人之间交往的原则：“礼之用，和为贵。先王之道，斯为美；小大由之。有所不行，知和而和，不以礼节之，亦不可行也。”在调节和处理人际关系中，大家常喜欢用的一个词“和为贵”，即源于此。和是指和谐、和睦之意，中和调适两个人之间不和谐的关系，使两人或更多的人之间能够和睦相处，均衡发展，这种社会秩序的约束作用就是以礼节之的意思，没有此礼则社会生活就失去了发展平衡的基础，就容易发生社会不稳定等人为因素。而礼的精神价值就是调和与规范人们之间有可能出现的分歧，平衡相互间的矛盾，使社会生活能够合理有序地进行。这种以和为贵为道德准则的礼之用正是孔子所希望达到的终极目的。

超稳定的“仁—礼”伦理政治模式：对传统之礼的新诠释

前面笔者已经从分论的角度对仁、礼的基本特性及其价值、思想内涵、政治作用、教化功能等方面进行了阐释，但问题并没有完结。就像笔者在前面已经指出的那样，仁与礼所构建的超稳定的伦理政治模式共同构成了孔子全部政治思想的核心，那么，接下来的问题便是：仁、礼如何在孔子的思想体系中能够有机地结合在一起并构架起超稳定的伦理政治结构模式？对这一问题可以从两个方面进行思考：一是仁、礼结合何以可能的问题，二是仁、礼结合如何可能的问题。

西周以来，各种矛盾冲突尚未显现之时，社会基本能维持平衡状态，旧有的社会政治格局尚无完全打破之必要；随着宗法制度的日臻完善和私有制度的日益普及，各种矛盾冲突愈加显露，旧有的社会政治格局遭到了前所未有的挑战，靠旧礼显然已不能维系社会政治结构的和谐平衡及宗法等级制度的存续，孔子对周礼的分崩离析深感忧虑和不安，如何让传统的周礼制度在春秋时代正在崩坏的趋势得以停止？如何在春秋时代乃至“百世”之后能继续发挥其应有的维护和稳定国家政治统治的巨大功能？孔子对这些重大政治原则问题必须给予回答。孔子经过对三代礼乐政治文化的研究和考察，认为周礼仍然是维护社会稳定、治国安邦的唯一法宝，因此，孔子以恢复周礼之权威及回归到西周之社会作为毕生的理想追求。但是，作为“圣之时”的孔子，他毕竟看到了周公所处的时代与春秋末年五百多年来由于历史变迁所造成的巨大观念变化和思想差异，因此，对周礼不可完全照搬照用，而必须有所因革损益。所谓“因”，就是对三代礼文化的吸收保留，体现了文化的继承性一面；所谓“革”，是指对三代文化的改造和创新，体现了文化的批判性一面。周礼之所以繁盛细密，正是因革损益夏殷之礼的结果，因此，孔子对周礼在制度上进行了大胆变革。孔子认为，周礼的基本原则和宗旨必须一以贯之，不可更改，但对一些小的细节问题则可以变通，这是孔子对待周礼的基本态度。在此基础上，孔子认为，为了使现存社会制度处于一种不犯上作乱、君臣父子夫妇兄弟朋友各守其分、各尽其责的理想状态，必须依据社会发展的现状，从根本上寻找一种既能够补充和完善旧礼的不足，又能够从人性、人伦自身及宗法制存在的根基上来说明现存社会制度合理必然性的学说。孔子认为，只有回归到人类最本质最原始的自然情感中，回归到以血缘关系为最基础最质朴的亲情关系中，以寻找潜存在人类原始基因中的道德因子，从人性内部挖掘符合人性的道德原则，才是解决所有矛盾冲突的唯一办法，这就是孔子援仁入礼、以仁释礼的新的诠释方法。因此，孔子礼学的最伟大创新和最重大转折之处就在于他对周礼进行损益变革的过程中，在不损害礼传统基本精神价值的基础上，从礼内部对礼的内容进行新的损益和改造，将一种全新的价值理念赋予灌输于传统的礼文化之中，使之具有全新的价值内涵。

仁、礼之结合是儒家乃至中国政治思想史上的重大转折，它不仅是思想上的一次升华，同时也是政治实践上的一次突破。仁、礼之间天然具有一种内在的关联性、亲和性和整合性，孔子只是试图从血缘亲情关系中找寻解决问题的答案和突破口，把这两种原本就是合而为一的道德因子重新发掘重新整合而已。在原始宗教中，维持氏族内部和谐与稳定的是传统沿袭久远的习俗，而仁、礼的最初因子就存在于这原始的社会习俗中。可以说，由于原始社会所展示的“人人平等”原则，无上下贵贱等级之差别，因此，作为仁、礼的原始因子最初也是合而为一、相即不离的。仁、礼是一种原始形态的结合。随着私有制度的产生及贫富分化现象的出现，原始的仁、礼结合形态也随之出现了分离，也就是说，仁作为一种基于原始血缘亲情关系而产生的价值观念走向了从内在、内心的层面维护人际—社会交往关系的途径，而礼作为基于从原始习俗演进而来的带有规定性、强制性的规范则从外在的层面走向了维护社会等级差别、划分社会等级关系的理路。这种仁、礼分途的特征在西周社会表现得最为显著。西周社会的建构有两个最基本的前提和基础：一个是血缘制（仁）[①]，一个是宗法等级制（礼）。血缘制与宗法等级制皆源于原始时期的宗教礼仪。若从这一角度来分析，西周社会所依靠血缘关系建构起来的亲属关系（仁）及所实行的宗法等级制度（礼）原是两个平行的系统：前者建构在人伦关系基础之上，本无所谓贵贱等级之分别；而后者则建构在家族亲疏远近关系基础之上，是以远近亲疏贵贱等级为其特征的。但是，由于仁、礼之间所具有的天然亲和力，它们的分途是暂时的，而它们的结合则是必然的。一种历史机缘是：中国以小农经济为基本特征的社会政治—经济结构形态恰恰造就了仁、礼之间的有机结合，也就是说，原本是两条平行的系统——以维护等级贵贱制度为基本特征的礼与基于血缘关系所要求的人格独立、地位平等的思想观念的仁，在中国独特的社会政治—经济结构中得到

① 前文已指出，在三代时期，尚无“仁”字出现，更遑论原始时期已有仁的观念。仁字的大量出现是在春秋时期。“仁”的发展演变有一漫长的历史过程。但“仁”所包含的最质朴最本根的价值理念则可以从原始的血缘关系中寻找到。正是在这一意义上，这里把在原始血缘关系基础上建构起来的价值理念用“仁”来表述，以便与建构在原始宗教礼仪、习俗基础上的礼相对应。

了有机的统一，在新的基础上奠定了中国仁、礼结构的雏形。对这种统一形式的原发追寻，我们只有回溯到原始的宗教礼仪和宗教习俗中才能够得到合理有效的解释。

如果说第一个问题还带有探索性、不确定性的话，那么，对仁、礼结合如何可能这一问题的回答和解释则带有非常鲜明的现实针对性。仁、礼在不同的历史发展时期及在不同的社会发展形态中侧重点有所不同。有时以重仁为主，有时以重礼为主[①]，自西周制礼作乐以来，礼一直就是规范和约束社会的主流，礼不但具有规范国家社稷的巨大政治功能，而且在个人的道德修养方面也具有举足轻重的作用。这方面的言论在反映春秋时期的典籍，如《左传》《国语》中比比皆是。仁、礼尽管在私有制度产生以后就走上了分途之路，但其总的趋势则是走向融合与统一。在孔子的思想系统中，礼属于传统流传下来的内容，而仁则属于在借鉴春秋时期仁的思想的基础上创新的部分。孔子以仁为思想基点，采取“我注六经”的诠释方法，把仁的思想大量补充到传统的礼的思想中，体现了时代发展的要求，也体现了“礼，时为大”的发展品格。礼与仁一样，在孔子的政治思想体系中同样占有十分重要的地位，已成为孔子理想人格修养的重要手段之一，它与仁的精神价值相表里，涵盖了从政治制度到个人道德修养、从国家大事到日常生活等各个方面的内容。礼正因为有仁为其内在价值依据，故礼便同时具备了外在规范及内在价值要求的特征。礼不但为社会和个人提供了一整套行为规范，而且还通过这些外在的行为规范对社会和个人起教化的作用，培养人的道德自觉性，提高人的道德境界，由外在约束变为内在自觉；由他律变为自律，使人心悦诚服地服从，在潜移默化、不知不觉中接受。《大戴礼记·礼察》：“礼云礼云，贵绝恶于未萌，而起敬于微眇，使民日徙善远罪而不自知也。”《礼记·经解》：“礼

---

① 如西周到春秋中期，社会以重礼为主；春秋末期到战国中期，社会以重仁为主；战国中期到秦汉之际，社会以礼法并重，仁退居到了次要地位。

之教化也微，其止邪也无形，使人日从善远罪而不自知也。”

孔子通过对殷周以来的礼制思想进行根本性的诠释与改造，为传统礼制思想寻找到了内在的价值依据。由于孔子援仁入礼，纳仁入礼，以仁释礼，使礼具有了内在的价值依据，使礼的政治功能发生了极大的改变，从而使之建立在仁的价值基础之上。如对于“三年丧礼”，孔子以仁为基点进行了新的解释，他说，“子生三年，然后免于父母之怀”，所以才规定替父母守孝三年。在这里，孔子把本视为来自“神”的准绳命令的外在规范说成是出于人心的伦理内在要求。孔子对仁、礼关系的经典性阐述体现在他所说的“克己复礼为仁”这句话中。仁、礼是一个事物相辅相成的两个方面，礼以仁为价值依据，仁以礼为外在表现形式；仁是礼的内在本质，礼是仁的外在形式。礼必须以仁为本，礼若无仁为其根本，则礼将不成其为礼。孔子指出：“人而不仁，如礼何？人而不仁，如乐何？”如果离开了仁爱之心，礼就会成为单纯的“钟鼓”“玉帛”之类的虚文。[①]

如果说仁是把个人与他人的关系放在首位，礼则是把个人与社会的关系放在首位；仁是着眼于人与人之间的和谐，礼则侧重于社会系统的稳定；仁是由个体之仁推及社会之礼，是由内及外的运思过程；而礼则是由社会之礼敛及个体之仁，是由外及内的思维路径。“仁—礼”思想成为孔子政治思想中最基本最稳定的思想形态，它们共同构成了孔子新仁学思想体系的最基本的伦理政治架构模式，进而构成了中国的伦理观、政治观和世界观三者合一而以伦理为本位的文化模式。以后所有儒家学者的立论都可以从孔子的思想框架中寻找到最原始的思想资源。对孔子政治思想体系中仁、礼的阐释构成了孔子之后政治思想发展的一条主线。可见，孔子之礼已不是西周之礼的简

① 这一点，杨伯峻先生也有非常精辟的阐述，他说：“孔子认为礼乐不在形式，不在器物，而在于其本质。其本质就是仁。没有仁，也就没有真的礼乐。春秋以及春秋以上的时代，没有仁的礼乐，不过徒然有其仪节和器物罢了。”

单翻版，它与西周之礼的本质区别就在于孔子把仁引入了礼，使礼的内涵大大丰富。在孔子看来，礼是使社会保持等级关系的最理想工具，孔子之礼已经演变为一种可以在社会各阶层普遍适用的政治制度，礼于是具有了经天纬地、规范社会与人生的权能及凸显了其治国安邦的方略及政治教化的功能。按照孔子的思想逻辑，由于礼所构建的等级社会深深植根于血缘关系的人性和仁爱上，若能发明、唤醒深植于人的心灵深处的善的人性和仁爱意识，使之潜移默化地转化为人的一种自觉行为、自觉意识，就能够做到人人各安其职、各守其位、各奉其业、各遵其道，使人们的一切思想行为都符合礼的要求。只要社会每一个成员都能恪守礼的规定，对不符合礼的行为勿视、勿听、勿言、勿动，只有这样，整个社会便可处在贵贱有等、上下有差、长幼有序，人人各奉其事、各处其位的等级秩序网络中，就会达到安定和谐的理想状态。

还应指出的一点是，孔子超稳定的“仁—礼”结构模式，还有许多中间纽结（德目）不断丰富充实着这一结构模式的性质和内容，使仁—礼结构所展示的内容有时因时因地因人之不同而具有不同的侧重点。如有偏重于表现人的道德行为的孝、悌、恭、宽、信、敏、惠、敬等，有偏重于表征人的仪表形态的刚、毅、木、讷、直、勇、知、简等，有偏重于展现人的道德情感的爱、忠、恕、义等。在这些中间纽结（德目）中，最重要的就是孝悌和忠恕，可以说。其他德目都是为深化和说明孝悌和忠恕，并从更深层次上进一步诠释仁而逻辑性地展开，它们从不同层面反映、体现着仁的价值内涵，使“仁—礼”结构更为稳固并成为中国政治文化的最基本最完善的政治结构模式。

第七讲

孔子天命、人性思想与政治价值依据

春秋时期是中国社会处于新旧交替的大动荡大变革时期。“高岸为谷，深谷为陵”，“社稷无常奉，君臣无常位”。周天子名存实亡，天下出现了诸侯争霸、大夫擅权、陪臣执国命的混乱局面。孔子正处于“周室微而礼乐废，诗书缺”“王纲解纽”“礼崩乐坏”的春秋晚期，是社会秩序和价值观念大裂变大冲突大组合的时期，是对三代以来神权政治观念、人文思想进行理性检讨和反思的时期，同时也是人才辈出、群星璀璨的时代。在这一历史转型时期，涌现出了中国思想史上第一批真正意义上的政治家、思想家、军事家，如齐之管仲、晏婴，郑之子产、邓析，鲁之孔子，楚之老聃、范蠡，齐之孙武，宋之墨翟，等等。他们基于各自的国家利益及政治立场，对传统与现实进行了理性的检讨和深刻的反省，提出了各种各样的改造社会政治、经济、军事、法律、道德的方案，成为中国“轴心时期”政治、军事、思想领域最早最典型的代表人物。他们以自己的政治智慧和才智为中国源远流长的政治思想文化增添了绚丽的光彩，为中国早期政治思想文化的发展奠定了坚实深厚的思想基础。而孔子以其关注问题的全人类性，以其思想的包容性、普适性而成为这一思想群体中最具代表性的人物。

孔子是继周公以后中国历史上最杰出的政治思想家，他继承了殷周以来的政治文化遗产，形成了自己独特的政治理论思想体系。孔子的政治理论学说具有强烈的伦理政治意义和政治实践精神，他提出的一系列政治命题、概念、范畴及思想观念、政治主张不但成为中国政治文化中最基本最重要的政治命题、概念、范畴，而且规定了中国政治文化发展的基本方向。由他创建起来的儒家学说体系不但成为中国政治文化发展的重要源头之一，而且对中国几千年的政治文化产生了极其重要的影响。

中国传统的天命论，不同时期有不同的表现形态，但归纳起来不外乎三种：神学决定论、道德决定论和自然决定论。在殷商统治者那里，天命被用来解释现存政权及君主权力存在的合法性与至上性，属于典型的神学决定论。西周时期，在价值层面上，已经开始了由神学决定论向道德决定论的过渡，从神学政治框架中已经突涌出人性、道德的内容，但仍以神学决定论形态为主，道德决定论只处于附庸的地位。自西周末年以来，随着恨天、骂天思潮的出现，传统的天命价值观面临着巨大的挑战。特别是春秋中后期以后，神学、道德决定论在社会政治舞台上互相消长、扮演重要意识形态角色的同时，从其母体中衍生出第三股趋向——向自然决定论转换的趋向，这一方面表明了人类对自然现象认识的进一步深化，同时也表明了人的主体意识的进一步加强。因此，重新评判和估价传统的天命观已成为春秋时期鲜明的思想潮流之一。但不容置疑的事实是，当时绝大多数人的思想观念仍然笼罩在浓郁的天命鬼神形态中，一般人只能在现存的思想观念形态中思考或行为，要轻易怀疑或否定它简直是不可能的。[①] 孔子能够对当时人们普遍信奉的天命鬼神观念由信奉、怀疑直至超越，由神学、道德天命观向带有自然倾向的天道观念转化，不但是对殷周以来天命神学的改造与创新，而且还表现出了巨大的理论勇气和无畏的思想品格。

---

① 这一点我们可以从出土发掘的一些春秋时代实物（包括器皿、棺椁、墓葬、礼器等）及文献资料中得到佐证，还可以从记载春秋历史的一些典籍史料中得到答案。如在《左传》一书中，直接提到鬼神的地方近60处，大部分是以赞赏或肯定的口吻表述的，存在怀疑或降低鬼神的文字只有6处，足见当时传统的天命鬼神思想在社会领域中的普适性和影响力。

天命观：信仰、怀疑及超越

天命虽不是孔子政治思想的主要概念，但它对了解和把握孔子政治思想之内在本质却具有相当大的影响。孔子对天命的理解和体认，是在对殷周时期对天的基本价值观批判继承与创造发展的基础上完成的。孔子的天命观虽存在着前后不一致的矛盾[①]，当我们把孔子的天命观放在一个发展变化的思想背景下，用历史的发展的眼光而不是静止的固态的眼光来看待这种矛盾时，就会对孔子的天命思想有一个历史的把握和合理的诠释。

孔子曾对殷周以来的天命思想深信不疑，他关于天命的用语和表述，还明显带有殷周天命论思想的痕迹和影响，这与他早年所受的文化熏陶及仕途多舛、经历坎坷有关。孔子幼年就“多能鄙事”，并“入太庙，每事问”。孔子认为天是有意志的人格力量，具有主宰一切的伟力，孔子相信人的命运都是天命安排的，并借子夏的话说：“死生有命，富贵在天。”还说：“富而可求也，虽执鞭之士，吾亦为之。如不可求，从吾所好。”在孔子看来，一个人贫贱富贵夭寿完全与天命有关，绝非芸芸众生之力量所能改变，孔子认识到人的生命中潜藏着某种人事所无能为力的客观限制。正因为天有意志、有威严能主宰操纵一切，若获罪于天，即使祷告也无济于事；这一时期孔子对天命还完全沉浸在盲目的崇信意识中，在心理层面上完全接纳了殷商时期的天命价值观，他所标榜的“天生德于予，桓魋其如予何？”与商纣王“我生不有命在天”在思维路径上可谓如出一辙，毫无新意可言。然而孔子虔信天命，

① 据粗略统计，“天”字在《论语》中共出现43次，其中“天”字单独使用19次，孔子所言说者11次，与其他字词联用者13次。按照冯友兰的说法，“天”字至少存在五种不同的意义（有关内容参见冯友兰：《中国哲学史新编》第一册，人民出版社1982年版，第89页），但归纳起来可分为三类：一是主宰或命运之天，二是物质或自然之天，三是义理之天。关于“命”，在《论语》中共出现了8次（包括“天命”的言论出现了3次）。孔子把命的兴废归结为独立于人的意志之外的一种必然性，但在有些场合，孔子又认为“命”是可预知的，他说：“不知命，无以为君子也。”（《论语·尧曰》）他把知命作为成为君子的前提条件。

天命并没有给予他应有的回报。相反，一系列事件的发生使孔子对天命有了新的思考，陷入了深深的肯定与否定、笃信与怀疑、崇拜与理性的矛盾冲突之中。[①]“子疾病，子路请祷。子曰：‘有诸？’子路曰：‘有之；诔曰：‘祷尔于上下神祇。’’”子曰：“丘之祷久矣。”“有诸”的反问及“丘之祷久矣”的慨叹，透露了孔子对天命矛盾、犹豫、怀疑的心理，与孔子曾经对天命的深信不疑形成了强烈的反差。特别是其弟子颜渊与子贡的不同命运遭际（颜渊遵天命，却穷困潦倒；子贡不受命，却财货满箧），更加深了孔子对天命的怀疑情绪。若孔子对天命的疑虑仅此为止，则孔子在天命观上并没有任何新奇创新之处，而只是在重复、重弹殷周以来的天命观老调而已，并没有跳出殷周天命思想的藩篱。孔子之所以为孔子，就在于他毕竟是站在时代前列的思想家，他睿智独到的思想智慧使他在对传统的天命观进行怀疑的同时，并没有沉溺纠缠于天命观，没有局限在怀疑传统天命思想的范围内不能自拔，而是在借鉴春秋时期自然科学发展成果的基础上及其他各派思想发展的基础上，从此不再言说天命如何如何，不再把天命作为言说的重点，而是对自己的思想辐射点做出了重大抉择，实现了价值层面的两大重大转向：一是超越殷周以来天命具有权威和人格力量的层面，初步完成了由旧的天命观向自然天道观的过渡和转换（尽管这种转换是非常不完善不彻底的）；二是超越殷周以来的神权政治框架，初步完成了由天命神学向人学（现实人生、人道）、

① 可以说，孔子本人就是命运的牺牲品。对于孔子的一生际遇，三国时期的李萧有一段非常精彩的总结。他说：“夫以仲尼之才也，而器不周于鲁卫；以仲尼之辩也，而言不行于定哀；以仲尼之谦也，而见忌于子西；以仲尼之仁也，而取仇于桓魋；以仲尼之智也，而屈厄于陈蔡；以仲尼之行也，而招毁于叔孙。夫道足以济天下，而不得贵于人；言足以经万世，而不见信于时；行足以应神明，而不能弥伦于俗；应聘七十国，而不一获其主；驱骤于蛮夏之域，屈辱于公卿之门，其不遇也如此。”（《昭明文选》卷五十三《命运论》）

由外在向内在、由彼岸向此岸方面的价值转换。① 正是由于孔子完成了这两项价值观的转换，他的恢宏广博的理论体系皆由此价值转换的基础上衍伸推展而来，从此奠定了他在中国政治思想史上的不朽功勋和地位。但是，应该指出的是，由于思想体系的限制，孔子对自然现象（天道）并没有做过多的探究，而是把全部理论热情转向了社会人生（人道）方面，因此，孔子的天命观尽管已经出现了向自然天道观的转换，但这种转换还带有很大的不确定性、不彻底性，还带有很大的思想局限性，处处显示出信仰与理性的矛盾冲突。可以说，直到战国末期的荀子，才最终完成了由天命向天道的形态转换。相反，孔子对社会人生（人道）方面的思考和观察则达到了相当高的程度。自孔子开始，天命鬼神被悬置起来，天命、鬼神不再是关注的焦点，不再是支配一切的人格神，人们只是偶尔把天命鬼神作为一种形而上的思想背景和价值依据，采取既不肯定也不否定的态度。

人们把关注的重心由天命鬼神转移到了社会人事人生（人道）方面，并在人道领域提出了一系列震古烁今、具有永恒价值和意义的概念和命题，一系列影响中国政治思想数千年的思想观念和政治主张，使儒家最终没有走上宗教之途，完成了儒家政治理论的一个重大价值转折，成为中国政治思想文化发展演进的一大里程碑。诚如牟宗三先生所言：“孔子在《论语》里，暂时撇开从天命天道说性这一老传统，而是别开生面，从主观方面开辟了仁、智、圣的生命领域；孔子未使他的思想成为耶教式的宗教，完全由于他对主体性仁、智、圣的重视。这是了解中国思想特质的最大窍门。”以至于两千多年后的今天，人们还认为，要解决一系列社会现实问题，还必须回到孔子那里，从孔子思想中汲取思想智慧。

① 在中国政治思想史上，最早将“天道”与“人道”从“神道”观念中分离并成为两个独立思想概念的是郑子产。（见《左传·昭公十七年》子产说的“天道远，人道迩，非所及也”一段话）

孔子天命观的另一个重要方面体现在他对鬼神的态度问题上。[①] 孔子的鬼神思想与其天命思想一样，同样存在着前后不一致的矛盾。[②] 在孔子所处的时代，人们普遍相信鬼神的存在，鬼神迷信思想还是社会上的主流意识形态。由于人们认识水平的局限，把自然界和人类社会中一切无法解释的现象统统归之为鬼神。那么，应如何评价孔子对“鬼神”的态度？孔子对鬼神的态度，最容易引起歧义的是两段话：一段是“樊迟问知。子曰：‘务民之义，敬鬼神而远之，可谓知矣’”。有些学者据此来证明孔子具有无神论思想倾向。还有一段是“祭如在，祭神如神在。子曰：吾不与祭，如不祭”。实际上，这两段话并不能证明孔子不信鬼神，由于历史的局限，在孔子时代要做到完全不信鬼神是根本不可能的事情，这两段话只是表明了孔子对鬼神模棱两可的态度而已。孔子对鬼神存在与否采取的是一种非常理智的态度，一种信仰而非拒斥的姿态。他既不盲目肯定，也不盲目否定，既要诚敬严肃不能亵渎，又不可陷溺其中难以自拔，反映了孔子对鬼神的理性的态度，对传统的鬼神文化改造与创新的一面；当然还有一个方面的原因，就是孔子一直主张，鬼神问题并不是一个容易弄清楚的问题，因此他对鬼神问题是慎之又慎，不随意回答（“不语怪力乱神”）。对千百年来作为一种人们普遍心里认可的鬼神的存在，孔子在无法证实或证伪的情况下采取了“阙疑”的态度，可以说是一种“知之为知之，不知为不知”的实事求是的实证态度。他认为，对待鬼神，最

---

① 孔子对鬼神的言论在《论语》中有4条记载：“子不语怪力乱神”（《论语·述而》）；子曰：“非其鬼而祭之，谄也”（《论语·为政》）；樊迟问知。子曰：“务民之义，敬鬼神而远之，可谓知矣”（《论语雍也》）；季路问事鬼神，子曰：“未能事人，焉能事鬼？”曰：“敢问死？”曰：“未知生，焉知死？”（《论语·先进》）学术界把孔子对待鬼神的态度大致分为三种：（1）孔子敬鬼信神；（2）孔子否定鬼神；（3）孔子怀疑鬼神。

② 笔者认为，孔子对于鬼神的态度，简而言之，可分为三个不同发展阶段：第一阶段是“祭如在，祭神如神在”阶段，反映了孔子对鬼神的坚信不疑；第二阶段是“未能事人，焉能事鬼”阶段，表明了孔子对人事的重视及对鬼神的怀疑；第三阶段是“敬鬼神而远之”阶段，凸显出孔子对鬼神之事既不盲目肯定，也不盲目否定，而是采取“阙疑”的理性心态，一种非常理智的态度。

明智的处理方法就是“敬而远之”“祭神如神在”，这一话语把孔子那种矛盾复杂的内心世界展露无遗。[①]或许，孔子通过对三代思想文化的整理和研究可能已经完全意识到鬼神迷信的不可信，但他为了使自己的思想言论通行于世而又不可能采取非常过激的方式，于是，孔子便采取了一种折中的模棱两可的态度来对待鬼神之事。当季路问事鬼神之事时，孔子不直接给予回答，而是以反问的方式回避了问题，孔子的回答显然不能使季路满意，他更深一层追问：人死之后又如何？孔子仍旧以同样的方式予以回答，指出要关注人生之事，而不要一味追究人死之事，对子路试图通过祭祀鬼神来医治自己疾病的想法也以“丘之祷久矣”给予了否定。这一模棱两可的话语及态度为后世理解孔子的天命鬼神思想留下了极大的争论空间和思想空间。孔子并没有陷入“鬼神”有或无的泥潭，以至于避免了像中世纪西欧神学家、哲学家们花毕生精力讨论所谓“针尖上可以站几个天使”“上帝到底是几天把人给造出来的”这类问题的发生，而是让人们首先考虑“人事”上的事情，孔子主张智者应把“务民”之事放在首位，而不可把主要精力放在鬼神之事上。其“敬鬼神”最终落脚于“人道之所宜”，落脚于世俗道德实践上，这正是孔子“敬鬼神而远之”的奥秘所在。

孔子虽对鬼神采取敬而远之的态度，但他认为，在社会政治实践中，必须保留人们对鬼神的敬仰之情，这是孔子的政治目的使然。孔子作为时代的思想家，作为“时之圣者”，他对天命、鬼神的态度并不是一种纯粹的理论构想和逻辑推演，而是与其政治理论与政治实践紧密联系在一起的，是为其现实政治目的服务的。他的天命鬼神思想与其所要建构的严格等级制度具有

① 针对孔子在鬼神问题上的矛盾心理，墨子批判说：孔子“执无鬼而学祭礼，是犹无客而学客礼也，是犹无鱼而为鱼罟也”（《墨子·公孟》）。汉刘向也有一段很精彩的评论，当子贡问孔子“死人有知无知”这一问题时，孔子回答说：“吾欲言死者有知也，恐孝子顺孙妨生以送死也。欲言无知，恐不孝子孙弃而不葬也。赐，欲知死人有知将无知也，死徐自知之，犹未晚也。”（《说苑·辨物》）

密不可分的联系，若完全抛弃了天命，抛弃了祭祀鬼神的仪式，就等于抽掉了君臣等级制度的灵魂，这是孔子所不希望出现的事情。所以，尽管孔子怀疑、否定鬼神的存在，但他从政治的角度考虑，仍主张祭祀鬼神，以期达到维护社会和谐与等级制度之目的。①

人性论：一个永恒的政治文化课题

人性问题自古以来就是中国思想文化中十分关注的重要方面之一，对人性问题的探讨是人类自我觉醒、自我认识的开始。千百年来，对“人性是什么”的问题，不同时期的思想家都进行了孜孜不倦的探讨。在中国思想史上，先后出现过性善论、性恶论、性无善无恶论、性有善有恶论、性超善恶论、性三品论、性善情恶论、性二元论以及性日生论等观点，这些人性论观点都从不同角度不同侧面丰富和充实了中国传统的人性理论。但最早提出人性问题并对人性问题进行阐述的思想家则是孔子。综观《论语》全书，虽然孔子对人性问题讨论得较少②，但人性不仅在孔子政治思想体系中有着十分重要的意义，而且在儒家政治思想发展史上也占有十分重要的地位，对于探究和理解儒家政治思想的发展历程及特点有很重要的作用。在中国传统启蒙读本《三字经》中有两句流传甚广的启蒙话语，“人之初，性本善；性相近，习相远”。这两句启蒙话语看似简单朴实，实则隐含着至深至远的哲理，是儒家

---

①《礼记·中庸》有一段话可以说是对孔子这段话的诠解：“子曰：鬼神之为德其盛矣乎，视之而弗见，听之而弗闻，体物而不可遗。使天下之人，齐明盛服，以承祭祀，洋洋乎，如在其上，如在其左右。……诚之不可掩，如此夫”！

②在《论语》文本中，孔子对人性的言论有4条记载：“子曰：性相近也，习相远也。”“子曰：唯上智与下愚不移。”（《论语·阳货》）“子曰：人之生也直，罔之生也幸而免。”“子曰：中人以上，可以语上也。中人以下，不可以语上也。”（《论语·雍也》）

思想文化基本命题和基本价值观的概括。这句话前半句来自孟子，后半句出自孔子。“子曰：性相近也，习相远也。”对于孔子的这句话，张岱年先生有一段中肯的说明：“孔子所谓性，乃与习相对的。孔子不以善恶讲性，只认为人的天性都是相近的，所谓的相异，皆由于习。”孔子作为“人性”理论的首倡者，既奠定了以后儒家思想中对人性问题叙述和理解的基调，也奠定了中国传统思想中有关这一问题的基本框架。孔子虽然没有明确指出人性善恶问题，但在《论语·阳货》中仍记载着孔子对人性的最基本见解，人性本来是相近的，只是由于后天环境和教育（“习”）的原因，才使人性发生了差异和改变。由于孔子没有直接言明人性究竟如何，而此问题又直接关涉到中国政治思想的理论性基础，所以后来的孟子、荀子将人性问题从善恶两个方面做了发挥。

天命与人性：虚拟的价值预设及理论前提

在人类社会历史上，把人类自身的命运构筑在一先验的基础之上似乎是人类在童年时代永远无法超越的鸿沟，是古今中外思想发展史上都存在过的社会历史现象。在人类无法把握自身命运的时代，对自己或自身周围所发生的一切都无法作出合理明确的解释，人类特有的探知未知世界的欲求与对现实世界理解的有限性产生了强烈的矛盾冲突，人类试图对人的一切行为寻求其背后的答案，似乎在人类行为的背后有一股强大的看不见的神秘力量在左右着、支配着人的思想行为，这股强大神秘的力量是超越自然和社会的，但又与自然社会有着千丝万缕的内在联系，是自然与社会的终极价值依据和源头。在这种思维意识的支配下，中国古代的政治思想家们把社会历史领域发生的一切现象都归结为有一种超越性的存在，似乎任何事情的存在都有一终极性的价值本源在支配或左右着。但与西方社会思维路径不同的是，中国政治文化所寻求的终极性价值本源并不是超越自然和社会之外的，而是内在于自然和社会的，超越性的价值源头与社会人性之间具有内在的沟通性，成为中国政治思想文化发展的一个最基本的特征之一。

这种思维模式不仅显见于三代时期的社会意识形态中，就是在孔子及其以后的几千年中国政治思想发展历程中也一直没有中断过。一般人思想观念中很难超越这种思考问题的方式，孔子无法超越时代的局限，他要使自己的政治理论和主张能与当时的主流意识形态相契合而不显得过分标新立异，他只能采取这种被一般人所认同的思维模式和表述方式。①孔子很自然地把其理论与天命、人性联系起来，把那种虚假的存在作为自己理论或政治实践活动的逻辑出发点和终极根据，在孔子的政治思想理论体系中，尽管子贡说孔子不谈性与天道等问题（《论语·公冶长》："子贡曰：夫子之文章，可得而闻也；夫子之言性与天道，不可得而闻也。"），但当我们深入孔子的思想体系中，沿着孔子思想发展之轨迹探寻其思想真谛时，仍然可以寻觅到非常明显清晰的逻辑线索。天命论、人性论是孔子政治思想体系的理论出发点和逻辑原点，孔子的政治思想体系（以"仁—礼"伦理政治结构模式为核心）是建构在天命②与人性的基础上的。如果说天命为孔子政治思想体系建构的外在价值依据，那么，人性则成为孔子政治思想体系建构的内在

① 尽管在外在表现形式上似乎都以天命、人性等作为最终的价值本源，但这只是形式而已。在这种外在形式的内部，孔子则充分展示了自己理论的丰富内容，并形成了独具特色的理论体系。这些丰富的理论体系作为时代精华的体现往往突破了外在形式的限制，使人们忘却了外在形式的束缚。孔子是这样，其余诸子百家也是这样。

② 前面已经说过，孔子的天命观念在后期已由一种外在必然性逐渐向摆脱宗教束缚和至上神观念的自然的"天道"演变。但也不可否认，这种转变尽管不彻底，尽管还带有原始的神秘的痕迹（这种不彻底的转变我们从《左传》《国语》有关祭神祷天的记载中可窥其一斑），但它毕竟在内在实质上已经过渡到了一个全新的思维境界，即从一种带有宗教色彩的天命思想向带有自然色彩的天道思想的转化，因此，在这里，更准确地说，以天道来指称天命也未尝不可。

价值依据。[①] 孔子的政治思想体系正是寻找到了具有超越性的两大价值依据，因此，不但具有了超稳定的结构模式，而且成为影响中国政治社会与政治文化的最重要的政治思想资源。

---

① 以孔子对仁的价值依据的分析也可以清楚地看到他试图为其理论寻找内在的价值依据的努力。他认为，“为仁由己，而由人乎哉？”（《论语·颜渊》）“仁远乎哉？我欲仁，仁斯至矣。”（《论语·述而》这已明确地透露出仁学理论内在于人心内得于道德主体的意蕴，这是为仁学理论所寻找的内在的价值依据。而孔子说的“天生德于予”（《论语·述而》），“唯天为大，唯尧则之”（《论语·子张》），“知我者，其天乎”（《论语·雍也》），天又成为一种兼具命运、义理、自然之天的含义，天具有权威性、神秘性及不可抗拒性。孔子在为其仁学理论寻找内在价值根源的同时，又把仁建构在外在的“天”之上，为其仁学理论寻找到了外在性的价值源头。仁是如此，礼也是如此，据《礼记》引用孔子的话，也是把礼视为“承天之道，以治人之情”“本于天，肴于地”。《礼记·礼运》明确地阐明了礼是源于天、治于人，与天地鬼神同于列，是治国之大本。礼本之于天，天是礼的终极价值源头，即葛兆光先生所描述的“宇宙是古代中国思想世界的意义和价值来源”。

第八讲

为政以德

——孔子的德治主义治国模式

德治的内在规定及逻辑展开

殷周之际剧烈的社会政治变革产生了最早的德治思想萌芽，但由于它所关注所忧虑的首先是天命的转移及政权的丧失问题，是一种外在附加的东西，尚未作为一种内在的因素内化为人们的自觉自愿行为。而春秋时期天命观念进一步丧失其神秘性、权威性及制约性，为这种由外在转换为内在带来了良好的条件。由于外在的东西难以得到保障，就需要把外在之“德”转换为内在之“德”，以使德治在人类存在的本原上及生命中寻找到存在的价值依据。孔子的最大贡献之一就是成功地完成了德治由外在向内在的价值转换。孔子远绍周公，近承管仲、晏婴、子产、范蠡等，对前贤重民思想予以系统化，并升华为政治哲学的高度，奠定了儒家治国思想的根基。

在中国古代社会政治的发展进程中，德治思想曾经产生过重要而深刻的影响，成为传统政治文化的重要内容之一。所谓德治就是道德政治，是把道德运用于政治领域的一种学说，是以道德作为规范君主行为、治理国家社稷、管理庶民百姓的一种学说，是以道德教化作为一种主要的治国手段，运用道德的内在约束力以达到社会稳定之目的的一种学说。众所周知，道德是特定历史时期人们普遍认同的由一系列道德原则、范畴和规范构成的具有相对稳定的内心信念及行为方式。道德以内在的潜移默化式的方式影响和制约着每一个社会成员的思想行为，并赋予人的思想行为以善恶是非的价值依据。中国自远古三代就有“以德治世”的思想传统。孔子继周公之后，第一次明确提出了“德政”的思想，首开儒家德治主义之先河。强调道德在人类社会生活中的重要作用，把道德视为治国安邦、协调人际关系、提高个人道德素养和境界的根基和出发点。在中国政治思想史上，“德”的概念产生得很早，早在《尚书·皋陶谟》中就提出了“九德”的概念，“德”字产生以后，逐渐演化成为一个十分重要的政治和伦理概念。及至春秋，“德”的范围有了进一步的拓展，它已从个人的道德修养拓展为一种处理国家政治事务——君民关系、国与国之间关系——的道德规范和规定。可以说，春秋时期，为政以德观念已经深入各个不同的政治派别和学术派别之中。“德”作为一种政治观念、政治原则，已经成为各家各派所共同认同的政治文化命题。为政以德、以德治国成为中国传统政治哲学的最重要的基本特征之一。孔子提出的“为政以德”的德治思想正是在继承西周时期的“明德慎罚”思想以及春秋时期的德治思想资源的基础上形成的。同时又是对现实政治深刻反思的结果，是适应社会发展潮流而设计出来的一项治国方案。后经孟子、荀子的系统发挥，《大学》《中庸》的理论升华，形成了一套严密、完整、系统的治国方略，成为中国传统政治文化中极为重要的组成部分。后世儒家，无论是董仲舒的宇宙论，还是宋明理学的本体论，都只是在理论层面上论证为政以德的重要性、必然性而已。在当今社会，古代德治主义思想虽不能直接作为治国之道为我所用，但其思想精髓及合理内核仍具有显著的价值意义，并为当今实施以德治国方略提供必要的思想资源。

孔子“为政以德”的德治思想主要是围绕两个层面来逻辑展开的：一是为政者与道德之间的关系问题；二是如何对待、如何管理庶民百姓的问题。这两个问题都是对殷周以来德治思想的理论总结和升华，前者是“修己”问题，后者是“治人”问题。修己是对统治者而言的，它要求统治者要注重自己的道德修养，完善自己的道德品行；治人是对广大庶民百姓后而言的，是对民众管理和教化问题。对于广大民众首先要满足其生存需要，解决其最基本的生存条件，并在此基础上提高其道德修养。两个问题的核心点就是：强调了把统治者的修身视为治国平天下（安人，安百姓）、实现德治的前提条件。孔子的德治思想奠定了中国传统政治思想文化的基调。

德治主义之前提设定：君主的道德修养与自觉

在历代儒家的德治思想中，统治者的道德自觉和修身成为实行仁政德治的前提。这是以小农经济为基本特征的中国古代社会，在处理治国问题时所必然要走过的步骤和得出的结论。众所周知，中国古代社会是以小农经济为基础、以血缘宗法关系为纽带，宗法社会小农经济是一种松散的、缺乏社会凝聚力的经济形态。在这种生产方式中，人们长期形成了对家长和君权的信赖、服从和顶礼膜拜的心理，这种经济形态决定了小农的生产方式不是使他们之间互相联系和交往，而是变得互相隔离和分散。按照马克思的描述就是："他们不能代表自己，一定要别人来代表他们。他们的代表一定要同时是他们的主宰，是高高站在他们上面的权威，是不受限制的政府权力，这种权力保护他们不受其他阶级的侵犯，并从上面赐给他们雨水和阳光。"[①] 把马克思的这一科学论断用来说明和解释中国早期的儒家政治思想也是十分恰当的。

维护礼法制度是孔子政治思想所揭示的最重要内容之一。孔子毕生所要维护的是一个上下尊卑、君臣父子严格有序的理想社会关系，以达到礼乐征伐自天子出的政治目的。如何才能保证这一政治理想的实施？孔子以为只有君主才能担当此重任。这是西周分封国在春秋时期裂变为诸侯国后，封建领

①《马克思恩格斯选集》第1卷，人民出版社2012年版，第763页。

主转变为诸侯国君并执掌一国军政大权的社会现实在孔子思想中的真实反映，孔子作为“时之圣者”，必然会在现实的范围内思考或解答时代提出的一系列问题。但问题在于：君主应该如何执掌国家权力才是正当合法的，如何才能保证执政者拥有良好高尚的道德品质？因为人类出于追求正当稳定社会生活的需要，没有任何理由把权力交给道德低下的人掌握和行使，孔子必须对这一现实政治课题予以回答。

在孔子的德治模式中，为政者（国君）作为德治之主体，其政治道德修养在国家政治系统中占有绝对重要的作用。孔子除了通过对古代贤明之君如尧、舜、禹、周文王的颂扬以为当时之君效法、借鉴之楷模外，还对君本身提出了更高的道德要求。孔子多次强调为政者加强政治道德修养与国家政治稳定的关系以及对庶民百姓的道德示范作用。他认为，为政者首先要自身品行端正，使自身具有良好的道德素养。在孔子看来，为政者之所以要先修身正己，乃因为为政者地位及道德楷模作用使然，上善则下亦善，反之亦然。他说：“政者正也，子帅以正，孰敢不正？”“其身正，不令而行；其身不正，虽令不从。”“子欲善而民善矣。”道德具有超越一切的无形力量，为政者具有了这一道德禀赋，便拥有了政治人格和权力权威，也就拥有了为政治国、安人安百姓的资质。政治的清明、社会的安定有赖于执政者与百姓之间的和谐、亲密关系，为政者要“爱民敬民”，体察百姓疾苦，爱民如子，减轻民众负担，维护百姓利益。孔子把其道德学说运用到了政治领域，用道德的视角来衡量君主的称职与否以及君主所具有的道德人格力量。在孔子看来，君主的个人道德修养及个人道德人格力量影响国家政治之前途及君民关系之命运，他说：“上好礼，则民莫敢不敬；上好义，则民莫敢不服；上好信，则民莫敢不用情。夫如是，则四方之民襁负其子而至矣。”修身乃一切之根本，乃治国安邦之基础，首先执政者只有严于律己、勤于正己，“欲而不贪”，具有高尚之道德品质，才有治人之条件。“恭则不侮，宽则得众，信则人任焉，敏则有功，惠则足以使人。”政治道德修养成为规范和约束为政者思想行为的内在要求。为政者欲有所作为，就必须先“正其身”，“苟正其身矣，于从政者何有？不能正其身，如正人何？”其次，要勤其政，要“博施于民而能济众”。孔子认为，执政者肩负国家历史之重任，要勤勉于政事，发奋忘食，励精图治，不但要确立高远之抱负和志向，坚定好学好思之习惯，而且还必须做到言行一致，如此才可达到安人安百姓、治国平天下之理想目的。很显然，孔子把统治者的修身、正己看作治国平天下、实现德治理想的前提。

与执政者注重自身道德修养相关联的一项重要内容就是举荐贤才，任人唯贤。殷周以来实行的是“以世举贤”制度，“先祖当贤，后子孙必显，行虽如桀纣，列从必尊，此以世举贤也。”春秋以前，由于西周以来实行的宗法制和分封制，人才的举荐都是在有血缘关系的亲属范围中进行的，还谈不上真正意义上的人才选举。孔子以“举贤才”的人才价值观修正了传统的“世官世禄”制。朱熹在解释孔子这段话时说：“贤，有德者；才，有能者。举而用之。”就是主张有德有才者才有资格管理国家。在孔子看来，作为国家政权的管理者和实施者，举荐贤才在维持国家政治秩序、实行治国安邦方面具有非常重要的意义，它关系着国家政权能否稳定、政令能否顺利施行等大是大非问题。因此，孔子把“举贤才”作为君臣是否具有德行的重要标尺，孔子认为，国家的兴衰成败，关键在于是否有德才兼备的贤才当政，“其人存，则其政举；其人亡，则其政息……故为政在人。”如何举贤？在举荐范围上，孔子主张知人善任，“举尔所知；尔所不知，人其舍诸？”在举荐标准上，孔子主张以德取人，使有德才者居高位。孔子的举贤才思想对于传统的“内姓选于亲，外姓选于旧”的选官制度，是一种否定。孔子提出的举贤才标准是“志于道，据于德，依于仁，游于艺”，即要求有良好的品行和一技之长。孔子还提出了“学而优则仕”的主张，反映了孔子反对商周以来的世卿世禄制度。强调在“知人”“察人”的前提下，大力举荐贤才，主张君主要对贤才爱护和尊重，要以师友相对待，如此才能获得贤才的忠心效力，并以历史上的成功贤君为例来说明举荐贤才的重要意义，“舜有天下，选于众，举皋陶，不仁者远矣。汤有天下，举伊尹，不仁者远矣。”孔子始终认为，将正直之人置放于不正直人之上，则百姓服；反之，则百姓不服。“举直错诸枉，则民服；举枉错诸直，则民不服。”使用贤才治国治民，可以收到“举直错诸枉，能使枉者直”的理想政治功效。孔子提出的举荐贤才的观点适应了当时社会的需要，对后世用人举才产生了很大的影响，是治理国家、维护政治正常秩序的有效保障。

民本原则：以富民教民为政治归趣

孔子的为政以德思想是建构在君主具有崇高的道德修养基础之上的，正是对君主的道德素养进行了价值预设后，孔子为政以德思想的第二个层面才能够顺利地展开。也就是说，道德主体的修养具有向外辐射转化的本性，将自己的道德要求转化为社会每一个成员自觉的道德行为，将道德规范、礼仪制度内化为社会个体成员的自觉意识，它必然要转化为一种外在的政治事功，即“治人”的层面，具体说就是，“修己以敬，修己以安人，修己以安百姓”。这是统治者在实施德治过程中必须解决的问题。在中国古代政治文化中，君、臣、民三者构成了最基本的社会框架。德治就是按照道德原则处理三者关系并在此基础上确立的一定的道德伦理秩序。这里重点阐释孔子的富民教民政策及执政者应如何对待、管理民众的问题。

如何认识民众的地位和作用是自阶级社会产生以来执政者必须解决的一个十分重要而棘手的问题。殷周以来政权的嬗变显示了民众在社会政治系统中所具有的巨大潜力，尤其是春秋时期涌起的民本主义思潮更是昭示了“得民得天下、失民失天下”的真理性认识。孔子作为对社会政治目标进行设计的第一位思想家，必须对这一问题做出自己的回答。

孔子遵循“古之为政，爱人为大”的原则，把“爱人”放在为政之首位。孔子认为，如何处理好君民关系是对待民众的第一层面问题。孔子的民本思想是对殷周至春秋时期民本思潮的总结与升华，特别是春秋时期的民本主义思潮为孔子的民本思想奠定了非常深厚的思想基础。孔子认为，要使社会维持和谐稳定的等级秩序，在处理君民之间的关系时，首先要以道德原则来对待庶民百姓，把自身的高尚道德泽惠于民，取信于民。在孔子看来，老百姓的信任对为政者至关重要，为政以德必先取信于民，取信于民必须诚实无欺，讲究信用。子贡曾问政于孔子，“子曰：‘足食，足兵，民信之矣。’子贡曰：‘必不得而去，于斯二者何先？’曰：‘去兵。’子贡曰：‘必不得而去，于斯二者何先？’曰：‘去食。自古皆有死，民无信不立。’”孔子把“民信”看得比“足食、足兵”更为重要，孔子把取信于民看作治理国家至关紧要的东西。孔子问人不问马的人道情怀同样表明了他的爱人思想。尽管孔子时代还没有提出君贵民轻的思想，但民在国家社稷中的重要地位和作用已不言而喻。因为民为国家之本，国家之财、君主之用皆源于民，一国之存在，不可须臾离民，无民则国将不存。因此，执政者为了维护自身政权之稳定，首先必须稳定好根基，满足百姓日常的生产生活需要。有了丰裕的生活资料，无论对百姓还是对君主来说都十分重要，也就是说，“百姓足，君孰与不足；百姓不足，君孰与足？”朱熹对此解释说：“民富，则君不至独贫；民贫，则君不能独富。”从这一层面来说，民足是君足的先决条件。没有民足，就没有君足。这是维持君民关系的最基本底线。在这一底线范围内，君民之间可保持基本的和谐与平衡，超越或破坏了这一底线，社会将面临“上下失序”的混乱局面。孔子正是意识到了春秋末期社会失序的严重现实，所以，在提出维持君民之间最基本的紧张关系后，向执政者提出了一系列对待、管理民众的具体措施和方法。具体可归结为富民教民思想。

孔子把富民置于为政十分重要的位置，他认为，施行“德治”如果不能给百姓带来实惠，那就失去了“德治”的意义，检验为政者“修德”的标准就是看国家是否兴盛，民众是否安居乐业，因为民富则国强，民安则国安。认为只要做到“足食足兵”，就可获得民众之信赖。并以使民“富之”作为人口众多后的首要选择。为了实现其富民的政治理想，孔子要求统治者多予少取，要施惠于民。孔子的民富则君富、民贫则君贫的见解不但成为中国古代经济思想的光辉成就之一，而且比被誉为“西方的孔子”的魁奈提出的“农民贫穷则王国贫穷，王国贫穷则君主贫穷”思想早两千多年。一是富裕乃人之所欲。孔子对殷周时期的民本思想因素进行了合理的梳理和总结，并把它纳入其政治思想理论体系中，成为其中的重要组成部分。他说：“富而可求也，虽执鞭之士，吾亦为之。”这不但表明孔子本人有追求富裕之愿望，而且对他的学生子贡所从事的经商活动也给予高度评价，认为子贡不受命运支配，以做生意致富，且中事理。他认为，为政的首要任务是“足食”“足民”，然后再“庶之”“富之”。让百姓能够丰衣足食，安居乐业。虽追求富裕乃人之所欲，但应以遵循礼义道德为底线，应“欲而不贪”。他说：“富与贵是人之所欲也，不以其道得之，不处也。贫与贱是人之所恶也，不以其道得之，不去也。”他还说：“不义而富且贵，于我如浮云。”孔子对物质利益与道德原则的论述奠定了我国几千年政治伦理道德的基础，是十分宝贵的思想遗产和精神财富，具有永恒的价值和意义。二是欲使民富，需“使民以时”。要让百姓不违农时从事农业劳作，适时掌握自然规律，以创造更多的物质财富。要做到这一点，“使民以时”与“节用而爱人”是重要的环节。要爱惜民力，开源节流，即孔子所一再强调的“政在节财”。在孔子看来，民富与君富是一致的，只有百姓富裕，国君才能富足，国家之存在、君主地位之稳固，要依赖于民。据《国语·周语》记载，“景王二十一年，将铸大钱。单穆公劝曰，不可……且绝民用以实王府，犹塞川原而为潢污也，其竭也无日矣。”在这里，单穆公是以“川原”与“潢污”的关系来喻指民对君的制约及君对民的依赖关系。在孔子看来，民富则安，民安则国安，民贫则乱，民乱则国危。作为统治者，要时刻关注民众的意愿和要求，要“施取其厚，事举其中，敛从其薄”“薄赋敛则民富”。切不可漠视民众之合理要求，“众恶之，必察焉；众好之，必察焉。”孔子的这一结论，是通过对历史的深刻考察和总结得出的真理性认识。对民的重视，到孟子达到了顶端，显示了民本主义的光辉。三是对实行富民政策的前贤时辈推崇备至。早于孔子一百多年的管仲，曾明确提出“仓廪实而知礼节，衣食足而知荣辱”及“凡治国之道，必先富民”等思想命题，并提出了一系列改革目标和措施。孔子对管仲的政绩大加称赞，认为他所实行的强国富民政策，不但使齐桓公成为春秋霸主，而且百姓从中也得到了极大实惠，并以“仁”来称许管仲；对同时代的郑大夫子产，孔子也对其经济改革措施特别是惠民政策给予了很高的评价，他说：“子产有君子之道四焉，其行也恭，其事也敬，其养民也惠，其使民也义。”给予了子产高度的评价。孔子提出的富民思想在其德治思想体系中具有鲜明的伦理政治意义，构成了其民本思想的重要一环。孔子的富民思想在今天仍具有十分重要的积极意义和价值。

民之富固然重要，但孔子没有停留在此，而是把民之教作为管理的最终目的。孔子对民众毫不犹豫地以“教之”作为“富之”之后的最重要环节。指出“既富，乃教之也”。孔子最早论述了富民与教民之间的辩证关系，可见，孔子主张先让百姓富裕起来，然后再进行教化。把富裕作为教化的先决条件，这可以说是人类政治思想史上的一条真理性的原则，强调在富民的基础上注重对民众的道德教化，民众就不会萌发犯上作乱之心、非分逾越之想，就会在各自的社会位置上各守其位，各尽其责，社会也就不会出现上下失序、贵贱失常的混乱局面。

孔子强调道德的政治功能及其对社会的调节作用，既看到了物质资料在稳定社会政治生活中的基础性作用，同时又肯定了道德教化在社会发展中的巨大政治功能。孔子试图从社会经济生活中寻找道德教化的原因，认为道德教化应以物质富足为基础、为前提，故孔子之德治主义并非一种抽象虚幻的道德主义，在某种程度上，它更接近现实的道德主义。

在这里，还有一个问题有必要予以澄清，那就是孔子所谓的愚民问题。关于孔子的愚民思想问题，皆由孔子所谓“民可使由之，不可使知之”一句而引发。学界对此历来歧解不断，归纳起来有六种不同的理解。长期以来，学界多以此段话为依据，认为孔子在对民态度上实行的是一种愚民政策。这固然与学界对孔子这段话的不同理解有关，更主要的是由于在中国几千年社会里，确实存在着程度不同的愚民政策和言论，如商鞅所谓“成大功者不可谋于众”，孟子所谓“终身由之而不知其道者，众也”，荀子所谓“夫民易一以道而不可与共故”，等等。但是，认为孔子有愚民思想与孔子一再强调的爱人、重民、富民、教民等思想是背道而驰的，也不符合孔子思想的本意。按照孔子重民思想之本意以考究孔子这段话的真正内涵，此段话的正确句读应为：“民可使，由之；不可使，知之。”（这种理解已成为学界一种较为普遍的共识）孔子在这里是要表明这样一层含义：当民众懂得如何去做并有能力去做时，要放开手脚让他们去做；当民众不懂得如何去做并没有能力去做时，则要采取适当措施教导他们去做。这样句读后，意思不但发生了根本变化，非但与孔子思想不相矛盾，而且与孔子的重民思想若合符节。

德主刑辅：一种宽猛相济的治民方法

春秋时期可以称为“轴心的时代”，在这一历史时期，“思想家在盘算人们怎样才能够最好生活在一块，怎样才能最好地对他们加以管理和统治。”孔子的为政以德除了对君主的自身道德提出了更高的要求以及满足民众最基本的生活需要外，更主要地体现为以道德原则对民众进行必要的管理上。在原始社会，“德”与“刑”的使用对象不同：“德”用于本族，而“刑”则用于外族。进入阶级社会后，“德”的内容发生了根本性的变化。自从出现阶级社会以后，“折民惟刑”。暴力、杀戮、刑罚几乎成为对待黎民百姓的唯一方法。子产提出的“德，国家之基”的观点及“唯有德者能以宽服民，其次莫如猛”的宽猛相济思想，对孔子德主刑辅思想有直接影响。孔子在思想史上第一次对德刑关系做出了比较全面的诠释。在孔子的政治思想体系中，德刑关系实际上是一种体用、本末关系。孔子认为，单纯使用刑罚，百姓虽可以暂时不犯罪，但并未做到心悦诚服，只有用道德予以教化，才能使他们从内心深处不再产生犯罪念头，从而自觉遵守各种礼仪制度的约束。因此，在德刑关系上，孔子主张德治价值优先论，并从不同层面、不同角度对德刑关系做了具体展开。

孔子是最早洞悉道德教化的优越性及法律刑罚的局限性的思想家。他认为，道德与刑罚都可通过规范约束人们之思想行为以达到维护社会等级秩序之目的，但其不同之处在于：刑罚只能弭祸于已发，虽具有外在强制力，但不足以服民众之心；刑罚是依靠外在强力来维持，民众只是由于惧怕惩罚而暂时收敛自己的行为，并未收到治本之效果；而德治则能防患于未然，通过内在信念来维护，通过潜移默化式的道德情感唤起固有的羞耻之心，使人从内心深处产生避恶趋善之意识，以达到提高自我道德修养之境界及“日徙善远恶而不自知”的自觉自愿境界，其社会作用更为持久深远，在维护国家政治统治方面具有刑法法律所不具有的社会功效。因此，在维护和巩固社会等级秩序方面，道德有着刑罚不可替代的社会教化功能。现实的政治实践证明：人们决非因为有法律才遵守某些规章制度，社会道德舆论及良好的个人道德品质往往起着“治本”的更为重要的作用。道德和法律作为治国之道，犹如鸟之双翼、车之双轮，不可偏废任何一方，道德是自觉的法律，法律则是强制的道德，它们功能互补、相辅相成，成为治国安邦的最重要的政治步骤和环节。孔子有两段非常著名的话表达了这一思想倾向，他说："为政以德，譬如北辰，居其所而众星共之。""道之以政，齐之以刑，民免而无耻；道之以德，齐之以礼，有耻且格。"

孔子主张道德优先于刑罚，而反对以刑罚为道德之先。如晋国"铸刑鼎"用刑罚代替了道德，代替了一切，刑罚成为衡量一切的价值标准，这在孔子看来是绝对不能容忍的，它与孔子的政治价值观念背道而驰，因此遭到了孔子的猛烈抨击。

孔子强调道德的社会教化功能，但并不排斥刑罚的作用。面对春秋时期严重的社会矛盾冲突，仅仅依靠德礼教化是行不通的，还必须辅之于刑罚，运用德刑兼施、宽猛相济之手段，达到民免有耻、以德去刑之政治目的。他反对"不教而杀"，反对不先教育而进行杀戮，反对用刑罚来对待百姓，认为"不教而杀谓之虐"。若用道德教化百姓仍不改悔，依然故我，则可诉之于刑罚，即所谓"圣人治化，必刑政相参焉。大上，以德教民，而以礼齐之。其次，以政导民，而以刑禁之。化之弗变，导之弗从，伤义而败俗，于是乎用刑矣。"孔子德主刑辅的德治原则具体表现为一种宽猛相济的管理民众的方法。"宽猛相济"的思想最早来源于子产。宽是指思想教化和管理适度原则；猛是指刑罚制裁原则。据《左传・昭公二十年》记载，子产死前对子大叔说："我死，子必为政，唯有德者能以宽服民，其次莫如猛。"在子产看来，宽、猛关系，实际上就是礼、法关系，"宽"是一种理想的政治，但要做好很难；因此，就要辅之于"猛"。子产的宽、猛思想，提出了两种发展的可能性：或以宽为主，或以猛为主。前者则可能发展为儒家的礼治主义，后者则可能发展为法家的法治主义。孔子正是接受和发展了子产的以宽为主的思想，并做了进一步的阐明和深化，他说："政宽则民慢，慢则纠之以猛；猛则残民，残则施之以宽。宽以济猛，猛以济宽，政是以和。”这就是孔子“宽猛相济”的治民思想。

孔子认为，只有加强德治，处理好执政者与贤才、民众之间的关系，真正做到“修己以安人”“修己以安百姓”，才可以达到“无讼”“老者安之，朋友信之，少者怀之”及“胜残去杀”的社会理想状态。为政者要有高尚的道德，有仁慈的爱心，以“德”的原则从政，就像北极星一样，居其处所，而群星皆拱卫于四周；实施德政，将在人民心中产生一种向心力，无须强令而百姓自然趋之若鹜。朱熹在《论语集注》中诠释云：“政之为言正也，所以正人之不正也。德之为言得也，得于心而不失也。……为政以德，则无为而天下归之，其象如此。并引用程子言：‘为政以德，然后无为’；范氏言：‘为政以德，则不动而化，不言而信，无为而成’。”

孔子所建构的为政以德的政治思想理论，在中国政治思想发展史中具有重要的意义和不朽的价值，因而受到历代政治思想家的高度重视，对于稳定中国古代社会的政治秩序起到了十分重要的作用。它犹如一条亘古不变的价值标尺清晰地照映出历代统治者治国政策方略的得失优劣。孔子为政以德的政治思想理论对今天我们所从事的事业仍具有积极的借鉴意义。

第九讲

孔子的政治理想人格论

在孔子所设定的政治理想人格层级中，士位于最低层，主要是指具有一定道德修养、社会地位和知识的人。孔子本人就经历过从士转化为大夫的历程。他说："士志于道，而耻恶衣恶食者，未足与议也。""士不可以不弘毅，任重而道远。"孔子在这里提出了士应该承担的道义和责任。由于春秋时期士阶层的崛起以及在社会中所具有的传播文化知识的独特贡献，士阶层在当时的地位正日益受到统治者和一般大众的关注，人们对于士阶层的敬意正在逐步加强。但是，孔子在《论语》文本中谈士的地方并不是很多，作为一种理想追求，他不愿过多地把人们的注意力吸引至层次相对较低的士阶层，而是把一般社会大众的追求建构在高一层次且更具丰富内涵的君子身上，其历史深意是要纠正和改变人们固有的思想观念，重新恢复"礼乐征伐自天子出"的理想局面。

君子是孔子讨论政治理想人格中的重点。孔子从社会实际情况出发，提出了君子人格的修养问题。孔子把君子和小人相提并论来探讨这个问题。对君子的人格层次，孔子给予了适当的界定，他说："君子去仁，恶乎成名？君子无终食之间违仁，造次必于是，颠沛必于是。""君子以义为质，礼以行之。"从以上两段论述可以看出，孔子以"义"作为君子修为的内在规定性，一切行为皆以此为标准。然后在仁的基础支持下，在礼的约束引导下，君子的修为便可以施行了，这是孔子对君子在思想、行为方面所做的阐释。仁、义、礼所具有的内在本质是君子努力追求的目标。正是从这一内在的和外在的规定性出发，君子在实际生活中才有多种多样的表现方式。我们从思想、行为两个层面来看君子与小人的本质差别。在思想层面，孔子认为，"君子怀德，小人怀土；君子怀刑，小人怀惠。”“君子上达，小人下达。”“君子谋道不谋食”“君子求道不求贪。”这些话语都形象地说明了君子在思想层面更注重“怀德”“求道”，相对于“小人”而言，君子具有更高的思想境界。在自我修养上，君子和小人也是有很大的差别。“君子喻于义，小人喻于利。”“君子周而不比，小人比而不周。”“君子和而不同，小人同而不和。”“君子易事而难说也，说之不以道，不说也……小人难事而易说也，说之虽不以道，说也。”“君子求诸己，小人求诸人。”这些具体行事上的不同体现出了君子的特色，如果能做到这些，那么就可以达到君子的标准了。“和而不同”“同而不比”“以义为准”，这些都是一般人在实际生活中能做到的，所以现实标准的君子作为孔子理想人格所要突出的核心是普遍意义上的行为准则，如此便为个体人格的解放与完善树立了道德典范。除了从思想、自我修养层面阐发了君子、小人之不同外，君子作为联结和沟通更高政治理想人格的中介，还担负着实现由内在向外在转化、由道德修为层面向政治事功层面——实现政治理想目标的重要功能。因此，当子路问君子时，孔子分别以修己以敬、修己以安人、修己以安百姓三个递进的层面予以阐述。君子的行为不仅有自我行为上的规范，而且在政治生活中也同样有其价值标准，那就是修己的目的同时表现为对他人的关怀。这是“己立立人，己达达人”“己所不欲，勿施于人”的仁的精神在君子修为上的反映。另外，孔子所提出的“忠、信、孝、敬、惠、义、礼、逊”等道德品格都是君子应具备的。君子的道德形象及道德品格为后世人们遵循君子之道提供了思想和行为发展的一般模式。

贤人居于孔子政治理想人格的第三层。孔子说过“见贤思齐焉，见不贤而内自省也”的话。《左传》《国语》中的许多记载都表明当时人们对“贤”者是比较重视的，它体现着当时“以人为本”的思想特点。“贤者”是指具有丰富的社会知识，有专门才能并能运用于政治以及生产生活中的，比一般人有较高能力的人。如：“居其邦也，事其大夫之贤者，友其士之仁者。”对政治人才中的贤者应积极与之交往，又如：“贤者识其大者，不贤者识其小者。”这里说明的是“贤者”与“不贤者”在才识上的不同。概括来说，孔子对人的价值和人性解放是很重视的，孔子在当时不多讨论贤人问题，是因为当时的条件还不具备人人都能享有受教育的权利，条件的限制给一般人的理想人格修养之路设置了“严重障碍”，故而孔子把目光转向了更具现实可行性的“君子”身上。

圣人居于孔子政治理想人格的最高层。“圣”字最初并无崇高、神圣之意，只是一种普通称谓，指人的聪明、能干，王引之在《经义述闻》卷二十中指出：“圣为明德之通称，不专指大圣。”“圣人”就是指明德多知之人。社会的发展，需要在道德领域确立一个至高无上的理想人格，这一道德理想人格具有人类所有的一切优点和能力，是对现实社会的超越，是一种理想的化身，是理论家们虚构出来的一个理想化的理念。这一化身确立以后，又反过来教化天下，成为社会制度和一切规范的制定者和执行者。也就是说，“圣人”首先须具备两个要素：一是要修己安人，具有崇高的德行；二是要博施济众，安邦治国。“圣人”是个理论意义上的理想人格，孔子把“圣人”这一崇高的称号给予上古时为老百姓和民族发展做出巨大贡献，建立宏伟功业而又有高尚品德的先王圣哲，具有这种品德的人同样是“仁”的境界所不能概括的。一方面，孔子认为圣在价值层面上高于仁，是最高的理想人格，是道德理想主义的化身；另一方面，他又认为，正因为圣具有十分崇高的理想境界，并非人人都可轻而易举地达到，即使尧舜也是如此。孔子本人就清醒地意识到：“圣人，吾不得而见之矣；得见君子者，斯可矣。”以孔子对仁的理解和把握，自认为还没有看到当时能有圣人的出现，能见到君子这个层次的人也算是不错的，这样一来，圣人便成为一种源于现实又高于现实可望而不可的理想人格。圣人这种理想人格只存在于久远的历史之中，历史上也只有几位能达到“圣人”的标准，如孔子十分推崇三代时期的尧、舜、禹，他曾说："大哉！尧之为君也，巍巍乎！惟天为大，惟尧则之。荡荡乎！民无能名焉。巍巍乎！其有成功也。焕乎！其有文章。"尧的成就是可以与天共比高的，尧具有高尚的品格和惠及子孙万代的功业，作为"圣人"他是当之无愧的。尽管圣人是一种不可及的理想，但孔子仍能把它和"仁"的精神联系在一起。"子贡曰：如有博施于民，而能济众，何如？可谓仁乎？子曰：何事于仁，必也圣乎！尧舜其犹病诸！"这里所体现的是比"仁"之境界更高的"圣"的境界，"博施于民而能济众"这种一般很难做到的大事业、大功业，既是"仁"所应具有的境界，更是像尧舜这样的"圣人"才能做到的。孔子不但推崇尧舜之人格，而且自己还身体力行，并且达到了相当高的境界，无怪乎当时就有人把孔子当成圣人。"大宰问于子贡曰：夫子圣者与？何其多能也？子贡曰：固天纵之将圣，又多能也。子闻之曰：大宰知我乎？吾少也贱，故多能鄙事。"孔子谦虚地说自己不过是由于幼时生活贫而多能，并不能达到圣人的境界。由以上可以推知，"圣"在孔子看来是一种理想人格中的"理想"，虽不适合于一般人的道德修为，一般人也很难达到这一境界，但它却是人人追求的理想目标。"圣人"作为理想人格的最高层次，包含了十分丰富的价值内涵，既有品德修养方面的内容，又有政治行为，为民谋福利、为国家发展做贡献的具体功业。正如牟宗三先生所指出的那样："在现实世界里，是不可能有圣人的，因为某人纵使在现实世界里最受推崇，一旦他自称为圣人，自命到达最高境界，那么他的境界便不是最高的，所以已不可算是圣人了。圣人的产生，必由于后人的推崇，便是这个道理。"

在划分政治理想人格的基础上，孔子还提出了一些具体的实现理想人格的方法。首先，要实现理想人格，必须先立志于完善人格的培养。要明确自己人生之目标乃在于追求良好的道德修养，"我欲仁，斯仁至矣"，渴望有仁的行为正是达到仁之境界的首要条件。"志于道，据于德，依于仁，游于艺。"立志于学道，而以德行为基础，就能顺着仁之路径走向理想人格。立志于道德修养，有强烈的完善自己人格的愿望是实现理想人格的第一步。其次，要实现理想人格，持续不断地努力和坚持不懈地学习是必不可少的。孔子一生积极倡导人生哲学的实现之道：没有学习不可能懂得道理，没有行动不可能实现理想人格。孔子所谓学习的内容是广义的，既包括一般的历史知识的学习，又包括良好的思想品德、美好的言行等无形的东西的培养。他说："学而时习之，不亦说乎""朝闻道，夕死可矣"。学习与体验高明的修养之理是必经之途，没有这一阶段就不能真正体会到道德修养的内涵。他还说："吾尝终日不食，终夜不寝，以思，无益，不如学也。"凭空思索是得不出任何结论的，只有用心学习才能有所获有所得。"子曰：由也，女闻六言六蔽矣乎？对曰：未也。居？吾语女：好仁不好学其蔽也愚。好知不好学其蔽也荡。好信不好学其蔽也贼。好直不好学其蔽也绞。……好刚不好学其蔽也狂。"没有学习来辅助品德修养的行为就不能真正取得良好的效果，就很容易走向反面。在孔子看来，学习是首要的，是获取知识和积极修养的主要方式，也是理想人格修养的必备"法宝"。孔子本人在学习上也是非常刻苦的，"叶公问孔子于子路，子路不对。子曰：女奚不曰：'其为人也，发愤忘食，乐以忘忧，不知老之将之云尔。'""吾非生而知之者，好古，敏以求之者也。""加我数年，五十以学《易》，可以无大过矣。""子在齐闻韶，三月不知肉味。"孔子以自己的亲身经历说明了学习的重要性，他认为学习是获取知识、达到道德完善的主要手段，他因此比一般人更加努力学习，这也是孔子之所以成为伟大思想家、教育家的主要原因之一。最后，孔子还认为，保持日常生活的言行一致及不间断地政践履践也是达到政治理想人格的重要途径和方法。孔子一生都在为恢复周礼、扭转礼崩乐坏的政治局面而奔波劳顿，时人以"知其不可而为之"来描述孔子这种积极有为的政治参与意识。他极为注重实际生活中的言行举止，注重对仁的践履和培养，因为在他看来，仁是人所具有的一种内在自觉性，是人之为人进而为贤人为圣人的自我意识。而对于浮夸虚妄之言行则持鄙视反对的意见。他说，“巧言令色，鲜矣仁”“ 君子耻其言而过其行”“巧言乱德”在日常生活中注重言行的统一，“过而不改，是谓过矣。”对于言语上的东西必须进行实事求是的考察、验证，以实际行动来纠正偏差过错，“众恶之，必察焉，众好之，必察焉。”如果用三句话来概括孔子注重政治实践的思想，则可以归纳为三条最基本的原则：“克己复礼”“己欲立而立人，己欲达而达人”“己而不欲，勿施于人”。这三条原则既是一个人行为的准则，又是一个人具体的行为方式，如果能够真正按照这三条原则行事，理想人格的实现就指日可待了。可以说，这三条原则就是在现代社会中仍具有强大的生命力和现实价值。

通过“士、君子、贤人、圣人”四个层面的分析，我们可以得出这样一个结论：其一，孔子的政治思想理论是孔子站在儒家的立场对当时的社会现实问题提出的一种解决方案。尊君思想、大一统思想、注重个体道德修养等所提出的这些内容在当时有其现实合理性。孔子的人学思想关注的是如何使人通过自我道德修养达到理想人格的学问，他的理论出发点是以社会人和政治人为主要对象，政治上的良好修为可以促使个体人格达到道德上的完善；同样社会人的个体修为达到一定高度也可以走上政治化的道路，这是孔子人学思想政治性特点的重要体现之一。其二，我们说孔子人学思想是有关人的发展和如何体现人的价值的学问，孔子所关注的是人和人之间如何和谐相处的问题，这就必然要涉及社会伦理方面的内容。在《论语》这部书中，我们可以发现多处讨论何者为善、何者为义、何者为仁、何者为礼仪等相关的对话，孔子结合具体情况、针对不同的人的不同特点给予不同的指导，力求使人与人之间的关系和谐发展，凡是遵守这种伦理规范的就是好的行为，反之就是不好的行为，就要受到良心、道德的谴责和制裁。孔子的人学理论为人们之间的和谐相处建构了一个适用于一般大众的道德规范体系。其三，孔子人学思想的实践性特点是十分明显的，他总是结合具体的事例来告诉弟子们何者是“仁”的修为，何者是“礼”的要求。他教导学生的主要是“恭、敬、忠、信、孝”“克己”“崇礼”等伦理道德方面的内容。孔子本人就是自己思想的伟大实践者，他为所有后世渴望达到理想人格的人们树立了一个光辉的榜样。正因为孔子有如此崇高伟大的人格魅力，孟子、荀子等儒学大师才毕其一生精力来弘扬孔子的儒家思想。

第十讲

《大学》："三纲领""八条目"学说

在孔子思想向孟子思想的过渡演进过程中，作为孔门最重要弟子之一的曾子，他的思想起到了承前启后的重要作用。没有曾子，就不会出现孔子思想的发扬光大；没有曾子，也就不会有思孟学派的形成和发展。在孔门后学中，“孔子之学，曾子独得其宗。”因此，在儒家思想发展史上，曾子是揭示孔孟之间思想发展变迁的一个具有承上启下的极为重要的关键人物，挖掘和研究曾子的思想对我们进一步全面了解与把握早期儒家政治思想发展的思想脉络无疑具有十分重要的意义。

曾子与《大学》辨：一个需要重估的原始课题

探讨曾子的思想，有一个问题我们不能回避也无法回避，那就是曾子与《大学》之间的关系问题，不搞清楚这个问题，我们就不能全面准确把握曾子思想的精神实质，也就不能全面准确把握曾子在孔孟之间所具有的重要价值和意义。那么，《大学》的学派归属及学术传承如何？[①] 曾子与《大学》文本之间究竟具有一种怎样的关系？下面我们将对争论达两千年之久的古老问题——《大学》的作者及成书时代问题重新做一番梳理和检讨并得出笔者自己的结论。

《大学》在早期儒家典籍中是一篇结构严谨、体系完整的作品，《大学》

① 关于《大学》的学派归属及学术传承关系等，至今尚未有一致的意见。冯友兰、牟宗三认为，《大学》属于以荀子为代表的外在论一派；与此相反，朱熹、徐复观等认为，《大学》属于以孟子为代表的内在论一派。

与《中庸》原是保存在《礼记》中的两篇文章，尽管有汉郑玄序、唐孔颖达疏，但总的来说，在宋以前，两篇作品尚未从《礼记》中分离出来，并未引起社会的足够重视。到北宋，司马光比二程年长，才把《大学》从《礼记》中抽出来；程颢、程颐竭力尊崇至朱熹，始为两篇作"章句"，并与《论语》《孟子》合称"四书"，成为宋元以后近八百年学校官定的教科书和学人士子科举考试之必读经典，对古代政治思想文化产生了极大的影响。但是，由于各种各样的原因，从汉司马迁起，对《大学》的作者和成书年代一直聚讼纷纭，没有取得一致的看法。若不搞清楚该书的成书年代及作者，我们下一步的研究工作将无法进行，该文本的史料价值及思想价值也将大打折扣。因此，我们首先将对中国学术思想史上对《大学》的成书年代及《大学》与曾子的关系问题做一历史回溯，并在借鉴、总结以往学术观点的基础上得出笔者自己的结论。

在中国学术思想史上，对《大学》之成书年代及作者大致有以下几种代表性的看法：一是传统观点，认为《大学》为曾子所撰，并由其弟子广为传播。这种观点在中国学术思想史上一直占据主导地位。二是班固在《汉书·艺文志》中提出的观点，认为《大学》是"七十子后学"所作，但没有言明"七十子后学"究为何人，言下之意，《大学》是孔门之后学者集体创作的结果。三是程颢、程颐的观点，认为"大学，孔氏之遗书，而初学入德之门也"。四是朱熹的观点，他把《大学》分为经、传两部分，认为经部分"盖孔子之言而曾子述之"，传部分则为"曾子之意而门人记之也"。五是宋王柏的观点，认为《大学》"系子思所作"。

以上所列举的五种观点除王柏外，有一点是共同的，那就是认为《大学》或为孔子或为曾子或为孔门后学或为曾子后学所撰述，不管作者究为何人，都与孔子、曾子有密切的关系，在时间上大致限定在春秋末期到战国初期不到一百年的范围内。但自清代以降，《大学》为"孔子遗书""曾子述之”、曾子“门人记之”的传统观点受到了学者们普遍的质疑，认为《大学》不出于春秋末期到战国初期，而是成书于秦汉之际甚至更后。持此见解者主要有三种：一是清代著名学者崔述在《洙泗考信录》一书中提出的观点，认为《大学》不应该是孔子、曾子所著，因为孔子、曾子时代文简而隐、义多兼用，《大学》应该是战国时期的作品；二是当代著名学者冯友兰的观点，认为《大学》非曾子所著，而应是荀子一派的学者在秦汉之际所作；三是当代著名学者郭沫若的观点，认为《大学》是孔子后学乐正氏之儒的典籍。

除以上列举的几种观点外，还有一些其他的说法，但大都不出以上所列范围，这里就不再一一赘举了。

可见，自古至今，人们对《大学》的成书年代及作者的分歧竟是如此之大，时间跨度竟达数千年之久，以至人们直到今天仍在重复、争论着这一古老问题。那么，《大学》究竟出自何人之手、究竟为何时所作？笔者试图表明自己的态度。笔者一直有一个直观鲜明的看法，就是我们不能轻易否定宋以前思想家们对《大学》作者及成书年代所下的断语，更不能如清以后学者那样因为《大学》中间或夹杂有后人的文字而得出其出于秦汉人之手的结论。笔者在此并没有另辟蹊径之心，亦无哗众取宠之意，只是对以上所列举的观点予以取舍，得出自己赞同的观点。笔者同意传统观点，认为《大学》为曾子所作。我们在这里不再赘述那些人们已经提出无数遍的关于曾子作《大学》的理由和论据，而是试图根据最新研究成果再增加几点理由以支持自己的观点。理由之一，《大学》中谈到了曾子孝者事君的思想，这一观点与《礼记·祭义》中记载的曾子之言：“身也者，父母之遗体也。行父母之遗体，敢不敬乎？居处不庄，非孝也；事君不忠，非孝也；莅官不敬，非孝也；朋友不信，非孝也；战陈无勇，非孝也”在语气、理解上若合符节，是对乃师孔子移孝作忠[①]思想的继承和发展。理由之二，曾子除了继承和弘扬孔子的孝道思想外，还用"忠恕"来概括孔子的思想，"忠恕"在曾子的思想中占有十分重要的地位，而《大学》中也有多处谈及"忠恕"问题，表明二者之间具有共同的思想主题，也指明了曾子与《大学》之间确实具有十分密切的内在联系。已有学者看到了二者之间的关联，指出，"曾子曰：'夫子之道，忠恕而已矣。'……《大学》一篇之旨尽于此矣。"理由之三，《大学》十分强调"家"的重要性，显然与春秋末期战国初期逐渐形成的卿大夫专权、政在私门、陪臣执国命有关（主要表现在鲁国的"三分公室"、晋国的"三家分晋"、齐国的"田氏代齐"等），一方面反映了春秋以来礼崩乐坏的延续，另一方面也表明了春秋末期战国初期"家"在逐渐取代诸侯国君的地位而成为社会政治生活中一股最显赫、最重要的政治力量。因此，"家"的兴衰存亡与国家之关系就显得非常重要。需要指出的是，《大学》中所强调之家当指位于诸侯之下陪臣之上的卿大夫之家，而非是指个体家庭之家，而这在《大学》中有明显的反映。《大学》不但强调治国平天下是建构在以家为本的基础之上，还特别指出，"一家仁，一国兴仁；一家让，一国兴让。"足见《大学》对家的重视程度。及至战国中后期，随着中央集权制的逐渐确立，国家的意志成为统摄一切的最终决定力量，家的影响力变得越来越小。从这一点来分析，《大学》的成书约在战国初期，它所反映的是战国初期的社会现实当为不争的事实，而曾子正是生活在这一时期。理由之四，从《大学》尚未受到道家思想的影响看，它也应该是在孟子之前的作品。从前贤时辈提出的理由及新增的几条理由看，笔者认为，从《大学》所阐述的论题及思想主旨看，不但不能得出《大学》晚出的结论，而是更加证明了它出自曾子（或其弟子）的可能性。对此，李学勤先生指出："朱子说《大学》系曾子所作，绝

① "子曰：书云：'孝乎惟孝，友于兄弟，施于有政。'是亦为政，奚其为为政。"（《论语·为政》）

非无因。”梁涛也认为，“按照传统的说法，曾子、子思上下相承，属于同一学派，既然《中庸》出于子思，那么，《大学》出于曾子或其弟子的可能性就很大。”两种说法都旨在告诫人们不要轻易否定传统的观点。由以上理由就逻辑性地推导出了笔者的结论：《大学》作为孔子之后最重要的一部儒家典籍为曾子（或曾子后学）所撰述，其成书时代大约在战国初期，即公元前 5 世纪左右。该书标志着由曾氏之儒向思孟氏之儒过渡、转化的一个极为重要的环节。该书在传承流布过程中经过后人润色、增删，窜入了一些秦汉时期的文字，但我们并不能由此得出《大学》为秦汉人所作，也不能成为否定《大学》早出的理由。郭沫若先生说，中国文化早期，“古书的形成每每要有很长的过程。除了少数书籍立于学官，或有官本，一般都要经过改动变化。很多书在写定前，还有一段口传的过程。尤其在民间流传的，变动尤甚。”“任何古书，除刊铸于青铜器者外，没有不曾经过窜易与润色的东西。但假如仅因枝节的后添或移接，而否定根干的不古，那却未免太早记了。”李学勤、郭沫若两位先生的见解对我们认识《大学》文本的时代及作者提供了有益的视角。

孝道观：对儒家伦理思想精髓的体悟

曾子伦理政治思想的最突出特点之一就是它的孝道观。孝的伦理观念早在殷周时期就已形成并流行于社会各阶层。[①]孔子在继承殷周以来孝观念的基础上，除了在传统意义上对孝进一步阐扬、发挥外，还把孝纳入其政治思想体系中并与政治道德联系起来，提出了一系列关于孝的价值规范和道德要求，如孝养、孝敬、孝思、孝容、孝顺、孝继、孝丧、孝祭、孝守等。于是，孝

① 关于“孝”，《尔雅》云“善父母为孝”，《说文解字》云“孝，善事父母者”。“孝”字从老、从子，意喻老人与子女不但具有天然的血缘关系，而且作为子女还承担着赡养老人的责任和义务。

作为人类历史上最原始的一种血缘亲情和最基本的自然感情被孔子赋予了道德、政治层面的意义。孔子认为，一个人首先要把孝敬父母放在首位，后辈孝敬、孝养父母乃天经地义，乃出自本能之心，非外力所灌输强加，要"入则孝，出则悌""迩之事父，远之事君""出则事公卿，入则事父兄"。孔子把孝悌视为仁之根本，把孝敬父母、友爱兄弟的孝道观念贯穿到政治领域，认为这就等于参与了政治。孔子把作为伦理道德核心的孝与政治嫁接，使孝道与治国平天下紧密地联系起来，开启了中国政治文化中伦理政治化与政治伦理化的先河。

曾子的孝道观是在继承殷周以来孝道思想及发挥孔子以孝悌为仁之本思想的基础上发展起来的。曾子突出了孝在人伦关系中的重要作用，把孝作为统领一切人伦道德的根本、个人道德行为的价值准则及修身齐家治国平天下的基本纲领。曾子继承了孔子"迩之事父，远之事君"的思想，把事亲与事君、家和国作为人生要处理好的两大根本问题，曾子在事亲与事君之间做了大量的理论阐述，以便得出事亲与事君具有天然的合理性。从个人、家庭层面言，曾子以"身体发肤，受之父母，不敢毁伤"作为"孝之始也"，把"立身行道，扬名于后世，以显父母"作为"孝之终也"。从国家、社会层面言，"夫孝，始于事亲，中于事君，终于立身。"曾子在孝、忠之间建立起了一道天然联系的桥梁，他认为："事父可以事君，事兄可以事师长，使子犹使臣也，使弟犹使承嗣也。能取朋友者，亦能取所予从政者矣。""君子立事亲孝，故忠可移于君；事孝悌，故顺可移于长；居家理，故治可移于官。""忠臣以事其君，孝子以事其亲，其本一也。"在家为孝，在国为忠；孝敬父母与忠于国君实际上是一个问题的两个方面，不可偏废任何一方。在中国传统政治社会中，家、国同质同构，家乃国之缩小，国乃家之扩大；与之相应，孝乃忠之内在表征，忠乃孝之外在表现。由事亲孝推之于事君忠，由修身齐家推之于治国平天下，使原始的血缘伦理感情转换为国家的政治伦理观念，使一切可能出现的异端思想消弭于未发之中，从而确保国家统治的和谐与稳定。

曾子之重孝在先秦各家各派中首屈一指，使儒家所倡导的孝得以弘扬与光大。曾子在强调孝在个人及社会政治生活中重要作用的同时，又从反面指出了在社会上存在的五种“非孝”的行为，他说：“居处不庄，非孝也；事君不忠，非孝也；莅官不敬，非孝也；朋友不笃，非孝也；战陈无勇，非孝也。”可见，孝至少涵盖了庄、敬、忠、信、勇五个德目，细化了孝的内涵。调节人伦道德关系的孝作为社会历史的产物有其适应的范围，提倡孝道也是中国的优良传统美德之一。

对道德修养的强调及对理想人格的追求

曾子所处的是一个“上失其道”、礼乐崩坏的社会政治环境。面对社会的失序失范与政治的结构调整，曾子与乃师一样，表明了自己对现实社会的鲜明态度，“天下有道，则君子欣然以交同；天下无道，则衡言不革；诸侯不听，则不干其士；听而不贤，则不践其朝。”俨然一副刚直不阿、凛然不可侵犯的神态，这与曾子对高尚理想人格的追求密不可分。曾子还提出了“吾日三省吾身”的反观自我的道德要求，主张从各方面对自己的德行修养进行全面反省，这种“反求诸己”的精神，正是曾子道德修养观与理想人格论的出发点。曾子还认为，无论做什么事情，都要从自己身上找原因，把一切归结为外因，只能适得其反，他说：“无内人之疏而外人之亲。无身不善而怨人。无刑已至而呼天。内人之疏而外人之亲，不亦反乎！身不善而怨人，不亦远乎！刑已至而呼天，不亦晚乎！”还说：“同游而不见爱者，吾必不仁也；交而不见敬者，吾必不长也；临财而不见信者，吾必不信也。三者在身曷怨人！怨人者穷，怨天者无识。失之己而反诸人，岂不亦迂哉！”不怨天尤人，不苛求于外在因素，一切从自我内部寻找答案，与要求道德自律、反求诸己相一致，曾子还提出了慎独的思想。前面已言及，曾子毕其一生都在践履儒家思想，一言一行、一举一动都按照儒家思想的要求行事。他认为，人们的道德生活即蕴含在日常的细微之中，如动容貌、正颜色、出辞气等一些日常琐事，虽事小不为大，但却是君子修行之关键，不可漠然视之。他甚至在临死前还以战战兢兢、如临深渊、如履薄冰的心态要求自己，以尽礼守约的规定来约束自己，是儒家思想的忠实践履者和苦行者。

正是尽礼守约、躬守孝道、道德自律、反求诸己、慎独等思想观念凸显了曾子本人不同凡响的人格魅力和凛然正气，也促使他把担当道义、弘扬儒家精神、树立理想人格形象作为自己毕生的追求及政治思想观念中重要的一环。他说："士不可以不弘毅，任重而道远。仁以为己任，不亦重乎？死而后已，不亦远乎？""临大节而不可夺也。"曾子所倡扬的"仁以为己任""临大节而不可夺也"的凛然浩气正是孟子"富贵不能淫，贫贱不能移，威武不能屈"的大丈夫精神的前奏。曾子所标扬的理想人格以仁为自我修养之思想内涵，以坚毅果敢、自强不息为修养之精神支柱，当正义不在我，即使对方为庶民百姓，我也不让对方感到恐惧；当正义在我，即使对方有千军万马，我也勇往直前，毫不畏惧。当仁德与富贵发生矛盾冲突时，只能是舍富贵而取仁德，他说，"晋楚之富，不可及也；彼以其富，我以吾仁；彼以其爵，我以吾义。"对曾子所凸显的道德人格形象，我们还可以从《庄子》对曾子的描述中提供一视角："曾子居卫，温袍无表，颜色肿哙，手足胼胝，三日不举火，十年不制衣。正冠而缨绝，捉衿而肘见，纳屦而踵决。曳纵而歌《商颂》，声满天地，若出金石。"庄子站在道家的立场上对曾子进行了描述，带有讥讽揶揄的口吻，未必就代表了曾子的真实形象，但至少向我们传递了这样一个信息：曾子所具有的不同凡响的人格魅力和凛然正气。因此，我们也就可以理解"鲁君使人往致邑焉"而曾子坚辞不受的原因。与孔子一样，曾子也试图建构其道德理想人格即君子人格。对于君子，孔子曾提出了对君子的九项具体要求，与孔子简略的论述相比，曾子之论则具体而细微，他说："君子有三费，饮食不在其中。君子有三乐，钟磬琴瑟不在其中。……有亲可畏，有君可事，有子可遗，此一乐也。有亲可谏，有君可去，有子可怒，此二乐也。有君可谕，有友可助，此三乐也。……少而学，长而忘之，此一费也。事君有功而轻负之，此二费也。久交友而中绝之，此三费也。"此外，《曾子立事》中也多层面多角度对君子的言谈举止、音容笑貌等都做了细致具体的描述。总而言之，曾子认为，人的一生终将以完善追求自己的理想人格、扬名于天下——"终于立身"作为价值目标，这是儒家孜孜以求的终极价值理想，也是曾子承转孔子思想、下续思孟学派的重要思想理念。从这一方面说，我们可以很清楚地看到他与孔子思想一脉相承的关系，但曾子对理想道德人格要求之严苛，期望之高标，已非现实君子之可比拟，而是走上了自我封闭、自我满足、自我陶醉、明哲保身的困境之中，曾子是从极端的方面发展了孔子的理想人格。这样，孔子所主张的理想人格的现实关怀层面被曾子抽空了，无限度地超越了，成为可望不可即的东西，其后的思孟学派沿着这一路径发展，突出强调了理想人格的崇高与大丈夫气概。对理想人格的推崇一直是儒家思想的精髓所在，是中华民族的精神支柱所在。

"三纲领"学说：对道德主体实践的指导

前面已提及，孔子的"修己以安人以安百姓"的思想直接影响了曾子。曾子在《大学》中首先阐释的是一种修己治人之道，修己是治人的前提，修己的目的是治国平天下，亦即儒家思想一以贯之的内圣外王之道。曾子一开始便讲"自天子以至于庶人，壹是皆以修身为本"，把修身作为其整个政治思想的价值目标和根本目的，并且成为其治国平天下的逻辑出发点，在个人道德修养与治国平天下之间建立起了内在联系。具体说就是，曾子在《大学》中明确提出了两条最基本的政治思想原则，即"三纲领"说和"八条目"说。

(一)"三纲领"之一：明明德

曾子在《大学》一开始就提出了其政治伦理思想的第一条政治思想原则即三纲领说："大学之道，在明明德，在新民，在止于至善。"朱熹在注释中把这三者称为"大学之纲领也。"显然，后人认为这三点是理想人格实践的"纲领"可能与朱熹对《大学》的重视与推崇有关，可以说，如果没有朱熹对《大学》的竭力推崇以及他在宋明理学史上的权威性地位，"三纲领"说就不会受到后人如此的重视。"三纲领"说所要阐述的精神实质是和春秋战国时期儒家的政治思想演进轨迹一脉相承的。"明明德"重在"明德"，"明德"一词最早出自《尚书·周书·康诰》，所谓"明明德"就是说要彰显人类天生质朴的美德。而德的思想正如笔者在前面所介绍的那样在周初时便出现了，周人"明德慎罚""敬德保民"的观念深刻影响了后来儒学思想对德观念的认识，此时德是指先王圣哲的政治行为或高尚的个性品德。孔子、曾子所主张的德具有政治与道德的双层含义。曾子引用古典文献对"明德"进行了解释，"康诰曰：'克明德'大甲曰：'顾諟天之明命'，帝典曰：'克明峻德'皆自明也。"在这一段引文中我们要注意的是"自明"，这是理解《大学》"明明德"的关键，人固有之德性被欲望所迷惑，只有通过积极的学习、修为，才能最终达到恢复自我本性的目的，这一过程就是所谓的"自明"。可见，从孔子开其端，曾子继其绪，已经把人们的致思趋向由外在的天命神学经过"性"的中介转向了内在的自我。朱熹也是从这一角度对"明德"进行解释的，他说："大学者，大人之学也。明，明之也。明德者，人之所得乎民，而虚灵不昧，以具众理而应万事者也。但为气禀所拘，人欲所敝，则有时而昏，然其本体之明，则有未尝息者。故学者当因其所发而遂明之，以复其初也。”朱熹的解释尽管带有很深的宋明理学的痕迹，抛开其宋明理学的外壳，朱熹的解释仍有与曾子合拍处：一是德的内涵是人本来所固有，是一种先验的内在的存在；二是由于个人气质或人的欲望所迷惑，为“气禀所拘，人欲所敝”，人的潜在本质未能发明出来，就需通过明的功夫，通过学习修为的功夫以恢复显现本性。道德主体后天的行为都是为了能寻求本来具有的内在潜质，正是由于人先天之本性被后天环境、人欲所蒙蔽才有必要明，才有必要进行道德修为，以便恢复人性中朴质美好的一面。由周初之德到孔子之德，再到曾子之“明明德”，在内涵上经历了一个不断丰富、充实的演进历程。在这一演进历程中，始终有一条以政治—伦理为思想的主线贯穿其中。曾子的“三纲领”说以简明扼要的语言表明了明明德给群体或个体以内心的道德设定（正如孟子所做的那样，孟子首先给人预设了“性本善”的理念），这就是曾子所昭示于我们的第一条基本政治思想原则。

（二）“三纲领”之二：新民

“三纲领”中的“新民”之“新”，旧版作“亲民”，“亲”字有两解：一释为“爱”，“亲民”即为“爱民”；另一释为“新”，程子认为“亲，当作新”，笔者以为程朱之改“亲”为“新”非无根由，故此取程朱之意。曾子以“新民”作为“三纲领”说的第二条政治原则，那么，曾子之“新民”究竟为何意？为何能列入“三纲领”中？与曾子所阐述的第一条政治原则一样，曾子也引经据典，对“新民”做了新的诠解。“汤之《盘铭》曰：‘苟日新，日日新，又日新。’康诰曰：‘作新民’。诗曰：‘周虽旧邦，其命维新。’是故，君子无所不用其极。”曾子在这里所表述的“新”是一种“革新”的政治作为，也即朱熹所言“新者，革其旧之谓也”。朱熹在解释“作新民”时说：“鼓之舞之之谓作，言振起其自新之民也。”鼓舞民众志气，振奋民众精神，称为"作新民"。朱熹还说："言周国虽旧，至于文王，能新其德以及于民，而始受天命也。"这是对"周虽旧邦，其命维新"的解释。如果说"明明德"所注重的是对个体主观精神状态的一种规定或启发，那么，"在新民"则涉及个体道德完善之后如何运用到群体的外用之道。由个体之善扩充至天下万民，启导了孟子由修心、养性到仁政的思路。自春秋以来，民本思想成为社会发展的一股思潮，一直受到社会的广泛关注，无论是《管子》中提出的"以人为本"，还是《孟子》中提出的"民贵君轻"，都是对民众力量的一种肯定，都是呼唤对人的尊严和价值的尊重。曾子热切呼唤具有高尚道德情怀的"新民"的出现，呼唤对人的价值与尊严的尊重与回归，把"作新民"作为其"三纲领"之一，并把它纳入自己的政治思想体系，使之成为是否达到理想人格境界的评判准则和道德修养纲领。我们可以这样认为，正是由于有"新民"这一纲领性的规定，才有"八条目"中"治国、平天下"的出现，二者之间有着极其密切的联系。我们还应注意"君子无所不用其极"这句话，这句话是对"作新民"的概括与补充，如朱熹所言："自新新民，皆欲止于至善也。""明明德""新民"其实都服务于止于至善这一最高纲领，三纲领之间的逻辑联系很显然是一种递进关系，是以达到至善为终极目标的。

（三）"三纲领"之三：止于至善

曾子在《大学》中提出的第三条纲领是"止于至善"。这一纲领中有两个关键词："止"和"至善"。"止"在这里有追求真善美的理想境界，遵循某种道德准则的含义，它始终应保持或致力于"至善"的道德追求和修为；"至善"显然是指一种最高的道德目标和道德境界，万事万物运动变化发展的最根本规律就体现为一种"至善"，实际上，此处"至善"既有社会伦理意义上的道德含义，又有政治生活方面具体的行为规定，它所针对的对象既可以是一般道德个体或大多数士阶层，也可以是上层贵族或统治者，所以朱熹注解说："止者，必至于是而不迁之意。至善，则事理当然之极也。""至善"的道德境界和准则当然是最高的，是"明明德"和"亲民"二纲领的最终发展归宿，也是对二者发展的目标要求，在实践中把"明明德"的内在修为和"亲民"的外在事功这两方面的个体主动性行为都发挥到最高点，所以朱熹又说："盖必其有以尽夫天理之极，而无一毫人欲之私也。""尽天理""绝私欲"正是朱熹理、欲之辨的核心。

以上通过对曾子"三纲领"学说的分析，我们可以看到它们之间存在的一种递进的逻辑关系。这一关系表明了道德主体从"明明德"出发，经过"新民"的发展，最终达到"止于至善"的理想境界，这种对主体修为实践活动的规定直接引发出内、外两种相联系的具体修为方式，并以逻辑发展的合理结果提出了八条目的具体实践之道。

"八条目"理论：修己正人的道德政治论

"三纲领"说的提出与确立为道德主体的修为设定了行为准则和价值目标，而要真正遵循这一准则，实现这一目标，还要有具体的行为来支持。为此，《大学》在提出了"大学之道"即"三纲领"说之后又提出了八条目说："知止而后有定，定而后能静，静而后能安，安而后能虑，虑而后能得。物有本末，事有终始，知所先后，则近道矣。古之欲明明德于天下者，先治其国；欲治其国者，先齐其家；欲齐其家者，先修其身；欲修其身者，先正其心；欲正其心者，先诚其意；欲诚其意者，先致其知；致知在格物。物格而后知至，知至而后意诚，意诚而后心正，心正而后身修，身修而后家齐，家齐而后国治，国治而后天下平。自天子以至于庶人，壹是皆以修身为本。"朱熹把这八条称为"大学之条目也"。这一段逻辑严密、文辞精练的话语，使人对以修身为本的道德实践有了一个明确的认识，由“知止有定”到“虑而后得”，由“虑而后得”到知先后、明本末，然后才有平天下、治国、齐家、修身、正心、诚意、致知、格物八条目的产生，这种以外在的治国、平天下逆推至内在的格物致知，是以反证的手法说明了修身的重要性。对于道德主体理想人格的修为来说应首先从格物开始，以修身为内外兼修之结合点，这种侧重于对道德主体修为的具体描述正是儒家政治思想发展逐步系统化的表现。一般来说，我们把格物、致知、诚意、正心作为道德的内在修为，而把修身、齐家、治国、平天下作为道德的外在修为。

（一）修身的步骤：致知格物和正心诚意

曾子提出的修身途径主要是指八条目中的格物、致知、诚意、正心，这一途径实际上可以概括为两个步骤：正心诚意和致知格物。曾子认为，修身的起点是致知格物。一般来说，“格”主要是指一种寻求、探求、学习的状态；“物”既是指独立于主体之外的客观存在，又是指人类社会各个层面的价值学说。所谓格物就是指个体对外界事物的认识和把握，指对外界自然所进行的研究，这是人们对格物的一般性认识。而曾子所谓的格物则非一种外在的认识和把握，而是一种对道德主体的反观和内求，是最深层次的潜在的意识，是正心、诚意的基础，此为修身的第一步。修身的第二步——致知。格物、致知是联系紧密、层层递进的两个步骤，致知就是对格物结果进行的体悟与认知，是对构筑在格物基础上的儒家伦理道德原则的体悟与认知，即“物格而后知至”。朱熹解释说：“物格者，物理之极处无不到也。知至者，吾心之所知无不尽也。”“致，推极也；知，犹识也。推极吾之知识，欲其所知无不尽也。格，至也；物，犹事也。穷至事物之理，欲其极处无不到也。”穷事物之理达无穷之境，从而使自己的认知达到理想的层次，这是致知、格物所要达到的境界。但是，曾子与乃师孔子一样，所提倡的格物、致知主要还是侧重于社会伦理道德层面，他的致思取向主要是放在社会生活中关于人与人、人与社会、人与自我的关系上，而不是放在人与自然的关系上；对于自然界万物的探究只是其中的一小部分，目的还是为社会现实服务的，这充分反映了儒家政治思想的政治伦理化特征。

格物、致知作为修身修己的重要方式，它从社会伦理的层面丰富和限定了人们的认识范围。在完成了修身的前两步工作后，曾子有逻辑地提出了诚意、正心的行为步骤。关于正心，曾子做了如此解释："所谓修身，在正其心者，身有所忿懥，则不得其正；有所恐惧，则不得其正；有所好乐，则不得其正；有所忧患，则不得其正。心不在焉，视而不见，听而不闻，食而不知其味。此谓修身，在正其心。"在曾子看来，恐惧、忧患等不良情绪深深影响着"心"发挥其正常的认知功能，因此，所谓正心就是摈弃外界干扰和不良情绪的影响，使"心"能正常发挥其辨知事物的功能，一句话，就是要做到专心致志、精力集中。曾子所强调的正心主要是指伦理道德所规定的各项行为规范，只有按儒家或正统社会所提倡的要求来做才是正当的，否则便是不正当的，只有主观内心自觉自愿地接受道德修养的熏陶才能产生具体的行为动力。曾子对"诚意"也做了如下诠释："所谓诚其意者，毋自欺也，如恶恶臭，如好好色，此之谓自谦。故君子必慎其独也。""欲诚其意，先致其知。"先有对社会伦理的深刻认识，才能在个体内心树立真正修己的诚意。"……富润屋，德润身，心广体胖，故君子必诚其意。"诚意就是不自欺欺人，就是独善其身，就是表里如一，在精神上感到极大的满足。在通过格物、致知、正心、诚意的体认步骤后，另一体认、巩固修身修己步骤的是慎独，曾子指出："小人闲居为不善，无所不至，见君子而后厌然，其不善，而著其善。人之视己，如见其肺肝然，则何益矣。此谓诚于中，形于外，故君子必慎其独也。"慎独是儒家政治思想中关于道德修养的重要概念，慎独所要表明的是在闲居独处、无人监督的情况下更要谨慎地反省自我，即曾子所说的"吾日三省吾身"的修养功夫。朱熹对此解释说："独者，人所不知而己所独知之地也。言欲自修者知为善以去其恶，则当实用其力，而禁止其自欺……不可徒苟且以殉外而为人也。然其实与不实，盖有他人所不及知而己独知之者，故必谨之于此以审其几焉。"这实际上是提倡一种道德自律。后世大儒对慎独都非常重视，王阳明、曾国藩等都对此有过精辟的见解。在现代竞争日益激烈的社会关系中，慎独仍是一条非常重要的道德要求和人生修养原则。

由格物、致知到正心、诚意，体现的是道德主体修养的层次，经由道德主体以加强这种内在的向最高道德境界的追求，最后落实到外在的治国、平天下的层面，这种由内到外的递进式的修为路径是主体道德修养不断加强的过程，也是由观念到行动的具体实践过程。作为道德的主体和实践者，只有正己才能正人，"君子有诸己而后求诸人；无诸己而后非诸人。"曾子标榜"自天子以至于庶人，壹是皆以修身为本"，把修身作为其思想体系的核心及治国、平天下的出发点。在社会道德关系中，修身不但是一切行为或活动的逻辑起点和中间枢纽，而且还是"道立"的开始。修身向内表现为正心、诚意、致知、格物；向外表现为齐家、治国、平天下。修身直接来自道德主体的格物、致知、正心、诚意，把这四项内心的道德修为做好了，修身的目的也就达到了。

（二）修身的价值目标：治国平天下

修身不但是一切行为或活动的起点和枢纽，而且还是治国平天下的出发点。由内到外、由小到大、由家到国乃至天下的实践之路是有先后顺序的。在解决了修身的内在步骤后，曾子又提出了齐家说，齐家既是内在步骤的终点，又是外在步骤的起点。"所谓齐其家，在修其身者。人之其所亲爱而辟焉，之其所贱恶而辟焉，之其所畏敬而辟焉，之其所哀矜而辟焉，之其所敖惰而辟焉。故好而知其恶，恶而知其美者，天下鲜矣！"指明了齐家与修身之间的关联。从现代社会学的角度看，家庭是社会的最基本细胞，而人则是组成家庭的最基本元素，只有社会中的每一个独立个体在自身的整体素质方面有了全面提高，才有可能维系家庭的内部稳定，最终也才能保持社会的稳定，保持社会道德水平的进一步提高。从这一层面来讲，曾子所标榜的“身修而后家齐，家齐而后国治”的理论是有一定科学道理的。齐家的重要作用依修身而定，治国则以齐家为基础，“所谓治国，必先齐其家者，其家不可教而能教人者无之。……一家仁，一国兴仁；一家让，一国兴让；一人贪戾，一国作乱。其机如此。……所藏乎身不恕，而能喻诸人者，未之有也。故治国，在齐其家。”在中国传统社会结构中，家、国具有同质同构的特点，家是国的缩小，国是家的放大，因此，家、国的关系是极为密切的，家之不齐，国必将不治。

（三）治国平天下：絜矩之道和以德行道

治国平天下是曾子提出的最高政治理想目标，正心、诚意只是达到治国平天下的先决条件，而要实现治国平天下的理想目标，还要做到絜矩之道和以德行道。何谓絜矩之道？曾子说：“所恶于上，毋以使下；所恶于下，毋以事上；所恶于前，毋以先后；所恶于后，毋以从前；所恶于右，毋以交于左；所恶于左，毋以交于右。此之谓絜矩之道。”真正能体现这段话精髓的就是孔子早就说过的“推己及人”“己所不欲，勿施于人”。曾子告诫统治者，作为君王应该注重自我道德修养，注重积极调适自我心理，时刻关注臣属及民众的状况；而臣属及民众同样要注意对君王的体谅之心，用正当的方式约束规范自己。如果君王及臣属、民众都能这样以儒家所要求的道德规范来约束调整自己，做到上下有序、等级有差，整个社会和国家就会取得和谐的进步和发展，治国平天下的理想就会实现。故而《大学》又说：“民之所好好之，民之所恶恶之，此之谓民之父母。”朱熹解释说：“言能絜矩而以民心为己心，则是爱民如子，而民爱之如父母矣。"与絜矩之道相一致，曾子还提出了以德行道。以德行道反映了曾子对德在政治、经济事务方面所起的重要作用的认知。"道得众，则得国；失众，则失国，是故君子先慎乎德。有德此有人，有人此有土，有土此有财，有财此有用。德者，本也，财者，末也。外本内末，争民施夺。是故财聚则民散，财散则民聚。是故言悖而出者，亦悖而入；货悖而入者，亦悖而出。"统治者之有德，是保有土地和获取财产的根本。若统治者轻德重财，与民争财货，就会导致"财聚则民散"的结果。曾子认为，德和财的关系关乎国家的存亡，关乎民心的向背。在曾子看来，君主是实现治国平天下的主体，是实现治国平天下的推动者。他说："所谓平天下，在治其国者，上老老而民兴孝，上长长而民兴弟，上恤孤而民不倍。是以君子有絜矩之道也。"曾子认为，统治者的个人道德修养对全社会来说具有示范作用，它会给全社会及庶民百姓带来十分重要的影响。曾子还以远古时代的尧舜及夏商末年的暴君桀纣来说明这一道理，"尧、舜帅（率）天下以仁而民从之。桀、纣帅（率）天下以暴而民从之。其所令，反其所好，而民不从。"孟子所谓的"老吾老以及人之老，幼吾幼以及人之幼，天下可运之掌上"的思想与曾子这段治国平天下的思想有着明显的渊源继承关系。

曾子在《大学》中以简练而内涵丰富的语言涵盖了早期儒家政治思想的精神内涵，对孝道、道德修养、修养过程、步骤以及治国平天下等内容进行了论述，揭示了从孔子到孟子思想演化过程中的一些思想钮结，尤其是他提出的"三纲领""八条目"说，更是上承孔子，下启孟子，成为儒家政治思想内圣外王之道的基本思想理念。尽管曾子在《大学》中过分地强调了道德、执政者的重要作用，但不容否认的是，道德、执政者的个人德行在具体的道德修养和社会道德实践中确实发挥着十分重要的作用，朱熹如此推崇《大学》，正是看到了它对稳定社会、重塑道德人格所具有的重要价值潜力。从当代社会的角度来看,《大学》一书中所阐述的某些思想观点，仍有重新认识、重新评价的必要，对于中国文化的未来发展来说，挖掘《大学》中有价值的思想内涵同样有着十分积极的意义。

第十一讲

《中庸》：构建以“诚”为核心的道德思想体系

在孔孟之间思想发展变迁的链条中，子思是一位极关键极有影响的重要代表人物。就像没有曾子，我们对孔孟之间的思想发展脉络不甚明了一样，没有子思，我们对孔孟之间思想的传承、演进轨迹就会缺乏起码的把握，对孟子思想的形成、来源以及对思孟学派对儒家思想所具有的重要意义就很难做出客观公正的评价，挖掘、整理、诠释子思的思想以及他在孔孟思想之间所起到的中介作用就显得尤为重要。

在梳理与剖析子思政治思想前，我们首先要明确两个问题：一是子思与曾子之间是否具有师承关系？二是孟子与子思之间是否具有师承关系？先说第一个问题。由于史料匮乏等原因，对曾子与子思之间是否具有师生关系，学术界自古至今就一直存在不同的看法①。从现存资料看，在孔门弟子中，有

① 如荀子就认为子思不出自曾子，而是出于子游，他在《非十二子》中就说子思、孟轲“案饰其言……以为仲尼、子游为兹厚于后世。”这从侧面说明了子游、子思、孟子为一派。近人康有为也认为，“著《礼运》者，子游。子思出于子游，非出于曾子。颜子之外，子游第一。”（《康南海先生口说·礼运》）“孟子受业子思之门人，有《史记》可据。子思受业曾子，无可据。子思作《中庸》，精深博大，非曾子可比。惟孟子确传子思之学。子思高出于曾子。”（《康南海先生口说·孔子改制一》）章太炎也辩子思不师曾子说：“宋人远迹子思之学，上隶曾参。寻《制言》《天圆》诸篇，与子思所论述殊矣……古者言质，长老呼后生则斥其名，微生亩亦呼孔子曰丘，非师弟子之徵也。《檀弓》复记子思所述，郑君曰：为曾子言难继，以礼抑之。足明其非弟子也。”（《太炎文录·徵信论》）康氏、章氏都否认子思、孟子出于曾子，而是出于子游。之所以认为子思、孟子出自曾子，乃是朱熹等理学家出于建构“道统”论的需要，才虚构了孔子、曾子、子思、孟子的“道统”系谱。笔者以为，战国时期思想活跃，学无常师，若子思师从同为孔子后学的子游门下，亦不足为奇。一种合理的推断是：子思受学于曾子后，又向思想接近的子游求学是完全可能的，并不一定强调专学于一派而否定另一派。

几条史料可以证明曾子与子思之间具有密切的联系[①]，表明曾子对子思的影响是比较直接的，故《孟子·离娄下》会说出“曾子、子思同道”的话来。二程也认为，“孔子没，传孔子之道者，曾子而已。曾子传之子思，子思传之孟子，孟子死，不得其传，至孟子而圣人之道益尊。”因此，笔者在此取“曾子传之子思”，曾子与子思具有师生关系的观点。第二个需要厘清的问题是，子思与孟子的关系如何？《烈女传·邹孟轲母》《风俗通义·穷通》都认为，“孟轲受业于子思”，认为子思直接把自己的思想传给了孟子；另一种观点则认为，孟子非直接受业于子思，而是“受业子思之门人”。但无论两种说法哪一种更准确，更接近事实，至少有一点是肯定的，就是子思与孟子之间在学术、思想传承方面存在某种密切的关系[②]。这样，从孔子至孟子一百多年间的思想空白因为有了曾子、子思的思想形成了一以贯之的思想链条，千百年来一些无法解释的思想演进轨迹因为有了曾子、子思的思想而逐渐清晰和明朗起来。

子思与郭店竹简、《中庸》：辨析与结论

笔者在梳理并回答了以上两个问题后，还有两个问题必须搞清楚，那就是子思与郭店竹简及《中庸》的关系问题。这两个问题与前两个问题一样，都是研究子思思想首先必须解决的重要问题，否则，对子思思想的研究就无法展开无法深入。因此，在对子思政治思想进行系统论述之前，笔者还将不

① 如（1）《礼记·檀弓上》两条：“曾子谓子思曰：‘急，吾执亲之丧也，水浆不入于口者七日’”。“曾子曰：‘……子思之哭嫂也为位’”；（2）《孔丛子·居卫》：“曾子谓子思曰：‘昔者吾从夫子游于诸侯……’”；（3）《孔丛子·抗志》：“曾子谓子思曰：‘屈己以伸道乎，抗志以贫贱乎……’”（在《礼记》中，有时曾申亦被称为曾子）

② 这一点我们还可以从《孟子》一书对曾子、子思的极端推崇窥见一斑。《孟子》书首先是对孔子推崇备至，其次对曾子、子思也是崇敬有加。《孟子》书中凡提及曾子者22见，子思者16见，而子贡、颜回、子路、子夏、子张、子游者分别为7、7、6、3、2、2见，足见孟子的倾向性，荀子也把子思与孟子并称，指出两人之间存在学术、思想上的渊源关系。（参见《荀子·非十二子》）

惜笔墨，不厌其烦地对这两个问题做系统阐释。第一先介绍郭店竹简的考古发现及思想价值，然后再论述郭店竹简与子思之间的关系，目的是要得出郭店竹简的儒简部分大部分是出自子思之手的结论；第二是论证子思与《中庸》的关系，目的是要得出《中庸》同样是出自子思之手的结论，这样，就丰富和完善了我们对子思政治思想的全面理解和把握。

（一）郭店竹简：考古发现及思想价值

1993 年 10 月，在湖北荆门市郭店村的一座战国时期的墓葬中出土了一批竹简（学术界把这批竹简称之为郭店竹简或郭店楚简）。这批竹简共 804 枚、13000 余字，它一经出土，立即引起海内外学术界的极大关注。因为这批竹简的发现不但填补了我国学术思想史上的诸多空白，也为重新解读中国学术思想史的许多谜团提供了全新的视角。这批竹简经过众多专家学者的整理，可以看出主要是早期儒家和道家的著作。其中，儒家著作有十一种十四篇，它们的篇目是：《缁衣》一篇；《鲁穆公问子思》一篇；《穷达以时》一篇；《五行》一篇；《唐虞之道》一篇；《忠信之道》一篇；《成之闻之》一篇；《尊德义》一篇；《性自命出》一篇；《六德》一篇；《语丛》四篇。但对于第十一种《语丛》四篇是否完全属于儒家著作，学术界还有不同的看法。除儒家著作外，还有两种四篇道家著作，即《老子》甲、乙、丙三篇和《太一生水》一篇。

郭店竹简的出土和发现，在我国学术界和国际汉学界引起了巨大反响和高度重视，并立即成为海内外学术界争相研究的前沿课题。各种规模的国际、国内学术讨论会此起彼伏；各种学术论文和学术专著层出不穷，可以预计，对郭店竹简的研究作为 21 世纪中国思想界的一门“显学”，在今后很长的一段时期内必将持续下去。

过去学术界研究先秦儒家，由于资料缺失匮乏，对孔、孟之间一百多年的思想演进轨迹一直是不甚明晰，没有相应的史料来支持这一时期的思想研究。郭店竹简儒家典籍的发现，为我们认清战国中前期的思想变迁轨迹提供了前所未有的宝贵资料，揭开了由孔到孟一百多年儒家思想演变之薄弱环节，填补了长期以来研究孔孟之间的思想空白，再现了儒学与道学由互绌到互济的本来面貌。庞朴先生以“孔孟之间的驿站”来刻画楚简中十四篇儒家经典的历史价值。

郭店竹简《老子》的发现，最有价值的内容之一就是对儒家思想基本上持宽容的态度，而不像后来那样针锋相对，形如水火。其中最引人注意的有两段：一段就是王注本（即通行本）第十九章的所谓“绝圣弃智”“绝仁弃义”等语句，这些十分极端的话语皆不见于竹简本《老子》，竹简本《老子》相对应的话语是“绝智（知）弃卞（辩）”“绝巧弃利”“绝伪弃诈”，而这些话语丝毫看不出早期道家对儒家仁义思想的批判。另一段是王注本第十八章所谓“大道废，有仁义；智慧出，有大伪；六亲不和，有孝慈；国家昏乱，有忠臣。”而竹简《老子》丙本则在每句话的后面加上了一个“安”字，于是整个文句的意思就有了新的诠释。千百年来，人们一直相信儒与道在思想上是不相容的。帛书本《老子》和通行本《老子》书里，都有反对儒家学说的地方。《庄子》里还用寓言夸张的手法丑化孔子形象。儒家也反对道家，汉初儒生辕固生曾讥讽《老子》书是“此家人言耳”。而郭店楚墓则将儒家著作与道家著作葬于一处，它推翻了流传两千余年“孔、老对立”的历史悬案，昭示了老子与孔子之间的真实的思想渊源和思想关系，暗示了战国中期以前儒道学说之间的真实关系，与战国中期以后的儒道不相容的情况有根本的不同。郭店竹简本身为我们解答这一问题提供了极有价值的史料线索。

郭店竹简在中国学术思想史上具有重要的价值和意义，学术界目前较为一致的观点是：郭店竹简的发现将影响对中国学术思想史的传统认识，它甚至会改写整个中国思想史或学术史。可以说，郭店竹简的出土，是继长沙马王堆三号汉墓帛书出土后文献史料的又一重大发现，这一发现在中国哲学史、思想史、学术史、文化史上的地位、意义与价值可谓石破天惊，振聋发聩。许多以前看似不可更改的学术定论，现在看来都有待进一步予以重新研究和评价，如孔、老思想之真实关系问题，《老子》文本的演变问题，先秦时期道家思想的演变过程问题，儒家六经的次序究竟定于何时问题，郭店竹简与思孟学派的关系问题，《礼记》的成书时间问题，孔孟思想之传承接续问题，楚文化在先秦地域文化中的地位与作用问题；等等。这些问题，都将成为学术界重新估价的重大学术问题。而对这些问题的重新研究和解读，必将改变人们对整个中国思想史或学术史的传统看法。正如当代著名学者杜维明先生所言："郭店楚墓竹简出土以后，整个中国哲学史、中国学术史都需要重写"，"对整个中国传统文化，都需要重新定位"。中国社科院历史所庞朴研究员也断言，这些竹简的发现，不仅要改写中国的经学史和儒学史，而且要动摇中国学术思想的不少定论。

郭店竹简的发现，具有极高的史料文献价值，既是中国考古学界的一件大事，又是中国思想文化界的一件盛事，被誉为"中国的死海遗书"。郭店竹简"是由孔子到孟子过渡时期的学术史料"。它在儒家思想发展史上的突出价值就是填补了孔孟思想之间的空白。我们有理由相信，郭店竹简的出土和发现，其重要性在今后的研究中将更加凸显，其价值和意义也必将使一代或数代学人获益久远。

（二）子思与郭店竹简：辨析与结论

郭店竹简在中国思想史上具有如此重大的思想价值已如前言，接下来的问题便是，郭店竹简的儒家文献部分是否与子思有关系？让我们对这一问题做一详细辨析。

子思所处的战国初期，"捐礼让而贵战争，弃仁义而用诈谲"。"儒术之士，弃捐于世，而游说权谋之徒，见贵于俗。”子思以弘扬孔子之道为己任，具有一股从道不从势的傲岸风骨。他在周游列国的过程中，不仅极力宣扬孔子的学术思想，猛烈抨击诸侯国君的害民恶行，而且还撰著了反映他学术思想的儒家经典作品。但对哪些作品属于子思或子思后学，则歧见纷纭，至今未取得一致的结论。尤其是郭店竹简发现后，对子思及其后学的著作问题再次成为学术界探讨的焦点话题之一。因此，要研究探讨子思的思想，首先就要确定子思在历史上留下了什么作品，具体说就是：子思与郭店竹简究竟有无关系？不解决这一问题，对子思思想的研究和把握就无从下手。

关于子思的著作，《汉书·艺文志》“儒家”条著录“《子思》二十三篇”，《隋书·经籍志》《新唐书·艺文志》均作“《子思子》七卷”，而《旧唐书·经籍志》则作“八卷”。惜两种版本皆亡佚，后人不得其详。目前所见版本为南宋汪晫的《子思子》内外篇；清末黄以周的《子思子》七卷。那么，子思的著作究竟包含哪些内容和篇目则不甚清晰。《隋书·音乐志上》引梁人沈约说：“《中庸》《表记》《坊记》《缁衣》皆取《子思子》”，这段引文表明至少《中庸》《表记》《坊记》《缁衣》等四篇为子思所作。一些学者还根据《太平御览》《意林》所引《子思子》中的话语均可见之于《表记》《坊记》《缁衣》等，故而断定其为《子思子》篇目内容①。郭店楚简出土

① 在《缁衣》《表记》《坊记》与《五行》等子思作品中，其文体和内容也存在着较大差别。《缁衣》《表记》《坊记》三篇在形式上主要记述孔子的言论，每章皆冠以“子曰”或“子言之”，体例类似《论语》，每篇除了一个基本主题外，涉及内容往往较为广泛，属于杂记的性质。例如：《缁衣》主要讨论君臣关系以及君民关系、交友之道、言行之要等；《坊记》主要讨论礼、刑对人们行为的防范，同时涉及祭祀、交往之道等；《表记》主要记录有关仁的议论，还涉及君子持身之道、言行之要、卜筮等。另外，篇中多引《诗》《书》《易》《春秋》等，而尤以引《诗》为多，这些都是和《论语》相似的。与上引三篇不同，《五行》则主要阐发论证作者自己的思想和见解，全文主要围绕仁义礼智圣形于内的“德之行”，与不形于内的“德之行”步步展开，层层递进，各段之间具有严格的逻辑关系，很少有脱离主题的议论，更没有一处引用“子曰”的地方。另外，《五行》具有很高的理论思辨色彩，与《缁衣》等篇文句简单，多为一些格言、警句，形成鲜明的反差。笔者认为，《五行》与《缁衣》等篇的这种差别不是偶然的，是子思思想发展、变化的反映。

后，学术界经过整理研究，认为郭店竹简除《老子》甲、乙、丙三篇及《太一生水》篇为道家文献外，其余十一种十四篇皆为孔门七十子及其后学的作品，是对孔子学说的多层面阐述。其中，竹简《缁衣》篇见于今本《礼记》，《五行》篇见于马王堆汉墓帛书，其他诸种则均为首次发现。而这些作品尤以子思一派为主，并直接启导了孟子的思想。李学勤先生指出，楚简中《五行》《缁衣》《成之闻之》《尊德义》《性自命出》等篇是久佚的《子思子》，是子思及其后学的作品，这一观点得到了国内外大多数学者的认同。这批楚简中有关心性问题的论述，是子思撰作《中庸》的前期材料。又有学者指出，郭店楚简“都是子思氏之儒的作品，或者说都是已经亡佚的《子思》书中的一部分”，并认为“这批子思著作大致应是公元前 4 世纪中叶以前的作品，就思想和表述的成熟程度来看，它们的时代也都早于《中庸》和《孟子》”。还有学者认为：“《郭店楚墓竹简》中《唐虞之道》《缁衣》《五行》《性自命出》《穷达以时》《成之闻之》《鲁穆公问子思》《六德》诸篇为子思所作。”因此，根据当代学者研究的最新成果，我们可以得出以下结论：研究子思思想，应以《表记》《坊记》《缁衣》《五行》《唐虞之道》《性自命出》《穷达以时》《成之闻之》《鲁穆公问子思》《六德》《尊德义》等篇为基本史料。正是由于有了传统认为的子思所著的基本史料及学术界认同的郭店竹简儒简部分为子思所作，我们才有了对子思思想进行全面系统了解和把握的基础。

（三）子思与《中庸》：辨析与结论

在厘清了子思与郭店竹简的关系后，我们下面将重点考察一下子思与《中庸》之间的关系。尽管我们在前面引述传统观点时指出了《中庸》为子思所作的结论，但千百年来仍争讼不断，成为学术思想史上的一大公案，因此，有必要把这一问题凸显出来，以论证子思与《中庸》之间究竟存在何种关系。

《中庸》在中国学术思想史上占有重要地位，南宋朱熹为《中庸》《大学》《论语》《孟子》四书作注，为《四书章句集注》，“四书”名称自此确定下来。随后数百年，“四书”地位已同于“五经”，成为士人必读之教材。《中庸》自汉代起就不断有人为之作注，至清朱彝尊作《经义考》止，对《中庸》的注释达150余种。《中庸》是否为子思所作，学术界已经争论了两千年。归纳起来，大致有三种观点：一是唐宋以前，人们一直认为《中庸》为子思所作[①]。二是宋代以后，学者们对《中庸》是否为子思所作不断提出疑问[②]。三是认为《中庸》部分出自子思，部分出自子思之门人，今人徐复观力倡此论。以上观点尽管不尽相同，但都有相当的论据证明支持自己的论点，孰是孰非？如何判定？笔者认为，这一问题与曾子与《大学》的问题如出一辙，只要我们遵循相同的方法论原则，就能寻找到解决这一谜团的钥匙。为此，笔者主张，不要轻易否定传统的看法，原始文本与后来定型之文本有一个不断修订、增补的过程（见前李学勤、郭沫若对这一问题的见解），今本《中庸》自战国初年至汉人戴圣编定而成，其间经过了数百年的时间，而在编定

①《史记·孔子世家》说：“子思作《中庸》”；汉郑玄：“《中庸》者……孔子之孙，子思伋作之”；《汉书·艺文志》记“《子思（子）》二十三篇”，《中庸》应即是其中一篇。南朝沈约：“《中庸》……皆取《子思子》”。此后，《孔丛子》、孔颖达、李翱、二程、朱熹等皆持相同观点。

② 最早提出疑问的是欧阳修（见《欧阳修文集·问进士策》），还有清崔述（见《崔东壁遗书·洙泗考信余录》卷三），现代著名学者冯友兰也提出了自己的疑问（见《中国哲学史》，中华书局1961年版，第477页），清袁枚、俞樾等人皆疑该书为秦统一乃至西汉时期的作品。现代著名学者顾颉刚、熊十力、张岂之也持相同的看法，认为《中庸》非子思所作，而是秦汉之际的作品。（见顾颉刚：《古史辨》第四册，第183页；熊十力：“《中庸》本演易之书”；《原儒》下卷，第1页；张岂之：《中国儒学思想史》，陕西人民出版社1990年版）与此相关，认为《中庸》晚出者还有一种观点，认为是《中庸》抄袭并发展了《孟子》的思想。因为依照孟子对子思的崇敬程度，却不见孟子对子思作品《中庸》的只字提及及引用，这显然不合情理，而对《诗经》《尚书》《论语》的引用则贯穿于《孟子》全书的始终。

过程中窜入一些秦汉时代的文字并不足为奇。[1]我们不能因此得出《中庸》是秦汉人的作品，不能因此成为否定《中庸》早出的理由，也不能因此成为否定《中庸》作于子思的理由。也就是说，《中庸》既非出自秦汉人之手，也非出自子思后学之手，而是子思一部独立的作品。对于《中庸》是不是一部纯儒家作品，学术界也存在不同的看法。有学者认为，《中庸》吸收了道家思想的成果，不但引进了道家"道"的思想（"大哉圣人之道，洋洋乎发育万物，峻极于天"；"道也者，不可须臾离也。可离，非道也"；"如此者，不见而章，不动而变，无为而成。"）而且还借鉴了道家"万物并育"和"中和"的思想（"万物并育而不相害，道并行而不相悖"；"喜怒哀乐之未发谓之中，发而皆中节谓之和。……致中和，天地位焉，万物育焉。"）但《中庸》并非像道家那样建构自然本体，而是以人性为基础建构一价值本体。笔者认为，在郭店竹简中，道家与儒家作品共存一处，且无后来儒、道水火不容、相互攻讦之言语，表明儒、道作为两种不同的思想形态具有共同的思想根源。在这一层面而言，作为子思后期作品之《中庸》受一些道家思想的影响是完全可能的，但其核心理念与价值观念与孔子、曾子思想一脉相承则是不争的事实。

还有一个问题就是，既然《中庸》为子思所作，撇开《中庸》文本中明显的秦汉时期的文字外，应如何理解《中庸》文本在前后行文、风格方面存在的明显差异？这一点古人早有所见。唐孔颖达在注《中庸》时就是把第

---

① 如为学者所怀疑的《中庸》"至诚之道，可以前知。国家将兴，必有祯祥，国家将亡，必有妖孽"（第二十四章）、"载华岳而不重"（第二十六章）、"今天下车同轨，书同文"（第二十八章）等显然是秦汉时期的文字。另"凡为天下国家有九经，曰：修身也，尊贤也，亲亲也，敬大臣也，体群臣也，子庶民也，来百工也，柔远人也，怀诸侯也。"（第二十章）这种将天下、国、家并称者，只能是天下统一后的产物，而非天下、国、家尚有明显分别的战国初中期即子思、孟子时代。

二十章分为前后两部分来注释的。[①] 可见古人已经注意到《中庸》文本在前后行文、风格方面存在的差异。第一种观点认为，《中庸》文本以第二十章为界限，把《中庸》以“在下位不获乎上，民不可得而治矣”为界分为上下两篇：第一章至第二十章上可称为《中庸》上篇，第二十章以下至第三十三章可称为《中庸》下篇。《中庸》上下篇所论之内容明显不同：如上篇多为引述孔子之言，而下篇则绝少；上篇内容平实，下篇内容玄远；上篇多谈中庸、忠恕之道，而下篇则论之甚少。与此相类似的一种观点认为，《中庸》第二十章前后之思想旨趣、文风文采十分不同，如第二十章前多有“子曰”之言，第二十章后则绝少；第二十章前所叙内容平实切于日用，二十章后则高谈玄远；二十章前多涉及中和、忠恕之道，二十章后则论之甚少；二十章前多论修身、君臣之道，二十章后则多论诚明之道，且掺杂不少“华岳”“车同轨，书同文”等话语。第三种是宋王柏的观点，认为《中庸》文本“常举其文势时有断续，语脉时有交互，思而不敢言也，疑而不敢问也。一日偶见西汉《艺文志》有曰：‘《中庸说》二篇。’颜师古注曰：‘今《礼记》有《中庸》一篇。’而不言其亡也。惕然有感，然后知班固时尚见其初为二也。合而乱，其出于小戴氏之手乎？”按照王柏的意见，《中庸》可以第二十一章为界分为“中庸”和“诚明”两个部分，二十一章以下为“诚明”，以前为“中庸”。虽然全文以中庸为题，但其核心部分则应当为诚明。“中庸二字为道之目，未可为纲，诚明二字可以为纲，不可为目。”第四种是清阮元的观点，他说：“《中庸》为子思所作。自‘天命之谓性’，至‘父母其顺矣乎’，似《中庸》篇

① 在这里我们可以参照朱熹对《中庸》的划分，以便读者可以进行比较鉴别：朱熹把《中庸》划分为三十三章，分成三部分：第一章至第十一章为第一部分，其中第一章为子思之言，其后十章为引孔子之言“以终此章之义”；第十二章至第二十章为第二部分，其中第十二章为子思之言，其后八章为“杂引孔子之言以明之”；自第二十一章至第三十三章为第三部分，皆为子思之言，而以第二十一章为中心。（参见朱熹《四书章句集注》）

之大义已止于此。自‘鬼神之为德’已下，似别成一篇，与《中庸》无涉。此乃子思专言祖德配天，俟百世之圣人，虽孔子生前不得位，不敢损益三王，制作礼乐，而至诚为学治天下之道，能使百世天下人皆齐明盛服承祭孔子，凡有血气者莫不尊亲孔子之神，洋洋乎与尧、舜、文、武之配天相同。此子思之微词也，此应别有篇名。但子思明哲保身，不敢明著篇名，而接存于《中庸》篇之后，以授于传经之弟子门人耳”。认为《中庸》虽为子思所作，但应由两部分构成，上篇以《中庸》名之，而下篇，由于“子思明哲保身，不敢明著篇名，而接存于《中庸》篇之后”，肯定子思作《中庸》。第五种是徐复观的观点，认为今本《中庸》以二十章为分界，也可以分为上下两篇（其分法与郭沂不同），指出：“上篇可以推定出于子思……下篇则是上篇思想的发展。它系出于子思之门人。”上下篇显然是两部不同的作品，被合为一篇是汉初《礼记》的编撰者戴圣。上篇主要影响了战国末期的荀子，而下篇则主要影响了战国中期的孟子。徐复观先生从思想发展史的角度详细论述了《中庸》分为上下两篇的理由以及《孟子》对《中庸》思想的继承和发展。今人梁涛、郭沂在梳理、总结、研究以往观点的基础上提出了一些自己的观点。梁涛认为，今本《中庸》以二十章为限，在思想主题、叙述方式等方面都存在着明显差异，应把《中庸》分为上下两篇：上篇包括第二章到第二十章前半段“所以行之者一也”止；下篇包括第一章、第二十章“凡事豫则立”之后。上篇以内敛、引述、回归传统等为特征，以引述孔子言论为主并做适当的发挥，下篇以阐发、超越、外倾为特征，以阐述自己的思想观点为主。故上篇可以《中庸》称之，下篇可以《诚明》称之。上下篇皆为子思所作，反映了子思思想发展的历程。郭沂则认为，今本《中庸》由两篇佚文构成，“一篇即本来的《中庸》，乃子思所记孔子言论；另一篇姑名之曰《天命》，乃子思著作。”并提出详尽理由以证明“今本《中庸》必在《孟子》之前”。可见，以上诸种观点存在的一个共同特征就是都承认《中庸》上下篇在文风、内容上存在着明显的不同。更有意思的是，按照目前这种篇目划分，自欧阳修、崔述、冯友兰以来对《中庸》一书提出的质疑全都在“二十章下”以后，而对“二十章上”以前的内容则没有提出疑义，从这里也可判定《中庸》上下篇在内容上存在着明显的差别[①]。鉴于以上比较分析，笔者似乎可以得出这样一个结论：《中庸》为战国初期的子思所作，尽管《中庸》在文体、文风上存在一定差距，但其所论之主题思想却具有前后一致性、连贯性，《中庸》上下篇语言风格、思想内涵的不同正是反映了子思思想发展的历程。其早期思想作品主要表现在《表记》《坊记》《缁衣》《唐虞之道》《性自命出》《穷达以时》《成之闻之》《鲁穆公问子思》《六德》《尊德义》及《中庸》上篇中，其晚期思想作品主要表现在《五行》及《中庸》下篇中。以下笔者将以以上确定的子思作品为依据，对子思的政治思想展开系统全面的阐述。

心性性命论的三重结构：自然、道德与政治层面

在心性性命论问题上，子思的思想弥补了孔、孟之间的学术断层和思想空白。对人性的探寻源于对人类自我认识的开始。从中国早期对人性的探讨看，孔子对人性的认识从感性实然的层面进入了理性本然的层面。但尽管如此，在孔子时代，性与天道还没有成为思想家们探讨的主要论题。到战国初期的子思时代，这一论题才开始为思想家们所关注，成为儒家思想最基本最

---

① 当然，还有人把《中庸》与《性自命出》相比较，认为《性自命出》在内容上也可以分上下两篇，上篇讨论“性”，而下篇则讨论“伪”。《中庸》在结构上与《性自命出》颇有相似之处，因此今本《中庸》并非是不相干的两篇，而只能是一篇。此种观点在此聊备一说。张岱年认为：“孔墨老都没有论心的话，第一个注重心的哲学家，当说是孟子。”（《中国哲学大纲》，中国社会科学出版社 1982 年版，第 233 页）牟宗三也认为：“孔子《论语》中未曾有心字，心的概念首先是由孟子创出的。”（《中国哲学的特质》，上海古籍出版社 1997 年版，第 67 页）因张、牟二人当时还没有看到子思的作品，故得出上述结论。现在看来，张、牟二人的结论是不准确的。

核心的重要问题之一。子思直接继承了孔子、曾子的思想传统，尤对心性问题给予关注，是儒家思想发展史上最早对心、性问题系统考察的思想家。[①]他从不同视角对人性与命、天、心、情等关系做了全面思考，使性呈现出一种多样性的形态，对孔子时代尚未做出解答的性与天道问题做了进一步的阐发，为《孟子》对性与天道关系的认识提供了深一层思考的基础和价值导向。子思的人性论介于孔子的人性论与孟子的人性论之间，上承孔子，下启孟子，使子思成为孔子与孟子思想之间重要的过渡环节和形态。孟子的人性思想正是在子思人性论的基础上形成和发展起来的。

子思的心性性命论思想主要保存在他的《性自命出》一文中，正如有的学者所指出的，“《性自命出》是迄今我们所见到的最早最完整的先秦心性论的篇章”，是早期儒家最重要的典籍之一。[②]子思在《性自命出》一开始就提出了“性自命出，命自天降，道始于情，情生于性”的命题，构建了一套严密的自天而命而性而情的框架。自殷周以来直至孔子，天是一切存在的终极价值依据和源头，千百年来人们的政治思维一直没有从根本上突破这一天命神学模式。天所表征的乃是一种主宰人类命运、能够赏善罚恶的人格力量。

① 对此问题也有不同的看法。陈鼓应先生同样以《性自命出》文本为据，推断出《性自命出》非早期儒家经典，而是受了道家《庄子》及《管子》四篇即《心术》上下、《白心》《内业》的影响，认为“《性自命出》作于《管子》四篇和荀子之间”。他说，《性自命出》“全篇以论性情为主，文中常将情与性对举，主题在于阐扬性情，与庄子学派‘任性命之情’相通”，“《性自命出》可以说是仅见的一篇古代尚情之作，这一文化遗产可惜未被后儒所继承，反而由道家而得以发展。”（《〈太一生水〉与〈性自命出〉发微》，参见《道家文化研究》十七辑）陈先生的观点在学界独树一帜，多有启迪。

② 有学者认为，从孔子的人性理论很难推导出孟子的性善理论，中间必有一过渡环节，而子思的人性学说恰好起到了中间桥梁的作用。在子思看来，人性秉受天命而生，天命乃人性之终极价值依据，天命具有普遍之善性，天命之善必然推导出人性之善，子思所言之性不但“已经蕴含了孟子所言的性善之性”，而且，“孟子称之为善性的仁义礼智四善端很有可能是《性自命出》篇之后发展出来。”（参见陈代波：《郭店楚简〈性自命出〉篇的人性论简析》，《东疆学刊》2000年第4期）对这种观点，有的学者提出了反对意见，认为子思所言之性，“便是与物性相区别的自然人性……这里毫无‘人性善’的道德说法。”（见李泽厚：《初读郭店竹简印象纪要》，《中国哲学》第21辑，第2～3页）

子思继承了殷周以来及孔子对天的理解，他所表述的“遇不遇，天也”；“大施诸其人，天也”；“君子治人伦以顺天德”；“有天有命，有物有名”等表明了他的“天”“命”与传统之天命观具有一脉相承的渊源关系。但子思与传统天命观念不同的是，他提出“性自命出，命自天降”的意义在于，它将性与天、命统一了起来，使性与天、命的隔绝变成了内在统一，使人们对社会人生的关注，由外在、超越层面转为对心性的关注，使心性成为人们讨论关注的重点，展示了儒家思想由外在而内在、由神学而人学、由客体而主体的逻辑架构，凸显了儒家向心性发展的一种致思趋向，为孟子尽心—知性—知天的心性论思想提供了必要的理论前提和基础，尤其是子思说的“未言而信，有美情者也；未教而民恒，性善者也”一段可以说直接启导了孟子的性善学说。

子思认为，性是一种喜怒哀悲好恶之气，是一种先天具有的禀赋，是与生俱来的，“喜怒哀悲之气，性也”“好恶，性也”。因为“凡有血气者，皆有喜有怒”，子思认为性的内容就是指喜怒哀悲好恶等自然情感；《语丛二》也把人的情感如爱、欲、喜、恶、慈、弱等视为性的内容。可见，子思对性的基本理解是把性看作人的自然本性。在人的自然层面上，子思认为，人性是与水、马、土地等所具有的特性一样，是与生俱来的自然属性，是人类最普遍的特征，即“四海之内，其性一也”。人性是生而俱有，四海皆一，并无高低贵贱之分。对人性的把握，可以推己及人，上可推至命与天道，下可溯之当行之人道，“察者出所以知己，知己所以知人，知人所以知命，知命而后知道，知道而后知行。”“知己而后知人，知人而后知礼，知礼而后知行。”子思对人性的基本态度直接源于孔子的“性相近”思想。孔子、子思的观点对后来的孟子、荀子影响甚大。孟子一再强调人皆有四善端之心，凡同类者，都具有相同的人性，荀子也极力主张尧舜与桀跖、君子之与小人，“其性一也”。显然与孔子、子思有内在的思想继承关系。

人性之为人性必然要受外在环境的影响而向外表现，非外物诱使不足以发其性，这种外在表现就是情。子思认为，喜怒哀悲之气，“及其见于外，则物取之也。”子思以钟磬喻性来说明这一问题，他认为，金石钟磬虽有发声之性，然非外力敲击不能发声；子思在《性自命出》中两次提到“情生于性”。按《语丛二》的说法，这些生于性之情大体有喜、愠、惧、慈、爱、恶、欲、知、乐、忧、怒等。由于外物环境之不同，“或动之，或逢之，或交之，或厉之，或绌之，或养之，或长之”，因此，人性便有不同形态之表现。从孔子到子思，为儒家的人性理论定下了基本的基调，为早期儒家的人性理论提供了一个广阔的思想空间，它向人们展示了这样一层含义：人性本身是不变性与可变性的统一，就人的自然本性而言，人性是一致的；就人性的外在表现而言，人性又是千差万别的，这样就为儒家所提倡的道德教化的可能性、必要性寻求到了最直接的理论依据。

既然人性本无差别，那么后天人性之善之恶是如何产生的？子思的人性论是否已内在地包含着人性之善端？我们知道，从孔子的人性学说并不能直接推导出人性本善的结论，子思作为孔子的继承者，一方面完全继承了孔子性相近的理论，这是子思与孔子相一致的方面。但子思又对孔子的理论进行了发挥和创新，这一发挥和创新主要表现在子思对孔子的习相远方面。也就是说，子思对孔子所表述的“习”进行了分解，并从两个层面予以具体化、清晰化：一是认为人性从“四海之内，其性一也”“善不善，性也”向“所善所不善，势也”“出性者，势也”的转化；由此引发的第二个问题就是，人性的外在表现必然表现为情、欲等以及在此基础上建构起来的礼乐制度是否与人性相一致或相背离。

子思提出的性究竟有没有善的端倪或萌芽？学术界还存在很大分歧[①]。子思在人性论上所倡扬的所谓“所善所不善，势也”“出性者，势也”与世硕主张的“性可以为善，可以为不善”的观点颇为相似，属于一种自然人性论的观点。他一方面是说性可以表现为善，也可以表现为不善；另一方面又认为，“所善所不善，势也”“出性者，势也”，使性成为善或不善的，则是外在的“势”，是指人身处于其中的环境、形势等，是人所不能抗拒的社会力量。子思将人性的善与不善归因于外在的“势”，显然不属于性善论，而属于自然人性论。[②]但是，子思并没有停留在自然人性论的层面，而是经历了“性可以为善，可以为不善”向人性善观念的转化过程，即由自然人性论向道德人性论方面的转化过程。而恰恰是这种转化，直接启导了孟子的人性善学说并最终成为孟子整个思想大厦的基础。从这一点来说，荀子把子思、孟子列为一派是十分有道理的。

那么，子思的自然人性论如何向道德人性论过渡？我们知道，在孔子的

---

① 众所周知，战国中期的孟子曾借公都子之口，把战国时期思想界对人性的观点主要归纳为三种，第一种是告子的观点，认为“性无善无不善”。第二种观点认为“性可以为善，可以为不善”，即人性兼有善恶。此处虽未明指何人所主张，但东汉王充认为此观点持有者为周人世硕。（世硕认为性“有善有恶，举人之善性，养而致之则善长；恶性，养而致之则恶长。”见刘盼遂：《论衡校释·本性篇》卷三，中华书局 1995 年版，第 132 ~133 页）第三种则明确规定“有性善，有性不善”（《孟子·告子上》）。可见，后两种观点皆主张人性有善有恶，区别在于：第二种虽主张人性兼有善恶，但人性可更易，故百姓处文武之世则性善，处幽厉之朝则性恶。第三种虽明确规定“有性善，有性不善”，但却认为性具有不可更易性，即使尧舜也未能改变象、瞽叟的恶性，即使纣也不能影响微子启、比干的善性。

② 笔者认为，有论者通过把天看作善性的根源，以“天命”来说明子思善性的形成，可能是受到宋明理学道德形而上学的影响，不一定符合子思思想的实际。因为宋明理学与先秦儒学虽然都重视天，都把天看作性的根源，但二者在理解方式上存在着很大差异。宋儒所说的天往往是指“理”或“天理”，它是世界的本质和原则，是形而上的本体，是普遍至善的。由这种“天”所“命”的性不是经验层面的气质之性，而是与“天”“理”同属于超越层面的义理之性。所以在宋明儒眼里，天理、心性本是一体，在“天”曰天理，在“人”为心性，“天人本无二，更不必言合。”在这种本体论的格局下，性即是理，自然是普遍至善的。而子思所论之天，意义含混，并不具有明显的道德含义，与宋明理学的天或天理不能同日而语。因此，由这种“天”所出之“性”，不论其与天统一与否，均不必然是一种善性。

思想体系中，孔子谈仁往往是从人的血缘亲情、心理情感、孝悌等道德情感方面入手，而这种反归人类最原始状态的方式就已经蕴含着把仁看作性的可能，孔子在其论仁的论述中，常常把仁看作内在的，如“其心三月不违仁”，“我欲仁，斯仁至矣”等。在这里，孔子还没有把仁与人性有机地结合起来。而人性的发展历程证明，不但人的自然情感是一种性，人的道德情感（仁或诚）也是一种性。人们在实践中感到无论是人的自然情感还是道德情感实际都发源于自我内部，因此，子思在把性看作喜、怒、哀、悲、好、恶的同时，又把性与仁、义、忠、信等联系了起来，具有了“性善”论的萌芽。子思指出，“恕，义之方也。义，敬之方也。敬，物之节也。笃，仁之方也。仁，性之方也。性或生之。忠，信之方也。信，情之方也。情出于性。”“爱类七，唯性爱为近仁。智类五，唯义道为近忠。恶类三，唯恶不仁为近义。”在这里，子思已经把仁看作“性之方”，表明他已试图将仁与性统一起来，在他看来，仁可能就是性。人的爱有七种，唯有发自性的爱为接近于仁。仁与前面的喜怒哀悲、好恶不同，它虽然也是一种情，但不是自然情感，而是道德情感，它具有辨别善恶是非曲直的能力，它所表达反映的是主体的意志和欲求。人具有了仁、义、忠、信之情或性，便不再是被动地接受外在的规范和支配，而表现为主体的价值自觉和自由。至此，子思已经基本完成了由自然人性论向道德人性论的过渡与转化。

在回答了子思人性论的第一个问题后，第二个问题就是，人性的外在展现必然表现为情、欲等以及在此基础上建构起来的礼乐制度是否与人性相一致或相背离。第二个问题可以说是第一个问题的延续。

子思对先秦儒家思想发展的重大贡献之一就是在心性论领域提出了“情”的范畴。我们知道，在孔子的思想体系里，情还没有成为一个常用的范畴①。

① “情”在《论语》中凡两见，《子路》篇：“上好信，则民莫敢不用情。”（见杨伯峻《论语译注》，中华书局 1980 年版，第 135 页）《子张》篇：“曾子曰：‘上失其道，民散久矣。如得其情，则哀矜而勿喜！’”（《论语译注》，第 203 页）

子思是最早把情纳入自己理论体系的思想家，他说：“道始于情，情生于性”“情出于性”。情是性的外显，情与性相为表里，所谓人性，就是指喜怒哀乐之情，也即《大戴礼记 · 文王官人》所谓“民有五性，喜怒欲惧忧也”；《荀子 · 正名》所谓“性之喜怒哀乐谓之情”。性表现出来就是喜怒哀乐之情，情发而中节即为情之和，这样，性与情就区别开来了。性生于情，情以性为根基为本原，性以情为显发为外用，这是对孔子心性理论的进一步拓展。子思所强调的情不但是指人的喜怒欲惧忧之情，是一种自然之情，更重要的是指忠、信、仁、爱等，是一种道德感情。他说：“凡人情为可悦也。苟以其情，虽过不恶；不以其情，虽难不贵。苟有其情，虽未之为，斯人信之矣。”这样，“情”作为儒家思想的一个重要范畴在子思思想中开始凸显出来。“情”在子思的思想体系中就成为由自然人性论向道德人性论过渡与转化的一个十分重要的概念，它同时兼有自然人性与道德人性的双重特征。正是顺应道德之情，衍生萌发了维系社会存在的一切礼仪制度，即子思所说“礼生于情”“礼因人之情而为之”。至此，子思已经在心性论领域向我们展现了一个天—命—性—情—礼（或乐）的基本图式。在这一基本图式中，性为连接天—命与情—礼（或乐）之中介，子思之重性于此也可见一斑。那么，由情所衍生的道德规范、道德教化、礼乐制度是否符合人的本性要求？在子思看来，由情所衍生的礼乐制度与人性是否相符有两种可能的情况：一种是相一致的情况，即“礼因人之情而为之”的路径；还有一种是相背离的情况，认为人情之外在展现皆因内在心性之发动而产生，但由于人的“用心不同”，人性作为血气之属，受外物之诱惑，还会产生异于、悖离人性的方面即衍生出欲望、愤恨与争斗，即所谓“欲生于性，虑生于欲，倍生于虑，争生于倍，党生于争”；还说：“恶生于性，怒生于恶，胜生于怒。”这种相一致或相背离的情况实际上就是对“凡有血气者，皆有喜有怒”命题的展开和说明。

正是由于道德规范、道德教化、礼乐制度存在与人性相一致或相背离的可能性，如何避免背离现象之发生从而使之相一致相契合便成为问题关键之所在。子思认为，“心”是解决这一问题的关键。在子思看来，人之本性在生命流行中表现为喜怒哀悲之情，而喜怒哀悲之情是通过目、耳、鼻、口、容、色表现在外的。“凡有血气者，皆有喜有怒，有慎有庄。其体有容，有色有声，有臭有味，有气有志。凡物有本有卯，有终有始。容色，目司也。声，耳司也。嗅，鼻司也。味，口司也。气，容司也。志，心司。”心司志，具有内在导向功能，在人的感觉器官中具有主宰性地位。“耳目鼻口手足六者，心之役也”。人之情若没有心的参与，就有可能偏离由性情而延展的正常轨道。“凡人虽有性，心亡奠志，待物而后作，待悦而后行，待习而后奠。”[①]心的这种“待物”“待悦”“待习”的特性，说明心在做出价值判断过程中具有举足轻重的作用。要使心不偏离顺应人性发展之正轨，就要“修心”，“修心”有两层含义：一是“求心”，一是“养心”。子思认为，任何后天的学习修为，都要从求心开始；求心不能有任何虚伪之举，否则难达目的。因为通过观察人的外在行为表现，就可以了解其内心的真实情况，这就是子思在《性自命出》中所说的：“凡学者求其心为难，从其所为，近得之矣，不如以乐之速也。虽能其事，不能其心，不贵。求其心有伪也，弗得之矣。人之不能以伪也，可知也。其过十举，其心必在焉。察其见者，情安失哉？”关于“养心”，子思在《尊德义》中还说：“尊仁、亲忠、敬庄、归礼，行矣而无违，养心于子凉，忠信日益而不自知也。”通过“求心”“养心”，最后达到正心之目的。即曾子在《大学》中所阐述的“所谓修身在正其心者，身有所忿懥，则不得其正；有所恐惧，则不得其正；有所好乐，则不得其正；有所忧患，则不得其正。心不在焉，视而不见，听而不闻，食而不知其味。此谓修身在

① 《性自命出》，《郭店楚墓竹简》，文物出版社 1998 年版，第 179 页。《乐记》中有一段相类似的话可相参佐：“人生而静，天之性也；感于物而动，性之欲也。物至知知，然后好恶形焉。好恶无节于内，知诱于外，不能反躬，天理灭矣。夫物之感人无穷，而人之好恶无节，则是物至而人化物也。人化物也者，灭天理而穷人欲者也。”

正其心。”可见，修心、正心的目的都是使心不受外界环境的影响和干扰，顺应人性之本然，通过心的“待物”“待悦”“待习”的过程，最终达到“立志”的要求，从而保证建构在人性、人情基础上的道德规范、道德教化、礼乐制度等具有合理合法性并成为衡量善恶是非曲直的价值标尺和规范人们思想行为的价值准则。但是，必须指明的是，子思认为，作为衡量善恶是非曲直的价值标尺和规范人们思想行为的价值准则的道德规范、礼乐制度尽管出自人性人情，其制作者乃圣人之所为，体现了最高的道，其施行则须待有德者为之，若无此，则道必不能行，即所谓“文武之政，布在方策。其人存，则其政存；其人亡，则其政息”。在子思看来，建构一个严格的社会伦常等级制度是十分必要的。在这一等级结构中，圣人是一切道德原则、一切制度规定的创立者，而这些道德原则的实施及政治制度的遵循、落实，都以圣人为最终推动力量和价值源头，在这一点上，子思的思想意识仍没有超越儒家固有的政治思维框架。子思的心性性命论所表现出来的三重结构特征成为孟子修身养性之道、宋明理学内部陆王心学的思想来源之一。

正身与正世：儒家德治主义理想的进一步阐释

（一）内求诸己的自省意识和道德意识

内求诸己是孔子、曾子一再强调的一种反观自我的方法，孔子提出了“君子求诸己，小人求诸人”“不患人之不己知，患不知人也”“为仁由己”等强调道德修养的主张，强调了认识自我的重要性；曾子也提出了“吾日三省吾身”的反观自我的道德要求，主张从各方面对自己的德行修养进行全面反省。从孔子开始，就已经把反观自我、道德自觉作为儒家思想的一项重要内容。子思在继承孔子、曾子反观自我、道德自觉的基础上，提出了一套系统的“君子求之于己”的道德修养观，成为子思政治思想学说中重要的组成部分，成为儒家政治思想建构的重要理论基石之一。

子思内求诸己的重要特征之一就是自省意识。他提出了“求之于己为恒”“君子之求诸己也深”等强调反观自我、内求于己的命题，并认为这是一条恒常的政治原则。若君子在行为过程中不求诸己而求诸他，就是舍本逐末，就难以达到治国安邦之目的，因而子思强调“穷源反本者之贵”，反对“不求诸其本而攻诸其末”，把求己作为本源来对待。求诸己的观念作为一条重要的思想线索贯穿在子思不同时期的作品中。他在《性自命出》中提出了“闻道反己，修身者也”；在《穷达以时》中提出了“君子惇于反己”；在《成之闻之》中提出了“言慎求之于己，而可以至顺天常矣”及“求诸己”“反诸己”等修身命题。“求于己”作为一种道德反省自觉能力是子思政治思想的中间环节，是对其人性理论的逻辑延伸，是沟通其人性理论与外界万物的桥梁和中介，具有内沟外联的中介功能。此一桥梁和中介可沿两条路径与外沟通：一条是通过察己、察人之性，达到察知天命的目的，即“知己所以知人，知人所以知命”“求之于己，而可以至顺天常矣。”此一层面对孟子影响甚大；另一条是与知礼知行相联结，即“反诸己而可以知人。是故欲人之爱己也，则必先爱人；欲人之敬己也，则必先敬人”，“知己而后知人，知人而后知礼，知礼而后知行”。子思的“求诸己”思想反映到其后期作品《中庸》中，则被进一步表述为“正心诚意”，这是子思道德修养思想的进一步具体化、清晰化。

子思内求诸己的另一重要特征就是道德意识。求诸己并不是一种孤立的行为，它在道德领域的表现就是修身。但这不是说自省意识与道德意识是分离的、不相干的，而是合一的、内聚的，也可以说，它们是一个问题的两个层面，只是看问题的角度不同而已。子思指出，修身是实现自身高尚道德的重要前提。“闻道反己，修身者也。”个人在修身过程中，不要为外在环境条件和自身的穷达际遇所动摇，君子修身修己，完善自身的道德，并进而增强自身道德修养的自觉性和主动性。汉代思想家徐干在其著作《中论·贵验》篇中，曾引子思曰：“谁谓华岱之不高，江汉之不长与？君子修德，亦高而长之，将何患矣？故求己而不求诸人，非自强也，见其所存之富耳。”可见，修己修身是子思政治思想的最重要特征之一。子思还认为，修己修身应以“五达道”和“三达德”为价值标尺和行为规范准则。他说：“君臣也，父子也，夫妇也，昆弟也，朋友之交也；五者天下之达道也。知、仁、勇三者，天下之达德也。”通过修己修身树立一个人崇高的远大志向，“君子高其行，则人莫能阶也；远其志，则人莫能及也。礼接于人，人不敢慢；辞交于人，人不敢侮。其唯高远乎？”子思把内求于己与道德修养统一起来的思想，不仅是对孔子、曾子求己之学的理论深化，也为孟子反求诸己的思维路径做了很好的理论铺垫。孟子也非常重视反省自我，他对求诸己做了非常浅显的比喻，“仁者如射：射者正己而后发；发而不中，不怨胜己者，反求诸己而已矣。”

子思提出的内求诸己不但是一种社会普遍的道德要求，更主要是针对为政者的道德要求而言的，有其鲜明的政治目的。子思认为，作为国家政权的管理者，为政者首先要“正其身”“求之于己”，时常省察反观自己的德行，加强自身的道德修养，以为天下之表率。子思说：“尊德义，明乎民伦，可以为君”“为古率民向方者，唯德可”“故君子之立民也，身服善以先之，敬慎以守之，其所在者人矣。”治理民众应以先民、导民为行善、敬慎之前提，若“行不信而命不从，信不著则言不乐。”为政者还必须具有高尚的道德人格，“忠积则可亲也，信积则可信也。忠信积而民弗亲信者，未之有也。”子思所主张的积忠信与孔子所主张的“主忠信”可谓一脉相承、丝丝相连。没有子思，孟子的许多思想来源就无法得到合理的诠释。

（二）正身与正世：儒家德治主义理想的进一步阐释

子思并不是单纯提倡修身、正身，其目的一是通过修身、正身规范、约束为政者的思想行为，二是通过修身、正身达到治国平天下的政治理想目的。周公、孔子提出的为政以德的德治主义治国思想开启了修己以安人、修己以安百姓的修身与治国平天下的路向，奠定了儒家德治理论的基础。子思在此基础上提出了“必正其身，然后正世，圣道备也”的思想命题，把正身与正世结合起来，正身的目的是正世，对周公、孔子的德治思想在新的历史环境下做出了新的阐释。

子思强调个人道德品质在政治生活中的地位与作用，把“修身”作为齐家治国平天下之根本。“知所以修身，则知所以治人；知所以治人，则知所以治天下国家矣。”并把修身作为治理国家九种法则中的起点，即：“修身也，尊贤也，亲亲也，敬大臣也，体群臣也，子庶民也，来百工也，柔远人也，怀诸侯也。修身则道立，尊贤则不惑，亲亲则诸父昆弟不怨，敬大臣则不眩，体群臣则士之报礼重，子庶民则百姓劝，来百工则财用足，柔远人则四方归之，怀诸侯则天下畏之。”修身是治己，其余八项内容为治人。治人是治己的延伸，治己是治人的起点。一切道德、政治行为都以修身为基本出发点。子思认为，要达到治国平天下的目的，还要处理好两方面的社会关系，一是人伦关系，在人伦关系中尤以君臣关系为重；二是社会关系，在社会关系中尤以君民关系为重。子思继承了殷周以来重视宗法血缘伦理道德的特点，对传统的道德条目进行了系统整理，对君臣、父子、夫妇、昆弟、朋友之间的亲疏关系进行了说明，把君、臣、父、子、夫、妇“六位”与圣、智、仁、义、忠、信“六德”相匹配，提出了德位相称的伦理价值观。所谓六德就是指“圣，智也，仁，义也，忠，信也”。六德与六位的对应关系是：义—君，忠—臣，智—夫，信—妇，圣—父，仁—子，这种规定把外在社会关系中的人伦同相应的德性品质加以沟通，形成了一套较为规范完整的道德规范体系。

在此道德规范体系及人伦系统中，内外亲疏之分井然有序，即：“仁，内也，义，外也。礼乐，共也。内立父、子、夫也，外立君、臣、妇也。”区分的结果就是血亲伦理重于社会政治伦理，这种区分反映了亲亲、尊尊原则在子思思想中的不同地位。子思认为，义为君德，忠为臣德，智为夫德，信为妇德，圣为父德，仁为子德，并特别强调父、子、夫在伦理道德关系中的地位，主张“为父绝君，不为君绝父；为昆弟绝妻，不为妻绝昆弟；为宗族杀朋友，不为朋友杀宗族”的观点。从子思提出的德位相称的伦理价值观中，最重要的思想表现有两个方面：一是提出了“为父绝君，不为君绝父”的观点，认为君权不是绝对的，子思在回答鲁穆公问“何如而可谓忠臣”时，提出了“恒称其君之恶者，可谓忠臣矣”。[①]他认为，只有那些能够纠正国君过错的臣僚，才是真正的忠臣。二是直接开启了孟子民贵君轻思想的先河。如果说孔子在君民关系上还是持君贵民轻的话，那么，子思已经具有了明显的重民轻君意识，成为了孟子民贵君轻思想的最直接思想来源。在君民关系上，子思也提出了以民为本的爱民、重民思想。他把君民关系比喻为心体关系，指出“民以君为心，君以民为体。心好则体安之，君好则民欲之。故心以体法，君以民亡”；“凡动民必顺民心”。从民对君的制约及君对民的依存关系出发，强调民的重要地位与作用。孟子在此基础上，得出了“民贵君轻”的政治结论，达到了先秦儒家民本思想发展的最高峰。子思的这一比喻与后来荀子的君舟民水之喻也具有共同的价值指向，都在于劝戒为政者要体恤民力，以民为本，从而达到国治民安的政治目的。可见，儒家政治思想在由孔子到孟子的思想演进过程中，子思思想发挥了承上启下、承前启后的中间纽带作用。

---

①《鲁穆公问子思》。有一种说法认为，《鲁穆公问子思》中的“子思”是指孔子的弟子原宪（字子思）。据《史记·仲尼弟子列传》的记载和《孔子家语》等古书中的有关材料，原宪生于公元前515年，而鲁穆公在公元前407年左右即位，其时，原宪已为百岁之人了。据说，原宪以安贫乐道闻于世，孔子死后，他不求仕禄，隐居于卫国草泽之中。因此，《鲁穆公问子思》中的“子思”与原宪当无关。

子思还十分注重对民众的道德教化作用，在礼乐与刑罚关系问题上，子思持二者并重的态度，“作礼乐，制刑法，教此民尔，使之有向也，非圣智者莫之能也。”把礼乐与刑法共同作为教民治国之策[①]，强调道德优先原则是儒家思想一以贯之的价值理念。子思对当时正在上升的法家思想在继承的基础上发展了孔子的道德优先原则，认为礼乐优于刑法，“知礼然后知刑”；但是应当指出的是，西周以来规定的“礼不下庶人，刑不上大夫”同样是儒家遵循的一条基本原则，在刑与礼的适用范围上，子思还提出了“刑不隶于君子，礼不隶于小人”的命题，礼、刑适用原则一脉相承。“为政者教导之取先。教以礼，则民果以劲；教以乐，则民弗德争将……先之以德，则民进善焉。”“君子之于教也，其导民也不寖（深），则其淳也弗深矣。是故亡（无）乎其身而存乎其辞，虽厚其命，民弗从之矣。是故威服刑罚之屡行也，由上之弗身也。……古之用民者，求之于己为恒，行不信则命不从，信不著则言不乐。民不从上之命，不信其言，而能念德者，未之有也。故君子之莅民也，身服善以先之，敬慎以守之，其所在者入矣。上苟身服之，民必有甚焉者。……上不以其道，民之从之也难。是以民可敬导也，而不可掩也；可御也，而不可牵也。”“圣人比其会而论会之，观其先后而逆顺之，体其义而节度之，理其情而出入之，然后复以教。教所以生德于中者也。”一切要从教化的角度出发，教化能使民心服膺，使民不至有犯上作乱之举动，“君子之于教也，其导民也不浸，则其淳也弗深矣。”若教化不足以解决现实的社会矛盾时，则必须辅之于刑法，刑法是不得已而为之的事情。在子思看来，礼乐与刑罚有很大的不同，“长民者教之以德，齐之以礼，则民有欢心；教之以政，齐之以刑，则民有免心。”以德礼教民还是以政刑教民，是两种截然不同的

---

① 孔子时代，“法”尚未从“刑”中完全分化独立出来，随着战国时期法家思想的形成及发展，“法”逐渐取得了独立的发展地位。法家之“法”除了从“礼”中分化独立出来以外，还有一部分是从“刑”中分化独立出来。

对待民众的方法，对民要采取“可敬导”“可御”“可道”的方式，而摒弃“不可掩”“不可牵”“不可强”的方式。只有以德教化民众，民众才会自然而然地向“善”的方面转化，即“先人以德，则民进善焉”。子思坚决反对滥用刑罚，认为滥用刑罚不但不能使民众心服，而且还适得其反；若采取礼乐教化的方式对民众进行教化，则民众必然会心悦诚服，从而达到“虞夏之治”的理想社会效果。子思进一步指出，教化的根本在于孝悌，“孝悌为教化之本”，在教化的原则问题上，子思与孔子一脉相承。子思认为，“教民始于孝弟”。“男女不别，父子不亲；父子不亲，君臣无义。是故先王之教民也，始于孝弟。”子思以孝悌为本，目的还是在于维护血缘宗族关系至高无上的地位。

对尧舜禅让说的论证：终极政治理想的实现途径

如果说子思的心性性命学说构筑了从孔子到孟子心性理论的桥梁的话，那么，建构在其心性性命学说基础上的政治理论学说更是成为孔孟之间不可或缺的重要环节。子思在《唐虞之道》[①]中主要阐述了两方面的内容：一为禅让说，二为爱亲尊贤说。所谓唐虞之道就是在尊贤思想基础上的禅让之道。子思所阐述的禅让学说与爱亲尊贤思想是其政治思想的重要组成部分。所谓“禅让”，是指以尧舜禅让为政权转移模式的一种传说[②]。自《尚书·尧典》

---

①《唐虞之道》成书于约公元前 5 世纪中期偏晚，就其内容而言，这篇作品实与孔孟前后相承。有学者认为，孟子本人应该看到过这篇文章（包括郭店其他一些儒简）。（参见《光明日报》之“学术动态”，1998 年 6 月 19 日）

② 郭沫若、钱穆、徐旭生等人则把禅让理解为一种“选举制度”。（郭文、钱文见《古史辨》七（下），上海古籍出版社 1982 年版。徐文见《文史》第三十九辑，中华书局 1994 年版）

《论语·尧曰》等记载尧舜禅让传说以来[①]，认为尧舜禅让之事作为一种流传久远的权力转移模式及历史存在，不但流行于殷周以来的思想界，并为思想家们所认同所接受，而且还是思想家们用来支持阐述自己政治观点的一个重要论据。子思作为孔子之后儒家思想的重要代表人物也同样禀持了这一观点[②]。子思专门撰写了《唐虞之道》以盛赞尊贤禅让的“唐虞之道”。如果说《尚

---

① 《尚书·尧典》记载说：“帝曰：‘咨！四岳。朕在位七十载，汝能庸命，巽朕位？’岳曰：‘否德忝帝位。’曰：‘明明扬侧陋。’师锡帝曰：‘有鳏在下，曰虞舜。’帝曰：‘俞，予闻，如何？’岳曰：‘瞽子，父顽，母嚚，象傲，克谐以孝，烝烝，不格奸。’帝曰：‘我其试哉。’”（顾宝田等：《尚书译注》，吉林文史出版社 1995 年版，第 8 页）《论语》中也有两处提到传尧舜选贤禅让之事：一是在《尧曰》篇：“尧曰：‘咨，尔舜！天之历数在尔躬，允执其中。四海困穷，天禄永终。’舜亦以命禹。”一是在《颜渊》篇：“舜有天下，选于众，举皋陶。”故康有为曾揭示“禅让”的意义说：“公天下者莫如尧舜，选贤能以禅让，太平大同之民主也”（《孟子微·总论》）；“孔子最尊禅让，故特托尧舜。”（《康南海先生口说·孔子改制二》）

② 也就是说，战国前期对尧舜禅让之事并未见疑义，自战国中期以后，特别是公元前 316—公元前 314 年燕国禅让事件失败后（关于公元前 316—公元前 314 年燕王哙禅位于其相子之，并镇压太子平的反抗，最后因齐宣王武装干涉而失败的过程（详见《战国策·燕策》《战国策·齐策》《孟子·公孙丑下》《史记·燕世家》，中山国铜器铭（徐中舒主编：《殷周金文集录》，四川人民出版社 1984 年版，第 370 ~ 390 页）以及杨宽《战国史》（增订本）上海人民出版社 1998 年版，第 174 ~ 175 页）。君主专制制度逐渐巩固和加强，各家各派都开始对尧舜禅让之事持保留、怀疑甚至批判的态度，至孟子、荀子，已对尧舜禅让之说迥然异于孔子、子思，采取了根本否定的态度。孟子认为天下不属于天子，因而无所谓禅让，“万章曰：‘尧以天下与舜，有诸？’孟子曰：‘否！天子不能以天下与人’”（《孟子·万章上》）；荀子从性恶设定出发同样否定有禅让之事。他在《正论》中曾列举了当时社会上存在的七种世俗之见，认为其中一种就是所谓尧舜禅让的说法。荀子说：“‘尧舜擅（禅）让。’是不然：天子者，势位至尊，无敌于天下，夫有谁与让矣！……曰：‘死而擅之。’是又不然。……曰：老衰而擅。是又不然。……故曰：诸侯有老，天子无老。有擅国，无擅天下，古今一也。夫曰尧舜擅让，是虚言也，是浅者之传、陋者之说也。”（见王杰等：《荀子注释》，华夏出版社 2001 年版，第 253 ~ 255 页）可见，尧舜禅让之说在战国时代仍具有相当大的影响力。据此，有学者指出，荀子所抨击的“也许正是批评《唐虞之道》的主张。”（参见王博：《关于〈唐虞之道〉的几个问题》，《中国哲学史》1999 年第 2 期）诸子中对尧舜禅让之事抨击最为激烈的是韩非。《韩非子·忠孝》：“尧舜汤武，或反君臣之义，乱后世之教也。尧为人君，而君其臣；舜为人臣，而臣其君。……此天下所以至今不治者也。”其《说疑》引述云：“舜逼尧，禹逼舜，汤放桀，武王伐纣，此四王者，人臣而弑其君者也。”《古本竹书纪年》亦云：“昔尧德衰，为舜所囚。”“舜囚尧，复偃塞丹朱，使不与父母相见。”（方诗铭等：《古本竹书纪年辑证》，上海古籍出版社 1981 年版，第 63、65 页）完全颠覆了传统的说法。

书·尧典》最早记载了尧舜禅让的古史传说，那么，子思所著的《唐虞之道》则是一篇最早从理论层面阐述“尧舜禅让”说的专论。《唐虞之道》紧紧围绕着禅让这一中心议题而展开，并对仁、义、孝、悌、圣、德、亲、贤、天、命等概念进行了解析，构成了较为完整的思想体系。

子思认为，在尧舜时代，存在着两种根本对立的制度即禅（禅让）与传（世袭），而唐虞时代的突出特点则是“禅（擅）而不传”。“尧舜之王，利天下而弗利也。禅（擅）而不传，圣之盛也；利天下而弗利也，仁之至也。故昔贤仁圣者如此。身穷不贪，没而弗利，穷仁也。必正其身，然后正世，圣道备矣。故唐虞之道，禅也。”在子思看来，尧舜时期实行的禅让制度不但是“利天下而弗利”的行为，更是“圣之盛也”“仁之至也”，对历史上的禅让制度给予了高度的赞誉和评价。子思不但盛赞尧舜禅让之事，同时对尧舜的个人道德修养及人格魅力做了正面阐述，指出尧舜都是躬行禅让之道的圣仁之君，具有不忧不骄的高尚品行及“正其身，然后正世”的修身治国情怀。子思在《礼记·表记》中也表达了同样的观点，他说：“君天下，生无私，死不厚其子，子民如父母，有憯怛之爱，有忠利之教；亲而尊”，与《唐虞之道》所表述的“爱天下之民”具有相同的思想旨趣。子思希望通过赞扬尧舜关心民生疾苦、重自身道德修养、仁义兼重等以劝戒诸侯国君要以尧舜为道德楷模，如此才能获得民众的拥戴和支持。子思盛赞尧舜禅让之说并非出自单纯追述历史的目的，而是具有鲜明的政治目的，也就是说，他的政治理论与其先辈一样，同样是为现实政治服务的。因此，为了揭示禅让说的真实合理性，子思从不同角度、不同层面对禅让说进行了论证和说明。

1. 年老致政（仕）说。年老致政（仕）之说是战国初期在政治制度领域官僚制取代世卿世禄制的反映，子思把年老致政（仕）作为其禅让说的重要内容之一。子思指出，当天子年轻力壮、耳聪目明时，天子（君主）具有管理国家事务的绝对权力；一旦天子四肢倦惰、年老体衰时，已无力管理好国家事务，此时就不应再占据天子之位，而应主动让位于贤者，以便使国家机器能够平稳有效地运转。“古者圣人二十而冠，三十而有家，五十而治天下，七十而致政。四肢倦惰，耳目聪明衰，禅天下而授贤，退而养其生。”尧舜禅让就是一段流传千古的佳话。子思提出的年老致政（仕）的观点作为先秦时期最重要的政治思想命题之一，具有极其重要的思想价值，这一思想见解为先秦思想所罕见，可谓先秦儒家政治思想最有价值的结论之一。它与禅让说相参佐，在战国初期各诸侯国相互残杀、争夺，君主专制制度日渐明朗的情况下，年老致政（仕）说从一个侧面弥补了君主专制制度的缺陷与不足。尽管这一见解带有极强的政治空想色彩，但仍不啻为对中国古代政治制度及政权移交制度的一种探索，就是在当今仍具有其鲜明的现实政治意义。

2. 爱亲尊贤说。子思继承了西周以来的血亲宗法制思想并有所发展，他突破了血亲制的束缚与局限，并适应了当时重贤尊贤的社会时尚，把爱亲、尊贤与禅让有机地结合起来，作为实行禅让制的重要内容，并指出这是实现利天下目的的重要保证。子思把“尧舜之行”概括为“爱亲尊贤”，爱亲是尊贤的起点和动力，尊贤是爱亲的扩展和结果，而尊贤的目的就是“爱天下之民”。[①] 没有爱民的精神，就不可能真正尊贤；不能真正尊贤，就不可能实

① 关于“爱亲”与“尊贤”，子思思想经历了一个发展过程。《唐虞之道》所谓“尧舜之行，爱亲尊贤。爱亲故孝，尊贤故禅。……孝，仁之冕也；禅，义之至也。六帝兴于古，咸由此也。爱亲忘贤，仁而未义；尊贤遗亲，义而未仁也”与《中庸》所谓“仁者，人也，亲亲为大。义也，宜也，尊贤为大。亲亲之杀，尊贤之等，礼所生也”显然都表明了子思对“爱亲”与“尊贤”的重视。不同的是，《唐虞之道》在并举“爱亲”与“尊贤”时，将“爱亲”列于“尊贤”之前，遵循了由“爱亲”而“尊贤”的顺序，“故其（指舜）为瞽叟子也，甚孝；及其为尧臣也，甚忠；尧禅天下而授之，南面而王天下，而甚君。”（《唐虞之道》）由孝而忠的顺序不能颠倒。此一时期子思的“爱亲尊贤”思想更近于孔子“亲亲尊尊”的原旨，而《中庸》在这一问题上将其顺序进行了颠倒，将“尊贤”置于“亲亲”之前，如《韩非子·难三》记载说，“鲁穆公问于子思曰：‘吾闻庞𫄧氏之子不孝，其行奚如？’子思对曰：‘君子尊贤以崇德，举善以观民。若夫过行，是细人之所识也，臣不知也。’”可见，在治国平天下的策略方面，在《唐虞之道》与《中庸》之间存在一种价值观念上的转换：由“爱亲”向“尊贤”的转换。从这一点也表明了战国初期由爱亲向尊贤、由亲亲向贤贤的价值变迁与转化，同时也表征着子思思想发展演变的心路历程。

现“禅而不传”的理想，“不禅而能化民者，自生民未之有也。”

3. 仁内义外说。在孔子的政治思想体系中，尚未详细划分出仁、义之间确切范围，孔子对义的论述也很少，义往往与利相并举。孔子之后，对仁、义之间关系的阐述成为各家共同关注的问题之一[①]。子思在对仁予以重视的同时，把义的地位突出了出来，在子思的思想体系中，仁与义已经上升为一对重要的概念范畴[②]。仁所表征的以血缘关系为基本特征的亲亲之爱与宗法社会的存在相始终；而义所表征的则主要是血缘关系之外的如君臣之间的伦理关系。子思不但将仁义并举，如：“智而安之，仁也；智而行之，义也。”[③]“简，义之方也，匿，仁之方也；刚，义之方也，柔，仁之方也。”“仁为可亲也；义为可尊也。”“爱善之谓仁，仁义为之臬，备之谓圣。”“亲父子，和大臣……非仁义者莫之能也。”义获得了与仁同等的地位；而且还主张仁义兼重，“……孝，仁之冕也；禅，义之至也。六帝兴于古，咸由此也。爱亲忘贤，仁而未义；尊贤遗亲，义而未仁也”。爱亲为仁，尊贤为义，“爱亲忘贤，仁而未义；尊贤遗亲，义而未仁也”与《礼记·表记》所谓“厚于仁者薄于义，亲而不尊；厚于义者薄于仁，尊而不亲”意蕴若合符节；《唐虞之道》的“爱亲尊贤”思想与楚简《五行》所谓“其等尊贤，义也”及帛书《五行》所谓“贵贵而后尊贤，义也”在价值理念上如出一辙；《唐虞之道》

① 如《管子·戒》所谓“仁从中出，义从外作”；《墨子·经下》所谓“仁义之为内外也”；《孟子·告子上》引告子言论“仁，内也，非外也；义，外也，非内也”等。

② 在孔子思想体系中，义尚未上升为与仁具有同等重要地位的概念，这从“仁”字 109 见而“义”字仅 24 见即可见其一斑。而在子思的作品中，义字出现的频率超过了 60 次，并首次上升为与仁具有同等价值，同等地位的概念，以至于孟子在继承子思仁义思想的基础上，将仁义对举，《孟子》中，“仁”字出现 157 次，“义”字也上升到 108 次之多（杨伯峻：《孟子译注》，中华书局 2008 年版，第 356、448 页），并被列为儒家“五伦”之中，成为儒家思想的核心内容之一。不仅如此，孟子还将仁、义之端都视为人与生俱来的先天禀赋，纳入其心性论体系，反映了儒家对“义”的探索日益深化之势，在理论上实为一重要发展。

③《五行》，丁四新认为，“《五行》的学派归属可能有二，一是思孟学派，为《子思子》之一篇，已为多数学者认同。另一个意见，……很可能是世子（即周人世硕）之作。”（见丁四新：《郭店楚墓竹简思想研究》，东方出版社 2000 年版，第 167 页）此取前说。

倡导的爱亲为仁，尊贤为义，仁义兼重与《中庸》所谓“仁者人也，亲亲为大；义者宜也，尊贤为大”在价值趋向上也归于一途。子思主张仁义并举、仁义兼重，其思想实质就在于在维护传统血缘关系的基础上又肯定现存社会政治制度的合理性，使孔子在强调仁、礼关系的基础上又萌发出另一辅助性的仁、义发展线索[①]。

子思虽然强调仁义并举、仁义兼重，但在子思看来，仁是更重要更内在的，而义则具有外在的裁断功能。子思用仁内义外来表述这一观点。《六德》篇云：“仁，内也，义，外也”；《语丛一》云：“仁生于人，义生于道。或生于内，或生于外”；“智（知）而安之，仁也；安而行之，义也”；“仁为可新（亲）也；义为可尊也”；“非仁义者莫之能也”。“恶之而不可非者，达于义者也。非之而不可恶者，笃于仁者也。”子思还主张以外在之义来裁断内在之仁，在这一点上，子思与春秋战国时期对义的理解相吻合[②]。子思主张的仁义并举、仁义兼重以及仁内义外说，其目的都是与其主张的爱亲尊贤沟通联系起来，是阐明尧舜禅让说及爱亲尊贤的关系。但有趣的是，这一观点与孟子所批判的告子的观点完全一致，而孟子对待两人的态度却截然不同，其中原因尚不得而知。但它却启示我们一个道理：在思想发展的历程中，没有纯而又纯的思想，

---

① 孔子思想中仁、义尚未分化，仍属道德序列。孔子说：“君子之于天下也，无适也，无莫也，义之与比”（《论语·里仁》）；“务民之义，敬鬼神而远之，可谓知矣”（《论语·雍也》）。其所谓义，主要是指合乎事物发展之规则条理，孟子所继承的主要是子思所确定的仁、义线索，而荀子所继承的则主要是孔子所确定的仁、礼线索。礼、义作为一种外在的价值规范在含义上具有相同的功能和作用，区别在于：礼的功能与作用更广泛，更具有外在规范约束性，与法几乎具有相同的功效，它更侧重于制度的层面；而义相对来说则与仁处于同一序列，与礼的刚性相比，较为软性一些，它主要偏重于道德的层面。

② 以义来裁断、规范、约束仁是春秋战国时期对义的功能的一般性理解。《国语》“所制能义。”（《国语·周语下》）韦昭注义为“所以制断事宜也”。《礼运》一文也提出了“义者，艺之分，仁之节也。协于艺，讲于仁，得之者强，仁者，义之本也，顺之体也，得之者尊。”关于这句话的含义，清孙希旦诠释为“事之处于外者，以义为分限之宜；心之发于内者，以义为品节之度……一以义为之裁断焉。”（《礼记集解·礼运》卷二十一）

各种思想观念是相互借鉴、相互影响的，这是一条永恒的思想真理。

如果按照子思对仁内义外的界定，仁、义本该有很明确的范围和各自的智能。但到孟子，针对告子主张的仁内义外理论（在这一点上，告子与子思的主张是完全一致的），孟子又在心理层面重新消弭了仁、义之间的界限，使义的外在倾向性由此中断，又重新折回到与仁同一层面的境地。孟子认为，义与仁一样，皆由内心所引发，因此，义之发端即是羞恶之心，“仁义礼智根于心”，义与仁一样，先天地存在于人心中，于是，在子思作为外在规范裁断之义在孟子那里已经转化为内在之义，转化为一种内在的道德情感。义成为君子先天固有的道德准则。因此，儒家的仁、义思想发展到孟子，完全走上了一条内倾型的路子，在孟子那里，仁、义不再具有内外之分，而是有了层次高低之分。他提出了“居仁由义……仁，人之安宅也；义，人之正路也”的主张，在生命与义发生矛盾冲突、不可兼得时，孟子坚决主张“舍生而取义”，义被孟子赋予了极高的道德内涵和道德标准。对仁义的探讨，至荀子又发生了重大变化。在对待仁义关系问题上，荀子与子思所遵循的是同一路径。荀子不仅强调仁义之分，而且极重义的外在裁决调节作用，主张“义者循礼”。从另一个侧面发展了子思强调义的外在规范性价值。

子思在其著作《唐虞之道》中盛赞尧舜禅让，并把爱亲尊贤、仁内义外等与禅让说结合起来，突出了禅让说的伦理、政治功能；子思把尧舜禅让设计为一种理想美好的政治制度，一种终极的理想政治目标。从当时的情况看，子思对禅让制的肯定有其一定的进步意义。

构建以“诚”为核心的道德思想体系

子思的心性性命思想及正己正世思想为我们准确诠释孔孟思想的变迁与过渡提供了有力的佐证，为孔子思想的延续与孟子思想的形成做了必要的思想铺垫。但是，真正能够体现、弘扬孔子思想精髓并使之成为中国政治思想文化重要组成部分的则主要保存在子思的晚期作品《中庸》下篇里。因此，本节将对中庸内涵的转化及其训释，天命、人性与道以及以“诚”为核心的道德修养论和尊德性、道问学与慎其独四个方面予以分疏与阐释。

（一）中庸内涵的转化及其训释

中庸的“中”字最早出现于《尚书·大禹谟》，“庸”字最早出现于《尚书·皋陶谟》。孔子则最早把“中”和“庸”这两个字结合起来，并从道德层面及方法论层面赋予其新的含义①。孔子时代所提倡的中庸最初是作为封建伦理道德和道德修养的方法提出来的，随着时间的推移逐渐发展为儒家关于个体人格的修养方法和基本原则，它是德行的重要实现手段。比如，“子曰：‘吾有知乎哉？无知也。有鄙夫问于我，空空如也。我叩其两端而竭焉。’”孔子以叩其两端、执其两端作为中和而适度的认识方法，这是孔子时代中庸一词的最基本含义。中庸一词的另一基本含义就是“过犹不及”，“子贡问：师与商也孰贤？子曰：师也过，商也不及。曰：然则师愈与？子曰：过犹不及。”迨及战国初期，社会结构发生了巨大变化，中庸一词的内涵也发生了某些改变。子思继承了孔子的思想，认为人的喜怒哀乐未发之前的状态就是“中”，当人的喜怒哀乐发之内体之于外时，则有可能出现偏差，在这一点上，子思与孔子同；但如何纠正这一偏差，子思与孔子有了明显分歧：孔子只是指出为人处事过与不及都不好，唯有中庸恰到好处最为适宜，而子思则以一“节”字来限制来规范，指出人的喜怒哀乐发而皆中节便是“和”，便是中庸不偏不易的状态。要做到中庸不偏不易，就须依据时代发展之需要，以确定适宜之规范原则，以达到“时中”之要求。更进一步，“中”不但是

① 就道德层面而言，孔子说：“中庸之为德也，其至矣乎！民鲜久矣。”（《论语·雍也》）就方法论层面而言，孔子在回答子贡问师与商孰贤时说：“师也过，商也不及”“过犹不及”。（《论语·先进》）

人的喜怒哀乐未发之前的状态，而且还是“天下之大本”；“和”不但是人的喜怒哀乐发而皆中节、中庸不偏不易的状态，而且还是“天下之达道”。这样，子思就把中庸分解为“中”“和”两部分，核心是一个“中”字。“中”作为客观存在的主观情感是属于未发的状态；“和”是个体在把内心情感付诸实践后能以适度的方法来加以处理。“中和”表现的是“中庸”的核心概念“中”“体用”两个层面。显露出子思为儒家提倡的伦理道德寻求一种本体论证明的价值趋向，是对孔子“中庸”思想的一个发展。

为了进一步了解“中庸”一词的本义，我们来看看历史上几位著名经学家以及思想大师对中庸的训释。汉代著名经学家郑玄认为：“名曰‘中庸’者，以其记中和之为用也。庸，用也。”在这里，郑玄释“中庸”为“中和之为用”，颇得《中庸》之本义。中庸即用中，就是在现实行为中，一切思想行为都要符合“中”的原则。中庸是由“中”——一种内在道德伦理状态以及“和”——一种实践中的和谐状态——这两部分组成，是理论和实践的有机结合。程颐解释“中庸”说：“不偏之谓中，不易之谓庸。中者天下之正道，庸者天下之定理。”朱熹解释中庸说：“中者，不偏不倚、无过不及之名。庸，平常也。”程、朱对“中”的解释较为相似，都释作适度、有节制的运用实践。而对“庸”，程颐认为是“不易之理”，是永远不可改变的天理准则；而朱子却认为“庸”表明的是“常”“平常”，是易为人们所理解的道理。

以上是笔者对中庸内涵的转化以及历代经学思想大师对中庸内涵的训释所做的说明，下面将对《中庸》中所反映的思想内容做进一步的阐释。

（二）天命、人性与道

朱熹在《中庸章句序》中以“人心惟危，道心惟微，惟精惟一，允执厥中”这四句话来概括《中庸》一书的要义，宋儒把这四句话称作“十六字心传”，意为古圣贤心心相传之道。《中庸》的思想结构可分为四部分：首章论中和，次论中庸、忠恕之道，最后论修身及诚。

《中庸》反映的是子思成熟时期的思想。其起首三句“天命之谓性，率性之谓道，修道之谓教”与《性自命出》所阐述的主题有着密切的继承关系，是对《性自命出》思想的继承和发展。其后孟子、荀子等皆谈性与天道，当是子思影响之所及。《中庸》前几章着重强调了天命、人性与道之间的内在关系。《中庸》在开篇就提出了一系列重要命题：“天命之谓性，率性之谓道，修道之谓教。道也者，不可须臾离也；可离非道也。”唐孔颖达疏曰：“天本无体，亦无言语之命，但人感自然而生，有贤愚吉凶，若天之付命遣使之然，故云天命。”二程、朱熹对这段话也有详细的解释。总的看来，所谓天命是指自然规律赋予人们的行为法则，这一行为法则体现在人身上就是人性，按照人性之要求去行事，便是道。子思试图通过对性、命与道的关系来阐释道德非外强加于人，而有其内在的客观依据。这几句话主要强调中庸之道的由来是和性命相联系的，性命的内在自觉体验就是道。但子思把人性归之于天命，以天命为人性之价值本源，认为任何人皆处于五伦关系之中，必须遵循伦理道德。道既然为天命、人性之必然，是一切之终极根源，所以人们对道不可有丝毫的违背，违背了就必然会招致殃祸。子思这一思想直接是对传统儒家天命人道观的继承。

子思还认为，中庸之道时刻体现在人们的日常活动中，人们每时每刻都在体验着这种天生的、自发的中庸之道，对道的修养便是教化的开始。而道所规定的性、天命并不完全取决于原来是什么，而是取决于个体如何去表现道，如何去施行道、修为道。这样一来自发而自觉的中庸之道就可以顺理成章地施行了。子思引用孔子的话说：“道之不行也，我知之矣，知者过之，愚者不及也；道之不明也，我知之矣，贤者过之，不肖者不及也。”这里所讲的道就是指天命所当然。“道之不行”的原因就是因为过和不及两个方面，从语义上理解就是，过和不及都没有把握好中和之度。子思还列举三个例子来说明如何施行道：一是舜。“子曰：舜其大知也与！舜好问而好察迩言，隐恶而扬善，执其两端，用其中于民”。二是颜回。“回之为人也，择乎中庸，得一善，则拳拳服膺而弗失之矣。”三是子路。当子路问强时，孔子教育子路作为君子应该“和而不流，强哉矫！中立而不倚，强哉矫！国有道，不变塞焉，强哉矫！国无道，至死不变，强哉矫！”

《中庸》列举的三位贤人都是以“中庸”之道作为自己行为之准则，舜以中庸之道治国，颜回以中庸之道修身，子路以中庸之道事君。可以说，“中庸之道”能够应用于社会生活的各个方面，儒家所提倡的修身、齐家、治国、平天下都可以以“中庸之道”作为指南。

“中庸之道”即中正不偏、经常可行之道，在个体如何实现“中庸之道”的问题上，子思以自我内在修为为主作为“修身”的根本途径，“为政在人，取人以身，修身以道，修道以仁”。修身的具体内容是仁、义、礼、智等，中庸之道从夫妇开始，推及天地万物，“君子之道，造端乎夫妇；及其至也，察乎天地”。要掌握中庸之道并不是一件容易的事情，往往是愚者、不肖者失之于不及，而贤者、智者失之于太过。

实际上，从伦理道德的角度讲，中庸是一种伦理原则，是对人们思想、情感方面的原则性约束。从实践性的社会角度讲，中庸又是一种人与人之间互动的方式方法，具体体现为日常各种事务中的实践活动。正因为这种无处不在的渗透性与广泛性，中庸之道才如此深刻地影响着中国人民的生活，成为社会政治、经济、文化生活的指导原则。

（三）以“诚”为核心的道德修养论

子思与孔子、曾子一样，也把修身作为治国平天下的根本。他把《大学》中所论及的道德修养八个基本步骤中的“诚意”一项予以凸显，构建了一套以“诚”为核心的道德修养体系。

子思把诚划分为天道之诚与人道之诚，然后又讲它们之间的统一性问题。关于天道之诚，子思提出了“诚者，天之道也”的命题。朱熹对“诚”的解释是：“诚者，真实无妄之谓，天理之本然也。”子思认为，诚作为一种客观规律性的反映是最本质、最重要的事物发展运行的规定性。既然天道之诚作为天理之本然成为人性的价值本源，人性本之于天道，因此，他逻辑地推导出了“诚之者，人之道也”的命题。朱熹注释说：“诚之者，未能真实无妄，而欲其真实无妄之谓，人事之当然也。”这里我们看出诚所包含的两层含义：天道之诚是就其本体论意义而言的，是喻指自然界生生不息的规律及自然万物存在的终极根源；人道之诚是就其道德意义而言的，表明一种人性趋善之可能。子思赋予诚以本体论和道德论的双重含义，通过诚在天道与人道之间的关系把天、人联系到一起并在诚的基础上统一起来。从这一点上来讲，诚是天、人合一的关键点，没有诚，既无法认识和体察天之道，也无法认识和把握人之道。①

天地因诚而成就万事万物，人因诚而可以立足于现实社会之中。子思又解释说：“诚者，自成也，而道自道也。诚者物之终始，不诚无物。”“故至诚无息。不息则久，久则徵，徵则悠远，悠远则博厚，博厚则高明。博厚，所以载物也；……悠久，所以成物也。”子思进一步解释诚的本体性特点，诚的理论性特质被说成是可以产生万事万物的独立实体，它就是自己本身，自身以外的东西都是自我力量的延伸或表现，也就是诚的表现。一方面，以此论

① 有学者也指出，由于受宋明理学思想的影响，人们往往从本体与工夫的角度看待“诚者”与“诚之者”的关系，把“诚者”看作形而上的本体，而把“诚之者”看作发明此本体的后天实践活动，结果造成理解上的偏差。其实，“诚者”和“诚之者”是指两种不同的实践能力和方法，并没有什么形而上、形而下的区别。“诚者，天之道”是说“诚”不借后天的努力和思考而自然表现出来，也即“诚者不勉而中，不思而得，从容中道”，它是先天自然的，故说“天之道”；而“诚之者，人之道”是说经过对“善”的学习和掌握而发明内在的“诚”，它是后天人为的，需要一个学习实践的过程。“诚者，天之道；诚之者，人之道”与“自诚明，谓之性；自明诚，谓之教”二者思想是一致的，均是对“率性之谓道，修道之谓教”的解释和阐发。

诚的价值就体现为它既是一切事物的本原，又是产生这一结果的过程。另一方面，把人从诚所产生的万物中分离出来，人与万物间必须经历诚的阶段才能达到认识和掌握自然的目的。心物关系上的推崇诚，显然是为了适应人们的道德修养和道德实践。“成己，仁也；成物，知也。”由天道之诚说到人之心与物的关系，由“尽人之性”到“尽物之性”到“与天地参”，理论上的推理充分显示出儒家宣扬的以诚完成天人合一境界的道路是不容怀疑的。

以上说明了诚在本体论层面上的体现，但子思讲诚最终是要落实到人，涉及实践主体的道德问题。子思认为，修身是人生之出发点，要修身便要处理好五种人伦关系，同时具备知、仁、勇三种品行，要修身就要先做到诚身，那么，怎样才能做到诚身呢？子思指出，“诚身有道，不明乎善，不诚乎身矣。”可见，诚身的内涵就是一个“善”字，就是一个如何明善、如何行善的问题。《易传·系辞上》中所谓“继之者，善也，成之者，性也”说的就是这个意思。在有关诚的论述中，我们还可以感受到由本体论意义上的诚推导引申至伦理意义上道德主体对诚的运用。子思还说：“唯天下至诚，为能尽其性；……尽人之性；……能尽物之性”就是一个体现。针对这一点，子思按照天道之诚为人道之诚描绘出了一条修养的路径：“自诚明，谓之性；自明诚，谓之教。诚则明矣，明则诚矣。”朱熹说：“先明乎善，而后能实其善者，贤人之学。由教而入者也，人道也。诚则无不明矣，明则可以至诚矣。”通过明诚的方式也就是教育、学习的方式来具体地把诚运用到实际生活中，这就是最高境界诚之道人格化的体现，那种看起来不可捉摸的天道之诚通过为善、行善、择善而固行的转化过程就可以实现诚。通过这种方式，主体的人道与本体的天道之间因明诚而融为一体，最终达到天人合一的理想境界。

既然诚如此重要，那么它在现实社会生活中具有怎样的地位和作用？诚是修心尽性、与天地参的重要手段。至诚不但可以化物，“诚则形，形则著，著则明，明则动，动则变，变则化，唯天下至诚为能化。”而且可以育物，“唯天下至诚，为能尽其性；能尽其性，则能尽人之性；能尽人之性，则能尽物之性；能尽物之性，则可以赞天地之化育；则可以与天地参矣。”对这段话，朱熹有一段详细的注释，至诚发挥到最高阶段，就能达到尽人、物之性，就能实现赞天地之化育、与天地参的理想境界。诚还是成己、成人的必要条件。一系列不断学习的过程便可以使自身明白事物的道理，内心的这种修为过程达到一定程度就会成就自己，同时也能促使别人发生改变，这种成己、成人都需要以诚作为实现手段，由此可见，诚在社会生活中的重要性。子思还指出：“至诚之道，可以前知。国家将兴，必有祯祥；国家将亡，必有妖孽。见乎蓍龟，动乎四体。祸福将至：善，必先知之；不善，必先知之。故至诚如神。”诚在治理国家，预知社会发展方面会发生神奇的作用。运用至诚观察和判断事物就能做到客观准确，从而保证实际事功的顺利完成。最后，诚还是个人道德修为的重要原则。“诚者自成也，而道自道也。诚者物之终始，不诚无物。是故君子诚之为贵。”这里强调的是君子有诚则可以达到成己、成物的境界，在内心树立起诚的信念，将它扩充至四方，这些都是无所不在的至诚所带来的结果。因此，至诚之道的运用全在于道德主体的不断修为，真正做到了至诚，所有的问题都会迎刃而解。有了诚的信念，才能不断致力于道德的修养，使自身道德修养达到一种感人化物的崇高境界。没有坚定的道德信念和道德意志，就不会有真正的道德修养和道德锻炼，因此，子思一再强调诚作为道德信念和道德意志在道德修养过程中的重要作用，这是子思以诚为核心的道德修养体系所要达到的最终目的。

（四）尊德性、道问学与慎其独

尊德性、道问学与慎其独是子思着重阐述的修养途径和方法，而诚则是贯穿这一修养途径和方法的价值核心。子思说：“故君子尊德性而道问学，致广大而尽精微，极高明而道中庸，温故而知新，敦厚以崇礼。”朱熹称之为

“入德之方”。对于尊德性，孔颖达疏曰：“尊德性者，为君子贤人尊敬此圣人道德之性，自然至诚也。”朱熹注曰：“尊德性，所以存心而极乎道体之大也。道问学，所以致知而尽乎道体之细也。二者修德凝道之大端也。……盖非存心无以致知，而存心者又不可以不致知。”按照朱熹的说法，尊德性就是“所以存心”，是一种反省内求的修养方法，是要人们奉守自己先天具有的善的禀性。如果说尊德性是“存心”，是一种对先天之善的持守，是一种自我道德修养的方法，那么，道问学就是一种后天实践修为的方法。道问学强调的是通过后天的学习之道来弘扬先天之善性。实际上，尊德性与道问学是两种不同的思维模式，它们对人类思想的发展和思维水平的提高都产生过十分重要的作用和影响。尊德性与道问学成为宋明理学内部理学派与心学派争论的主要焦点之一。

那么，作为后天实践修为方法的道问学的具体步骤是怎样的？子思提出了如下五项具体的“问学之法”：“博学之，审问之，慎思之，明辨之，笃行之。”后简称为学、问、思、辨、行。朱熹认为，这是学习修身的五个具体条目，他又把五者分为两步，博学、审问、慎思、明辨是“择善”的过程，而笃行则是“固执而为”的过程。这样一来，学、问、思、辨、行也就成为诚意的具体步骤了。朱熹引程子语曰：“五者废其一，非学也。”子思还指出，要实现理想人格必须经历后天的学习过程，不可浅尝辄止，半途而废，“有弗学，学之弗能弗措也；有弗问，问之弗知弗措也；有弗思，思之弗得弗措也；有弗辨，辨之弗明弗措也；有弗行，行之弗笃弗措也。”在这里，弗措就是“不放弃”的意思。只要能坚持下去，持之以恒，做到“人一能之己百之，人十能之己千之”，“果能此道矣”，最终就会达到“虽愚必明，虽柔必强”的理想目标，这一切都与诚的支持和参与，与诚的精神贯穿其中有着密切的联系。

最后谈慎独。慎独也是子思政治思想的重要组成部分之一，子思把慎独纳入自己的思想体系中。他说：“道也者，不可须臾离也；可离非道也。是故君子戒慎乎其所不睹，恐惧乎其所不闻。莫见乎隐，莫显乎微，故君子慎其独也。”子思在这里着重强调了慎独的重要性和必要性，但没有详细论述这一方法。朱熹对这一段话有非常详细的注释，有助于我们理解慎独在《中庸》文本中的本意。实际上，子思所谓的慎独是一种道德自律和内圣之道的主要方式，作为一种具体的道德修养方法，它强调人的道德自觉性，它要求道德主体在进行理想人格的修为过程中注重克服自己的欲望，约束自己的行为，从而树立良好的自我形象。这种道德自觉性使诚的精神无处不在，始终指导个体的道德修为，这种内在修为的慎独所指向的主要是隐、微之事，如果能在这些小的事情上以诚的态度行事，就可以实现道，道德主体就在诚的指导下实现了自我人格的突破与完善。

子思以内圣之修养论为主要内容，阐述了诚在内圣之道中的关键作用，说明了诚之内涵、意义、实践方法等一系列修养问题，它不仅在理论上支持了儒家理想人格的修养论，而且从实践上给人的道德修为以指导。子思重视对道德修养具体途径和方法的探究，并强调它们在现实生活中的运用。从这一点来看，子思对儒家思想的发展及民族性格的形成都产生了重要影响；同时，子思所倡导的对道德修养理论的研究以及对现实生活的指导，对人们高尚道德情操的培养以及人们坚韧不拔的道德意志的磨炼，都具有十分重要的理论意义和现实意义，从而使子思的思想成为从孔子到孟子之间最重要的过渡环节之一。正是由于有了子思思想的过渡与铺垫，才有了其后孟子思想的博大精深，也才使孟子思想在充分借鉴孔子、曾子、子思思想的基础上完成了儒家思想发展的一个阶段。

第十二讲

超凡入圣

——孟子的自我道德修养及理想人格塑造

孟子的政治理想是实现仁政王道，实现仁政王道的主体是君主，君主德行的好坏有赖于君主的道德修养，道德修养决定了君主之为君主而非为暴君。在这一系统中，最终起决定作用的是君主的道德操守、个人品行，于是，孟子把一切构筑在了道德修养及理想人格的塑造上[①]。

修身、修心与道德修养

孟子主张性善论，同时又强调四善端根于心，他以先天具有的善念来激发唤起人们潜意识中善的本性，极力促使人们通过主体自身的道德修养来达到改造自我的目的。他说："爱人不亲，反其仁；治人不治，反其智；礼人不答，反其敬。行有不得者皆反求诸己，其身正而天下归之。""求诸己""自反""身正"都是对自我道德修养所提出的要求。一个人一方面要身系天下、有所作为，另一方面又要修心养性、独善其身，"得志，泽加于民；不得志，修身见于世。穷则独善其身，达则兼善天下。"要端正别人的言行和德性，就必须首先端正自己的言行和德性；如果不端正自己，那就无法端正别人，更遑论匡正整个天下。"枉己者，未有能直人者也。""吾未闻枉己而正人者也，况辱己以正天下者乎？""有大人者，正己而物正者也。"可见，一切要从自

① 孟子对理想人格（圣人）的塑造并不排除只要一般人通过修身养性皆可为尧舜，皆可成为理想人格这一事实，因为圣人与人皆具有相同的善性。但孟子的真实意图是，理想人格（圣人）作为道德修养的极致是对现实君主的升华与超越，如果说人人皆可为尧舜是一理想化的途径，那么，君主通过修身、修心等工夫便可成为理想人格（圣人）的表征与化身则是一条现实的途径。孟子试图打通君主与理想人格（圣人）之间的通道。

我内部寻找原因。内因乃外因之前提，这与孔子所谓“我欲仁、斯仁至矣”有异曲同工之妙。孟子这种扩大自我主观努力而不过分关注外界事物的行为，实际上是独善其身的开始，也是注重“修心”的表现之一。“孟子曰：人有恒言，皆曰，‘天下国家’。天下之本在国，国之本在家，家之本在身。”“修其身而天下平。”修身为治天下的开始，孟子所谓的修身主要是指道德主体的修为，是提高和完善自我价值的一种主观能动行为，修身之要重在修心；修身又是齐家、治国的根本，这样一来，修心同时也成了外在事功的基础。这种通过修身、齐家、治国、平天下来达到改造社会的目的，反过来又以平天下、治国、齐家、修身来达到改造人的目的。这两种不同的流程或修心路线实际是一个完整而统一的内在修养循环系统，是“内圣”或“内在超越”的完全体现，由此也可见孟子与曾子、子思思想之间在内在思维理论上的内在继承关系。

为了实现通过自我道德修养达到治天下的理想目标，孟子突出强调了心在这一过程中的绝对重要性。尽心不但可以知性，而且可以知天之本然。故孟子又说：“君子所以异于人者，以其存心也。君子以仁存心，以礼存心。……其自反而仁矣，自反而有礼矣。”仁、礼皆存于心，出于心，说明心在理想人格的实现，在具体行为的施行上都具有十分重要的实践意义。孟子还从人与动物的区别上阐释心的重要性，他认为，一个人若没有恻隐、羞恶、辞让、是非之心，就不能算作是人，而是“非人也”。孟子的修心学说成为他改造人、改造社会、治理国家的重要途径和手段，也成为与其性善学说互相发明、互相补充的重要内容。孟子不仅从正面论述了修心的重要性，而且也从反面论证了修心对于一个人的道德修养是极为关键的。孟子举例说：“富岁，子弟多赖；凶岁，子弟多暴，非天之降才尔殊也，其所以陷溺其心者然也。”非才资禀赋之不同，主要是“陷溺其心”使然，这就从反面证实了修心的重要性。

节欲寡欲与存心养性

战国时期诸侯争霸及连年不断的战争，造成了极端险恶的政治环境及人们道德意识的沦丧，孟子试图通过自己认定的方式来解决当时的社会矛盾冲突和人们的道德问题：一是采取间接手段，即通过游说诸侯国君的方式宣扬其“仁政”学说，但孟子的“仁政”学说与现实之间存在尖锐的矛盾冲突，没有君主敢在弱肉强食的战争年代施行这种温和的治国策略。二是采取直接手段即通过强化自身道德修养的方式来达到这个目的。孟子认为，一个人在道德修养过程中，首先面临的是人的感性欲望与道德理性的关系。人性虽善，但受物欲影响多了，便可以趋于恶。因此，要完善自我的道德修养，很重要的一个方面就是要节欲、寡欲。他告诫梁惠王，如果想实现“辟土地，朝秦、楚，莅中国而抚四夷”的“大欲”，就必须节制自己的甘肥轻暖、声色犬马之欲，然后“发政施仁，使天下仕者皆欲立于王之朝，耕者皆欲耕于王之野，商贾皆欲藏于王之市，行旅皆欲出于王之涂”。只有这样才能实现“王天下”的政治目标。孟子的这一主张有其现实的合理性，他反对人们对物欲的过度索取，而试图使人们对物欲的追求限制在一种适度的道德范围内，“养心莫善于寡欲。其为人也寡欲，虽有不存焉者，寡矣；其为人也多欲，虽有存焉者，寡矣。”孟子主张“节欲”“寡欲”，但并不否认人有欲望，相反，在某种程度上，他还认为人的欲望正是人伦道德的基本出发点。当人的欲望与人的道德理性发生矛盾冲突时，应当合理地以外在的“礼义”和内在的“仁”来限制人的欲望，孟子的这一理论主张与荀子通过以外在之礼仪限制和规范人之欲望有许多相似之处。孟子倡导的节欲、寡欲并不是目的，而是其“存心养性”的一种方法和手段[①]。孟子认为，人的道德修养的好坏及修养境界的高低，都是由自身所决定的，如果只追求生理层面的自我满足，就难以发掘内在之善性，就难以成为道德之君子。他说：“人之于身也，兼所爱。兼所爱，则兼所养也。无尺寸之肤不爱焉，则无尺寸之肤不养焉。所以考其善不善者，岂有他哉？于己取之而已矣。体有贵贱，有大小。无以小害大，无以贱害贵。养其小者为小人，养其大者为大人。”“饮食之人，则人贱之矣，为其养小以失大也。”要成为道德君子，首先要“立乎其大”，培养自己的理想人格，做到“穷不失义，达不离道”“穷则独善其身，达则兼济天下”“富贵不能淫，贫贱不能移，威武不能屈”“志士不忘在沟壑，勇士不忘丧其元”，立志做一个以天下为己任、追求道德完善的人，只有这样，才能真正实现自我道德价值。

孟子在其政治思想体系中对“心”给予了极大关注，同时特别重视“气”在个体道德修养过程中的重要指导作用，这既是他对孔子思想的发展，又是其政治思想体系的逻辑推展。孟子从人的道德普遍性原则出发，为人的道德修养的可能性提出了一系列内在要求。孟子沿着子思开启的重心的内在思维路径，以心为价值支撑点，提出了尽心、知性、知天的道德修养路径，目的是能够充分调动、激发人们的主观能动性，促使人们以积极的心态去提高道德修养的境界。孟子的这一理论特征对后世仁人志士所奉行的积极向上的人生价值目标具有深远的影响，构成了中华民族崇尚民族气节、坚持正义、具

① 孟子所谓“存心养性”具体表现在两个方面：一是所谓“养心”，二是所谓“养气”。所谓“养心”就是“求其放心”（《孟子·告子上》），而“求其放心”就是扩充人固有的道德善端，使受外部环境和物欲影响而几近泯灭的善性得以复归。在孟子看来，“物欲”有害于“养心”，“养心”就要远离“物欲”，做到“寡欲”。在“养心”的同时，还要“养气”。所谓“养气”就是“养吾浩然之气”（《孟子·公孙丑上》），而“吾养浩然之气”就是道德主体用“心”去认识自我、提高自我道德价值的一种至大至刚、无所畏惧的道德精神力量和主观精神。通过“心”的向外扩充，使“浩然之气”充塞宇宙天地间。孟子还指出，“养气”要与“义”和“道”相结合，缺乏“义”和“道”的“气”是不完备的，这样他就把“养气”与行仁义的道德践履联系到一起了。

有顽强的民族凝聚力和凛然不可侵犯的民族性格。

理想人格的培养与塑造

追求人生价值和人生目标的实现，追求完美崇高的理想人格境界，一直是儒家学者所孜孜以求的重要课题。[①] 早在春秋晚期，孔子就已经提出并确立了"如何成为圣人"的理想人格标准，但并没有提出具体可行的路径和方法。[②] 孟子则一改孔子的圣人形象，认为圣人并不是高不可攀、遥不可及的，圣人是一个开放的、可预知的理想人格，是人人通过修身努力即可达到的理

① 不唯儒家，先秦诸子皆重圣贤人格的塑造与设计，皆有大量论及圣人的言论，随举数例，如《墨子·兼爱上》："圣人以治天下为事者也。"《管子·正世》："圣人者，明于治乱之道，司于人事之终始者也。"《韩非子·奸劫弑臣》："圣人者，审于是非之实，察于治乱之情也。故其治国也，正明法，陈严刑，将以救群生之乱，去天下之祸。"《荀子·解蔽》："圣也者，尽伦者也；王也者，尽制者也，两者尽，足以为天下极矣。"《荀子·哀公》："大圣者，知通乎大道，应变而不穷，辨乎万物之情性者也。"《荀子·正论》："圣人备道全美者也，是悬天下之权称也"等等。

② 从字源学上看，"圣"字最初并无崇高、神圣之意，只是一种普通称谓，指人的聪明、能干，王引之在《经义述闻》卷二十中指出，"圣为明德之通称，不专指大圣。""圣人"也是指明德多知的人。社会的发展，需要在道德领域确立一个至高无上的理想人格，这一道德理想人格具有人类所有的优点和能力，是对现实社会的超越，是一种理想"化身"，是理论家们虚构出来的一个理想化的"理念"。这一化身确立以后，又反过来教化天下，成为社会制度和一切规范的制定者和执行者。也就是说，"圣人"首先要具备两个要素：一是要修己安人，具有崇高的德行；二是要博施济众，安邦治国。孔子一方面认为圣在价值层面上高于仁，是最高的理想人格，是道德理想主义的化身；另一方面，他又认为，正因为圣具有十分崇高的理想境界，并非人人都可轻而易举地达到，即使尧舜是如此。孔子本人就清醒地意识到："圣人，吾不得而见之矣；得见君子者，斯可矣。"（《论语·述而》）这样一来，在孔子那里，圣人理想便成为一种源于现实又高于现实可望而不可即的理想人格。孟子则以"圣"作为其圣贤人格的核心（据杨伯峻《孟子译注》称，《孟子》一书，"圣"字凡 47 见），认为圣人是"人伦之至也"（《孟子·离娄上》）；"百世之师也"（《孟子·尽心下》）；"大而化之之谓圣，圣而不可知之之谓神"。牟宗三指出："在现实世界里，是不可能有圣人的，因为某人纵使在现实世界里最受推崇，一旦他自称为圣人，自命到达最高境界，那么他的境界便不是最高的，所以已不可算是圣人了。圣人的产生，必由于后人的推崇，便是这个道理。"（见牟宗三：《中国哲学的特质》，上海古籍出版社 1997 年版，第 26 ~ 27 页）

想境界和理想标准。孟子有时也把历史上的“三皇五帝”称作圣人，但他并不认为圣人有什么神秘性可言，而是强调圣人与人属于同一类别，具有相同的生理本能特征，具有其内在的统一性，尧舜之所以伟大，就在于他们是人类本性的最突出的代表。“舜，人也；我，亦人也。”正因为人性皆善，圣人之性与常人之性具有内在统一性，一般人如果都能修养自身之善性，按照尧舜的行为做就可以达到圣贤理想的境界，这就构成了普通人走向圣贤人格、达到圣贤境界的桥梁，拉近了圣人与人之间的距离，使普通人也能感受到通向圣人之路的可操作性。在孟子看来，圣人不过是把平常的“仁义礼智”发挥到了极致而已，不过是对“善”的思想扩大发挥到了极致而已。在追求圣贤人格的同时，孟子还强调独立人格的崇高价值，提倡一种以天下兴亡为己任、大义凛然、刚健有力的大丈夫精神。他还说：“生亦我所欲，所欲有甚于生者，故不为苟得也；死亦我所恶，所恶有甚于死者，故患有所不辟也。……非独贤者有是心也，人皆有之，贤者能勿丧耳。”孟子有时以“天民”或“大人”来指称圣人，“有天民者，达可行于天下而后行之者也；有大人者，正己而物正者也。”孟子把圣人分为不同的类型，认为伯夷是“圣之清者”，伊尹是“圣之任者”，柳下惠是“圣之和者”，孔子是“圣之时者”。还认为圣人有六种不同的表现形态，“可欲之谓善，有诸己之谓信，充实之谓美，充实而有光辉之谓大，大而化之之谓圣，圣而不可知之之谓神。”“圣”崇高神圣且能感化万众，“神”则是“圣”之理想境界。孟子还把一些成就十分突出的政治家、军事家也视为圣人，这样一来，孟子思想中的圣人形象就显得亲近可感，他的关于圣贤人格的理论也就更具有感染力和说服力，这就给更多的人以积极的推动和价值的引导，使他们在道德追求上有了更为明确具体的奋斗目标。

孟子在其理想人格系统中，还区分了贤者和君子两个层次。一般来说，孟子所认为的贤者多是从政治层面来理解的；而君子则是从社会伦理的角度来阐述的，当然这只是为叙述的方便而做的区分，其实，儒家思想的政治伦理化与伦理政治化特征本身就说明了这种区分是很困难的。如孟子认为“微子、微仲、王子比干、箕子、鬲——皆贤人也。”“贵德而尊士，贤者在位，能者在职。”“国君进贤……左右皆曰贤，未可也。”这里所讲的“贤者”“能者”是指品德高尚而又有才能的人，这些人是国家的栋梁之材，对社会有很大的感召力和影响力。这是孟子在政治层面上对“贤者”“能者”的表述。至于君子，孟子则更多是从伦理层面来论述这个问题。孟子首先从君子与小人的对比中来说明君子的个性，如：“君子犯义，小人犯刑”“君子之德，风也；小人之德，草也”“古之君子，过则改之；今之君子，过则顺之。”“君子之泽五世而斩，小人之泽五世而斩。”这样就使人们对君子如何进行道德修养、如何在社会生活中采取积极的生活态度产生了明确的概念，在这一点上，孟子和孔子是比较一致的。但在对君子如何进行修为的问题上，孟子改变了孔子思想中的某些结论。他说：“君子所以异于人者，以其存心也。君子以仁存心，以礼存心。……则君子必自反也。”从自我内部来寻找施行“仁义”的原因，而不是向外部去探寻其根由，实际上这正是孔子“君子反求诸己”思想的再体现。如果一个人以“自反”的态度在实际生活中施行“仁义”，“非礼无为也，非礼无行也”，那么这个人也就达到了君子的要求。有时，孟子所说的君子就是指圣人，他说：“君子所过者化，所存者神，上下与天地同流，岂曰小补之哉？”这是说圣人所过之处，人们都受到他的精神的感化，其精神可与天地同辉，与日月同行。中国古代的仁人志士无不以“君子”的标准来要求自己，在实际生活中塑造自己的人格，由孔子所倡导、孟子所发挥的关于理想人格的思想，对中华民族及中国文化都产生了极其深远的影响。儒家所设定的理想人格是历史留给我们的一笔极为宝贵的财富，值得我们在反思和传承中国传统政治文化时认真地加以继承借鉴和发扬光大。

第十三讲

孟子政治哲学中的六大理论辨题

众所周知，春秋末期的孔子虽已提出了一系列的伦理、政治概念和命题，但大多还是语录式的断语，且言简意赅、语焉不详，尚未展开系统的论述。孟子在继承孔子及其后学如曾子、子思政治思想的基础上，对孔子及其后学的思想进行了系统概括和总结，对中国儒学史上不可回避的几个重大理论辨题，即人禽之辨、义利之辨、王霸之辨、夷夏之辨、君主一夫之辨和天下国家之辨重点进行了阐释，这些辨题不但是儒者同时也是当时思想家们最为关注、讨论最为激烈的热点焦点问题。可以说，孟子的整个政治哲学体系正是围绕这六大理论辨题而得以展开和阐发的。

人禽之辨

人与禽兽的本质区别何在？与孟子同时的告子提出了性无善无不善的人性理论，并进而提出了“生之谓性”“食色，性也”等命题，认为饮食男女就是人的自然本性的体现。但是，告子把自然属性归之于人的本性从根本上说是错误的，因为他混淆了人的社会性与自然性的差别，混淆了人性与动物性的差别。如果以人的自然属性来说明人的本质，那么，人就不是一种社会的存在，而只是一种自然性、动物性的存在。正如马克思所说：吃、喝、生殖等等，固然也是真正的人的机能。但是，如果加以抽象，使这些机能脱离人的其他活动领域并成为最后的和唯一的终极目的，那它们就是动物的机能。而人之所以为人，人之所以区别于动物，并不在于人的自然性，而在于人的社会性。在这个问题上，孟子批判了告子的人性自然说，立足于人的社会属性来认识人的本性。他认为，自然属性为人禽所共有，并非区分人禽的特征，若人只满足于“饱食、暖衣，逸居而无教，则近于禽兽”。在孟子看来，“无父无君”的杨朱、墨翟以及蔑视礼义者都是一些“近于禽兽”之人。人之所以为人在于人具有恻隐、辞让、是非和羞恶之心，具有先天的道德观念和道德意识，也就是说，由于后天社会环境的影响和熏染使人和动物分别开来，这就是中国古代思想中“人贵于物”的肯定人具有高于一般动物价值的观念。孟子还提出“良贵”之说，区分了“人人有贵于己者”与“人之所贵者”，明确肯定人人所具有的价值。由于人具有“贵于物”的特性，具有内在的价值，因此孟子很自然地强调了人的社会本质，“人之于身也，兼所爱。兼所爱，则兼所养也。无尺寸之肤不爱焉，则无尺寸之肤不养也。所以考其善不善者，岂有他哉？于己取之而已矣。体有贵贱，有小大。无以小害大，无以贱害贵。养其小者为小人，养其大者为大人。”可见，孟子不但已经明确区分了人的自然本性与社会本质，而且还十分强调人的社会本质的重要性。

义利之辨

人类进入文明社会以来，义利问题就成为任何人无法回避的最基本的社会问题之一。所谓义利问题，用现代语言来表述，就是物质利益与道德原则的关系问题。孔子最早对义利关系进行了定位，提出了“君子喻于义，小人喻于利”的基本原则。但孔子并不轻视“利”，而是主张“因民之利而利之”，只是在义、利发生矛盾时才舍利取义。在孔子的义利观中，义、利成为区别君子与小人的根本标志。“重义轻利”是孔子在其政治思想中确定的最重要、最具影响力的道德准则之一。孔子认为：“富与贵，是人之所欲也，不以其道得之，不处也；贫与贱，是人之所恶也，不以其道得之，不去也。”“富而可求也，虽执鞭之士，吾亦为之；如不可求，从吾所好。”也就是说，追求富贵是人的一种本能，本无可厚非，但追求富贵必须遵守道义，必须合乎一定的道德伦理规范，否则，“不义而富且贵，于我如浮云。”可见，在义利关系问题上，孔子主张义是第一位的，利是第二位的；义对利具有普遍性的制约和限制作用。孔子尚未把义利完全对立起来，孟子则把孔子的义利思想推向极端，把义、利绝对对立起来，他认为，对物质利益的过度追求往往会泯灭人类固有的道德良知，“为人臣者怀利以事其君；为人子者怀利以事其父；为人弟者怀利以事其兄；是君臣、父子、兄弟终去仁义，怀利以相接，然而亡者，未之有也。”在义利关系上，孟子更强调义的价值优先地位。在义、利不可兼得的情况下，孟子坚决主张先义后利，要毫不犹豫地放弃利，他说：“生亦我所欲也，义亦我所欲也，二者不可得兼，舍生而取义者也。”在生死存亡的重要关头，是“选择道义而死”，还是“抛弃道义而苟活”？孟子鲜明地提出了“舍生取义”的观点，要确立人的价值与尊严，不仅要牺牲各种利益诱惑，甚至有时还要牺牲自己宝贵的生命。当人们有了崇高的道义追求，有了崇高的精神境界，人们就能自觉抵御种种外在诱惑，做到“无为其所不为，无欲其所不欲”，做到“居天下之广居，立天下之正位，行天下之大道”，做到“富贵不能淫，贫贱不能移，威武不能屈”，做到“仰不愧于天，俯不怍于人”，直至舍生取义、以身殉道，“天下有道，以道殉身；天下无道，以身殉道。”但有时候，孟子并不反对人们对物质利益的拥有和追求，而是强调要在符合仁义的前提下，去争取正当的、更大更长远的利益，孟子与梁惠王在不同场合下的对话就很形象地说明了这一点，从字面上看，孟子似乎在竭力贬低利的社会价值，认为“上下交征利而国危矣”。似乎认为不必讲利，只有仁义就可以了，他说：“未有仁而遗其亲者也，未有义而后其君者也。王亦曰仁义而已矣，何必曰利？”显然，我们对孟子在义利关系上的理解不能停留在字面意义上，而应做全面深入的把握。一个显而易见的事实是：孟子在其仁政思想中，大力主张制民之产，发展农林渔商经济，满足百姓的物质需求，使鳏寡孤独者皆有所养，这一切都离不开物质利益的获取。在对这一问题的理解上，有一个物质利益与道德原则、动机与效果、公利与私利的关系问题。只有从这一视角，才能正确理解孟子所谓的义利关系问题。孟子并不是一般地反对利，而是反对在做任何事情时把利放在第一位，而把仁义道德等放在第二位，也就是说，孟子所反对的是“先利而后义”。如果一切从利益的动机出发（如各诸侯国为获取利益而发动的兼并战争就是如此），就必然会导致国家的衰亡；相反，如果从仁义的动机出发，就可获得王天下这一最大的利。孟子的义利之辨从一个侧面反映了儒家的社会政治主张和理想，也在一定程度上反映了广大人民的愿望和要求。孟子关于义利的思想对中国思想文化的影响至深至远，它告诉我们：一个人不能沉湎于对物质利益的过度追求，人是有思想有理性有道德的高级动物，人应该追求高尚的道德理念，完善自己的理想人格，以便最终实现自己的人生目标和人生价值。

孟子这种崇义尚道、舍生取义的崇高人生精神和以身殉道的崇高献身精神，成为中华民族宝贵的精神财富，对于中华民族的发展与伟大复兴无疑具有非常重要的意义，对中国传统思想文化的形成产生了极其深远的影响。

王霸之辨

在中国政治文化传统中，王道与霸道是两种截然不同的治国方略。霸道的基本特征是“以力服人”，而王道的特征则是“以德服人”。孟子在继承孔子为政以德思想的基础上，把治国之道分为“王道”和“霸道”，主张实行王道，反对霸道，大大丰富了儒家的德治主义理论。

“王道”一词最早见于《尚书·洪范》：“无偏无党，王道荡荡。”这里的王道已蕴含有德治的含义。而霸道则是春秋时期“周室衰微，诸侯强并弱”的产物。《左传》也载有：“五伯之霸也，勤而抚之，以役王命。”郑玄疏云：“天子衰，诸侯兴，故曰霸。霸，把也。言把持王者之政教，故其字或作把，或作霸。”以统一天下为目的乃霸道和王道之共同点，其不同乃在于达到此目的的方式及手段。

从历史上看，王、霸之争实际上反映了西周初年齐、鲁两国不同的治国策略。齐、鲁两国之始祖太公和周公在一开始就确立了两种不同的治国政策，《汉书》对此做了很翔实的记载：“昔太公始封时，周公问：‘何以治齐？’太公曰：‘举贤而上功。’……周公始封，太公问：‘何以治鲁？’周公曰：‘尊尊而亲亲。’”齐国推行“举贤而上功”之策，鲁国则主张实行“尊尊而亲亲”。两种不同的治国方略实为后世王、霸思想之滥觞。

孟子在继承以往王道、霸道思想的基础上，把王道、霸道作为两种对立的治国思想纳入其政治思想体系中，他说：“以力假人者霸，霸必有大国；以德行仁者王，王不待大——汤以七十里，文王以百里。以力服人者，非心服也，力不赡也；以德服人者，中心悦而诚服也，如七十子之服孔子也。”孟子认为，霸道并不能解决社会上存在的根本矛盾问题，也不能解决治国平天下的问题，而实行王道则是使民心顺服、天下平治的根本途径。因此，当齐宣王问孟子齐桓、晋文之事时，孟子则以“仲尼之徒无道桓文之事”拒绝回答，原因就在于齐桓、晋文实行的是霸道而非王道，是“以力假仁”的霸者，而非“以德行仁”的王者。与尊崇桓、文、管仲之事的“管子学派”形成了强烈的对比。当宣王提出要满足自己的政治欲望时，孟子一针见血地指出，如果仅仅把“辟土地，朝秦楚，莅中国而抚四夷”作为所欲之事，无异于南辕北辙、缘木求鱼，是不可能达到目的的，因此，孟子劝戒宣王放弃霸道，而实行王道。

夷夏之辨

“夷夏”观念在中国历史上源远流长。早在上古时代，“夏”与“夷”不过是两个表示地域和民族的观念，即《说文解字》云：“夏，中国之人也”；“夷，东方之人也”。至春秋时期，“夷夏”观念始突破地域和民族的范围，被赋予文化的意义，主要用于区别尊卑上下，文明野蛮，即“夷、夏之别，主要标志不在种族、地域的分布，而是以周礼为准，以文化高下而划分”。在当时人的心目中，“夏”代表着正统、先进、文明，“夷”则代表着非正统、落后、野蛮。孔子在其思想体系中就力倡夷夏之辨。据《论语·宪向》记载，“原壤夷俟。子曰：‘幼而不孙弟，长而无述焉，老而不死，是为贼，’以杖叩其胫。”原壤以夷人的坐势等孔子，这在主张上下尊卑有序、夷夏有别的孔子来说是绝对不能容忍的，因而气得“以杖叩其胫”。春秋时期所谓“非我族类，其心必异”就是这种歧视外族心理的反映。孔子所倡导的是由夷至夏而至于周道，“齐一变，至于鲁；鲁一变，至于道”。孔子认为，即使在蛮夷之邦，只要有君子，就可以以礼变革当地陋俗，孔子本人就曾想移居九夷之地，当别人告之九夷之地乃蛮夷陋俗之地时，孔子则回答道：“君子居之，何陋之有？”在此观念支配下，孔子对管仲“尊王攘夷”、辅佐桓公称霸天下的举动给予了高度赞扬，指出若无管仲，我们这些华夏之人或许已经沦落为“被发左衽”的地步了。自孔子之后，夷夏之辨成为儒家正统思想的一个重要内容。孟子与孔子一样，也严倡夷夏之辨，他把“为神农之言”的许行比作“南蛮鴃舌之人”，极尽贬低之能事，认为许行所言皆“非先王之道”。他认为，在夷夏关系上，“用夏变夷”是天经地义的，而“用夷变夏”则是不可思议的。孟子用一段经典表述来概括这一思想，他说：“吾闻用夏变夷者，未闻变于夷者也”，“我闻出于幽谷迁于乔木者，未闻下乔木而入于幽谷者。”其目的就在于实现天下“定于一”的共同理想目标。

君主一夫之辨

孟子基于儒家的道德原则提出了一个十分重要的思想，即把现实政治领域中的君主区分为两类：一类是有君之名又有君之实的“君主”，可称之为“圣君”；另一类是虽在君之位、有君之名而不行君之职、无君之实的“君主”，可称之为“一夫”或“暴君”。对那些无君之实的“一夫”或“暴君”，不能任由他在君之位上胡作非为，而应采取“革命”的方式将君权收回或者推翻、诛杀之。因为自殷周以来，对国家之更替、君权之转移一直沿袭天命授予的模式，汤、武之得天下与桀、纣之失天下皆天命所为，天命并不无条件庇护一国之君，有德与无德成为天命庇护与否的唯一条件。孟子对现实政治领域君主类别之划分，显然与殷周以来所主张的“君权天授”思想一脉相承，并有了更明确的表述。当齐宣王问“汤武放桀，武王伐纣”之事时，孟子回答这种事情古书中有记载；齐宣王又问，这不是一种臣弑其君的行为吗？孟子对曰：“贼仁者谓之‘贼’，贼义者谓之‘残’，残贼之人谓之‘一夫’。闻诛一夫纣矣，未闻弑君也。”肯定了诛杀暴君的合理性。民受之从之认同者，即为君，为民所斥所拒所否定者，即为一夫。概言之就是：凡行仁义为民众所肯定者即是真正的君主；背仁弃义为民众所唾弃者即为一夫。对于一夫，人人可起而诛之，是一种正义的行为，而不是犯上作乱的“弑君”行为。孟子的思想言论，可谓振聋发聩、震古烁今，蕴含了极大的政治智慧和胆识。

天下国家之辨

战国时期，殷周那种“溥天之下，莫非王土”及“礼乐征伐自天子出”的一统局面已不复存在，周天子只保留了“天下共主”的虚名，一些诸侯大国则成为实际上的独立王国。在这种社会政治背景下，便出现了天下、国家两个不同层次的概念。[①]孟子对天下与国家在层次范围上做了明确区分，当万章问“尧以天下予舜，有诸”时，孟子明确回答：“否。天子不能以天下与人。”又说：“不仁而得国者，有之矣；不仁而得天下者，未之有也。”孟子还说：“晋国，天下莫强焉。”汉赵岐在注《孟子·离娄下》时也谓“国谓诸侯之国”。显然，国家与天下在孟子那里具有不同的层次。国家与君主相关，而天下则与民众相联。天下非君主之私，非君主之天下，而是天下之民之天下，孟子在评价伊尹时说，伊尹“思天下之民匹夫匹妇有不被尧舜之泽者，若己推而内之沟中，其自任以天下之重如此”。以天下为己任，自觉担负起平治天下的社会职责，正是圣人君子的价值追求。君主不得超越于天下之上，反之，其政治统治之合法性须由天下之民来认同[②]。

---

① 在先秦诸子学说中，都是明确区分天下与国家的，如孔子说：“兴灭国，继绝世，举逸民，天下之民归心焉”（《论语·尧曰》）；荀子说：“用千里之国，必将有四海之听”（《荀子·议兵》）；墨子说：“尚同之为说也，尚用之天子，可以治天下矣；中用之诸侯，可以治其国矣”（《墨子·尚同下》）；商鞅也有“明王之治天下也……明君之治国也”（《商君书·开塞》）等话语。自秦汉至明，由于秦汉以来大一统局面的形成，天下与国家的界限一直被混同使用；至清初，随着满族入主中原，民族矛盾成为主要矛盾，思想界又开始对天下与国家的关系认真分辨起来，最著名者当推顾炎武、章学诚等。顾炎武说：“有亡国，有亡天下……曰易姓改号谓之亡国。仁义充塞，而至于率兽食人，人将相食，谓之亡天下”（《日知录·正始》）；章学诚也有“有天下之史，有一国之史”（《文史通义·外篇·州县请立志科议》）的话语。与先秦不同的是，他们所理解的天下相当于中国，国则相当于朝代。

② 朱熹在对该文注释中，肯定了孟子“天下者，天下之天下也，非一人之私有故也。”（朱熹：《四书章句集注·万章上》）明清之际的思想家也反对把天下与君主个人等同起来，都表明了对孟子思想的继承和发展。

第十四讲

人性善假设

——孟子仁政思想建构的逻辑前提

孔子最早提出了人性问题，但他没有明确指出人性是善还是恶，只是说明了人性是相近的，后天“习”的不同导致了不同的发展结局。孔子这一模棱两可的论断为后来儒家学者对人性问题进行理性思考留下了很大的思想空间。经过子思对心性性命的进一步训释与阐发，至孟子始明确提出了“人性善”的理论命题[①]。孟子在继承孔子、子思人性理论的基础上、在批判当时流行的人性观点特别是告子的人性论观点的基础上以及在借鉴老子“崇善”[②]思想的基础上旗帜鲜明地提出了人性善的理论[③]。人性学说是孟子政治思想中的逻辑出发点，是其理论大厦建构的基础。可以说，“孟子在中国文化中最大的贡献，是性善说的提出。”孟子通过对人性问题的探究与阐述，继承了孔子、子思重人重人伦的价值观，把视角投向对人的存在价值的研究，如果说人性善是孟子仁政思想的逻辑起点，实行仁政则是孟子人性善理论的逻辑终点。

---

① 关于人性善之最早提出，有学者以为在殷周时期，并引《诗经·大雅·烝民》：“天生烝民，有物有则；民之秉彝，好是懿德”一句为例，以为孟子也曾引此诗以作性善之证。据徐复观先生考证，“秉彝”在《诗经》中是指遵守法则之义，并无善性之义。他说：“在周初用彝字，多指‘常法’而言，有同于春秋时代之所谓礼。‘秉彝’是守常法，《毛传》以‘执持常道’释之，有如所谓‘守礼’……而上文之‘有物有则’，指有一事，即有一事之法则，‘民之秉彝’，即民之执持各事之法则。并未尝含有性善之意。”［见徐复观：《中国人性论史》(先秦篇) 第 57 页］徐氏所论甚是。

② 胡家聪在《稷下争鸣与黄老新学》(中国社会科学出版社 1998 年版) 一书中认为，孟子的人性善理论与老子的崇善论与赤子哲学有直接的渊源关系，参见该书第 83 ~84 页。

③ 有学者把先秦儒家人性思想的发展归结为三个不同的发展阶段（即《诗经》《尚书》到孔子为第一阶段；《性自命出》到《中庸》为第二阶段；《孟子》为第三阶段），相应也有三个不同的特点（第一阶段是普遍人性的提出，第二阶段是超越性原则的确立，第三阶段是普遍性原则与超越性原则的统一），也就是说，“在儒家人性论的发展中，孔子代表着普遍人性的提出者，《性自命出》则代表着从四海齐一的普遍人性向天命之性的提升与跃进；《中庸》代表着人性之超越性原则的确立，《孟子》则是人性探讨中普遍性与超越性原则的统一者与实现者，从而也是儒家性善论的真正确立者。(见丁为祥：《从〈性自命出〉看儒家性善论的形成理路》，《孔子研究》2001 年第 3 期）

孟子的人性理论在中国思想发展史上具有里程碑式的意义。

孟子与告子：对人性问题的不同见解

孟子的人性善理论是在与告子的辩难中逐渐凸显完善出来的。在孔子之后，人性问题日益成为思想家们关注和探讨的重大理论问题之一。思想家告子提出了两个著名的思想命题：一个是“性无善无恶说”[①]。他说：“性犹杞柳也”，“性犹湍水也，决诸东方则东流，决诸西方则西流。人性之无分于善不善也，犹水之无分于东西也”。告子以“性，犹杞柳也”“性，犹湍水也”来形容自然之性即是性。孟子显然不同意告子的这一观点。他说：“水信无分于东西。无分乎上下乎？人性之善也，犹水之就下也。人无有不善，水无有不下。”在孟子看来，人性向善就像水向下流一样确定无疑。但人性之向善并不排除人性会遭受各种不良习染的侵袭和影响，不能把受侵袭以后人性之恶的表现混同于人性之固有表现，人受各种外物之习染，虽有为恶之可能，但这种恶犹如“牛山之木”一样，并非其本性如此，也即水“搏而跃九，可使过颡；激而行之，可使在山。”但这并不是水的本性一样，是势之使然[②]。在人性

① 人性问题，战国中期有三种观点比较流行，一是认为性无善无恶论，所谓善恶乃外在环境之所附加；二是认为性可为善可为恶，人性中本来就蕴含着善恶因子，至于向善或向恶发展乃取决于外部环境；还有一种观点认为性有善有恶。任何外在环境都无法改变人性的善恶。(《孟子·告子上》)

② 孟子还以外部环境对种植大麦的影响为例，说明了“势”(外在环境)能够改变人的思想和行为。他说：“富岁，子弟多赖；凶岁，子弟多暴，非天之降才尔殊也，其所以陷溺其心者然也。今夫，播种而耕之，其地同，树之时又同，浡然而生，至于日至之时，皆熟也。”(《孟子·告子上》)孟子的人性理论一方面强调人性本善；另一方面又强调后天环境对人的影响。但是，孟子作为主张内圣之道的思想家，更主要的不是强调外在之“势”，而是主张向内用功。他认为，只要人人都能发挥心的思维作用，就可以调剂、控制和把握内在之善性，并经过不断的涵养扩充，就可达到尽心—知性—知天的目的，根本不需假物外求。在这一点上，孟子又否定了自己的观点，在他看来，学习及后天环境之重要就在于涵养、维护、培育人性之善端而已。

向善向恶问题上，孔子是把性与后天之“习”区分开来，而孟子则是把性与后天之“势”区分开来，虽在用语上不同，但在内在思维理路上则是完全一致的。

告子的人性理论还有一个基本观点就是“生之谓性”，并以“食色，性也”作为对“生之谓性”的诠解。告子是以人的自然属性来说明人性。孟子对告子的这一结论也持否定态度，孟子运用极强的逻辑推理力量来反驳告子的主张，他以白羽、白雪、白玉之性以及犬、牛、人之性的比较来说明告子的观点模糊混淆了人之性与动物之性的界限，因而是错误的站不住脚的。孟子对告子的批驳还在于在其人性理论中引入了“义”的概念并批驳了告子对义的不正确理解。在告子看来，“义，外也，非内也。”他举例说：“吾弟则爱之，秦人之弟则不爱也，是以我为悦者也，故谓之内。长楚人之长，亦长吾之长，是以长为悦者也，故谓之外也。”孟子认为告子的这一结论也是错误的，告子并没有真正理解义的含义。孟子指出，所有道德情感皆源自内心，无论是爱己之弟，还是尊敬长者，皆由内心发出，义与仁礼智一样，“非由外铄我也，我固有之也”。孟子以自己的“好辩”对当时思想界所持的人性观点进行了批驳，并在批驳中阐明了自己的人性善理论。

对人性本善的假设与证明

孟子认为人性本善，善性乃人之自然属性，“孟子道性善，言必称尧舜。”人性何以为善？孟子必须回答和解决这一问题。孟子对人性善的假设和论证尽管在逻辑上、论证方式上还存在不少漏洞，但从他提出这一思想命题及对中国政治文化的影响来看，其思想贡献则几无人可望其项背。孟子的假设和论证从以下几个层面展开。

1. 从自然属性的层面。孟子认为，人性之善源自天，“心之官则思，思则得之，不思则不得也，此天之所与我者。”人之性善为天所赋有，一方面，人之有四善端犹人之有四体，乃天之所禀赋，不待外力附加，此即孟子所谓“仁义礼智，非由外铄我也，我固有之也”。另一方面，人之具有善性，犹如人之天生具有口耳目之欲，“口之于味也，有同嗜焉；耳之于声也，有同听焉；目之于色也，有同美焉。至于心独无所同然乎？心之所同然者何也？谓理也，义也。圣人先得我心之所同然耳。故礼义之悦我心，犹刍豢之悦我口。”“口之于味也，目之于色也，耳之于声也，鼻之于臭也，四肢之于安佚也，性也。”[①] 孟子从人的本能（自然）层面来论证性善还表现在人所具有的“良知良能”上。他说：“人之所不学而能者，其良能也；所不虑而知者，其良知也。孩提之童无不知爱其亲者，及其长也，无不知敬其兄也。亲亲，仁也；敬长，义也。”性善是先天固有、与生俱来的，而非后天形成的，天具有终极的价值依据。但是，孟子之天非是外在超越者，而是内在超越者，在孟子的天人合一思维模式下，人性与天命具有内在的逻辑关联性，只要尽心便可知性知天，无须假外物以求，“尽其心者，知其性也。知其性，则知天矣。存其心，养其性，所以事天也。”孟子的这一思想恰是对子思“天命之谓性”的进一步诠释。

2. 从社会心理的层面。孟子在从自然属性的层面论证人性善的同时，还从社会心理的层面论证了人性善。他以“孺子落井”为例来论证人性本善这一问题，“今人乍见孺子将入于井，皆有怵惕恻隐之心——非所以内交于孺子之父母也，非所以要誉于乡党朋友也，非恶其生而然也。”三个并列的“非”字表明了人的道德心非源自外力，而是本于人所共有的心理情感，这种共有

① 《孟子·尽心下》，（见杨伯峻：《孟子译注》，中华书局 2008 年版，第 333 页）显然，孟子是从人的本能（自然）层面来论证性善，而唐君毅先生则认为，“孟子之言性，乃即心言性，而非即自然生命之欲以言性。”（唐君毅：《中国哲学原论·原性篇》，台湾学生书局 1989 年版，第 22 页）唐氏的这一结论显然是不对的。

的善良的心理情感正是人性善的基础。孟子进而发挥自己的思想："恻隐之心，人皆有之；羞恶之心，人皆有之；恭敬之心，人皆有之；是非之心，人皆有之。恻隐之心，仁也；羞恶之心，义也；恭敬之心，礼也；是非之心，智也。仁义礼智，非由外铄我也，我固有之也，弗思耳矣。"孟子把仁义礼智建构在人的四种社会心理活动基础之上，并以论证恻隐之心等完全是一种出自纯真的情感，没有任何功利主义的色彩。人固有之四善端乃君王实行仁政的基础，"人皆有不忍人之心。先王有不忍人之心，斯有不忍人之政矣。以不忍人之心，行不忍人之政，治天下可运之掌上。"孟子认为，历史上能够完成统一天下的君主必定是实行仁政的君主。而实行仁政非外力之所强加，而是源于先王的善性善心。

3. 从动机与效果关系的层面。孟子还从动机与效果关系的层面论证了善性的普遍存在。在他看来，一个人的言谈举止，从最根源处（即动机的发源地）就应该是纯真的、善良的，否则，即使效果再好，也不值得称道。针对人臣伊尹逐人君太甲贤与不贤之事，孟子就是从动机论的角度来论说的，他说，伊尹放逐太甲，动机纯正，旨在规劝太甲为善，故为贤臣；否则，便为篡臣。孟子还以天爵与人爵为例来说明。他认为，人之为善，乃内心仁义忠信等道德意识使然，"此天爵也"；若非出自本心而为之，以求高官厚禄，"此人爵也"。当今如法家、纵横家为求富贵发达，曲附迎合，以得一己之利，是"弃其天爵，则惑之甚者也"。在孟子看来，评价性善的标准只有一个，那就是看人最本根处的动机如何。

4. 从人作为类存在的层面。孟子是把人作为人的类存在来进行考察的，他认为，同类事物应该具有相同或相似的基本特质，个体人作为类的存在，也应该具有共同的特质。因此，无论是圣人还是一般人，都具有相同的特质即善的特质，他说："故凡同类者，举相似也，何独至于人而疑之？圣人，与我同类者。"认为"圣人之与民，亦类也"，"尧舜与人同耳"。他认为，圣人、王、民都是一类。人之所以同类，就在于都有其内在的统一性，这种统一性就是性善。尧舜之所以伟大，就在于他们是人类本性的最突出的代表。而人的本性是一样的，“舜，人也；我，亦人也。”正因为人性皆善，圣人之性与常人之性具有内在统一性，只要人人都修养自身之善性，“服尧之服，诵尧之言，行尧之行，是尧而已矣。”这就构成了普通人走向尧舜的桥梁，只要通过修行和反省，“人皆可以为尧舜”。从人类本质存在的层面论证人性善也是孟子主张人性善的重要依据。

四善端的涵养与扩充

孟子对人性善的论证表明在孟子时代对人性内在本质的探究更加深入了一层，人性善理论的提出是孟子在与“天下言性者”辩论中最辉煌最伟大的思想成就之一，在中国政治思想史上及人性论发展史上占有举足轻重的地位。前面已指出，由于外界环境之干扰常常使人固有之善端面临放失的危险，如何固守人之善端，孟子提出了保持自身道德固有善性的方法，这一方法即涵养与扩充善性的方法，主要表现在两个方面：一是在“涵养”的基础上“扩而充之”。要使人人具有的善端“扩而充之”，首先要具有一种向善的良好愿望，孟子以舜居深山，“与木石居，与鹿豕游”为例，说明舜与鹿豕并无太大区别，当他“闻一善言，见一善行”后，便像决口之江河一样不断去学习去追求，“沛然莫之能御也”。尧舜之善性如此，他人之善性也如此。若人们能以尧舜之言行举止为标尺，不断扩充自己固有的道德善端，就会不断向外辐射扩充，充盈天地间，就会如火之始燃终成燎原之势，水之始达终成江河大海。二是培育与完善自己的道德人格，除了“扩而充之”的方法外，还有一种“反求诸己”的方法。如果说“扩而充之”的方法是向外推展，“反求诸己”的方法是向内追索。通过内求反问的方法去保存涵养固有的善端，“行有不得者皆反求诸己，其身正而天下归之。”这种方法不但要保存涵养固有的善端，还要寻找丧失掉的善端（善心），以便使放失的善心能收回来，重新回到善的本心上来。如果善心之放失而不自知，“则其违禽兽不远矣”。对一个人来说，“舍其路而弗由，放其心而不知求，哀哉！”因此，“学问之道无他，求其放心而已矣”。把放失的心收回来，就要存住它，使之不再放失，这就是孟子所说的“存心”。“存心”是君子与一般人的区别所在，“君子所以异于人者，以其存心也。君子以仁存心，以礼存心。”存心养性是孟子性善说的根基，做不到这一点，其性善说就缺乏坚实的基础。存心养性的唯一方法就是“寡欲”。“养心莫善于寡欲”。若欲望太盛，就有可能超越人的欲望的合理限度，从而引发人的善端的丧失。要保存人之善端，要保存人之本心，就必须尽量减少人的过度欲望，使之控制在一合理的范围内。只有通过一系列涵养与扩充的方法、“反求诸己”的方法以及存心养性、清心寡欲的功夫，才能最终完成涵养与保存人的善端的目的。

孟子人性理论的分析

在战国时期的思想舞台上，对人性问题的探讨是当时思想界最关注的热点问题之一。不同流派而产生的人性论观点对于中国文化思想的发展是极为重要的，正是这种讨论带来了思想的空前繁荣，甚至决定了整个中国思想文化发展的方向。孟子是当时“人性论”论战中的主将，他不仅为自己思想体系的完善做过有力的论证，同时也为中国传统文化的发展做出了其独特的重大贡献。在战国时期那种“唯战者胜”“以攻伐为贤”的纷乱局势下，孟子能以一个思想开拓者的角色提出“性善论”的观点是有很大积极意义的。孟子是在与当时流行的人性论观点辩论中系统展开其人性理论的，是先秦时期最早对人性问题进行系统考察与研究的思想家。在儒家人性理论的发展过程中，孟子的性善始终占据着主导地位，特别是随着唐宋以后《孟子》一书地位的提高以及程朱陆王等思想家的大力弘扬，孟子的人性善理论对宋以后的思想产生了重大的影响。它对于弘扬民族正气，塑造崇高的理想人格，维护人的价值与尊严，都起到了积极的作用，成为中华民族宝贵的精神财富。

第十五讲

孟子仁政思想中的经济利益原则与道德教化原则

众所周知，孟子的仁政思想是在继承和发展孔子仁学思想及德政思想的基础上建构起来的。孟子将孔子所倡导的仁之爱亲、爱人原则及自己主张的人性善理论用之于现实政治领域，把根植于血缘亲属关系中的仁爱原则推之于整个社会，即“以不忍人之心，行不忍人之政”。如果说孔子的仁学思想及德政思想还只是一些语录式治国原则的话，那么，孟子仁政思想则具有了相当系统完整的内容表述。孔子虽然从各方面对“仁”加以阐释和规定，但更多是局限于道德伦理、人生哲学领域；由于孔子罕言“性与天道”，从而使其仁的论说缺乏终极价值依据。为了使孔子之仁具有本体论依据，孟子着重发展了孔子关于“仁”的思想，从内在性（心性）与外在性（天命）两个层面为“仁”寻找终极的价值依据，在其仁政学说与人性善理论之间建构起了密不可分的内在逻辑联系，为其仁政思想的提出奠定了坚实的人性论基础。孟子的仁政学说，无论在儒家政治思想发展史上，还是在中国政治思想发展史上都具有十分重要的价值和意义，对后世的政治理论也产生了极为深远的影响。本讲试图对孟子仁政学说中的两项主要原则即经济利益原则和道德教化原则做一番阐释。

经济利益原则：制民之恒产与取于民有制

孟子的仁政思想有两个必然之前提，此两前提互为补充说明，缺一不可。一前提为井田经界之准确划分（“夫仁政，必自经界始”），另一前提为百姓民众生无衣帛鱼肉之忧，死无送终厚敛之虞（“养生丧死无憾，王道之始也”）。孟子认为，实施仁政一定要从正经界开始，他说：“夫仁政必自经界始。经界不正，井地不均，谷禄不平，是故暴君污吏必慢其经界。经界既正，分田制禄可坐而定也。”经界不正，就会导致各种不合理社会现象的滋生及暴君污吏胡作非为、无是非曲直价值标准等混乱局面的出现。若井田之经界划得准确，皆为百亩之田，“分田制禄可坐而定也”。因此，正经界是实施仁政之第一要务。经界既正，孟子设想的西周时期实行过的井田制便有了实施的可能①，正经界是正井田的基础，正井田是正经界之必然。“昔者文王之治岐也，耕者九一。”孟子所说的“耕者九一”具体说就是“方里而井，井九百亩，其中为公田，八家皆私百家，同养公田，公事毕然后敢治私事”。孟子所设想的井田制与西周初年实行的井田制已大不相同，后者带有理想化的成分在内。孟子设计的井田制是以一家一户小农生产为基础的小农经济制度，其政治目的就在于使庶民百姓都能牢牢扎根于土地之上，从而达到“死徙无出乡，乡田同井，出入相友，守望相助，疾病相扶持，则百姓亲睦”的目的，百姓民众才会无衣帛鱼肉之忧，送终厚敛之虞。做到了“正经界”和“养生丧死无憾”，这是孟子实施仁政王道的开始。

春秋战国时期，旧的社会经济结构的变动和解体，对社会政治秩序产生了极大的冲击和破坏，形成了“千金之家比一都之君，巨万者乃与王同乐”的社会风尚。孔子曾说：“丘也闻有国有家者，不患寡而患不均，不患贫而患不安，盖均无贫，和无寡，安无倾。”在孔子看来，只有解决了庶民百姓的生计问题，消除了社会贫富不均现象，才能使社会达到稳定和谐的局面。可见，关注庶民百姓的生存条件、生活状态一直是儒家政治思想的重要内容之一。孟子在其仁政思想体系中同样把儒家的这一鲜明思想主题作为自己的题中应

① 关于井田制存在的真实性问题，学术界一直有不同的争论，李学勤认为，井田制并非儒家杜撰，而“是一种农村公社”。（参见李学勤：《失落的文明》）

有之义。孟子针对当时社会上兵燹不已、战乱不断，庶民百姓“仰不足以事父母，俯不足以畜妻子，乐岁终身苦，凶年不免于死亡”的悲惨局面，指出要让百姓做到“养生丧死无憾”，当务之急就是解决制民恒产的问题。如果说“正经界”与“养生丧死无憾”是孟子仁政思想实施基础的话，那么，制民恒产就是孟子仁政思想实施的第一步。所谓“制民恒产”就是为百姓提供必需的生产生活资料，孟子的政治逻辑就是，治民之要在民事，民事之重在民生，民生之保障在民产，有民产之结果是民心向善，民心向善之结果是便于实行仁政。故使民有固定之民产（恒产）便成为孟子推行仁政的当然要务，这就是孟子所强调的“民之为道也，有恒产者有恒心，无恒产者无恒心。”实行仁政必须从解决棘手的经济问题入手，从解决老百姓的实际生活需要入手。孟子所主张的“制民恒产”的内容非常丰富，它往往突破了孟子仁政思想体系的框架而蕴含着宝贵的思想资源。具体来说，孟子所主张的“制民恒产”大致包含三层含义：第一层含义是主张给民众百姓以足够的维持生产生活的基本生产资料，使民众百姓能够自觉地依附在土地上，“死徙无出乡”。有了一定的物质基础做保证，才会在此基础上产生良好的道德观念和行为准则，从而保持社会处于和谐与稳定的状态中，若百姓连最起码的生存条件都得不到满足和保障，就会铤而走险。“此惟救死而恐不赡，奚暇治礼义哉！”民众就会做出危害社会、危害道德的事情，“是故明君制民之产，必使仰足以事父母，俯足以畜妻子，乐岁终身饱，凶年免于死亡；然后驱而善之，故民之从之也轻。”孟子试图从经济生活中去寻找和解释道德意识和观念产生的原因，肯定人们解决吃饭穿衣问题要求的正当性，在一定程度上反映了庶民百姓的愿望，是一种正确的政治思维方法。孟子的这一表述是在继承其前辈思想家特别是孔子“先富后教”思想及管子“仓廪实知礼节，衣食足知荣辱”思想的基础上总结升华出来的，是对社会经济发展规律的一种真实朴素的反映。孟子得出的结论就是：对民众百姓来说，有无恒产至关重要，它是决定国家之兴衰、社会之治乱、政治之是非、政权之安危的最重要前提。因此，如何使民众能够拥有恒产就成为孟子实施仁政过程中首先要解决的问题。

“制民恒产”的第二层含义就是在满足百姓维持生产生活的基本生产资料的基础上实行一系列政策措施。

1. 养老政策。孟子为有恒产者老有所养描绘了一幅绚丽多彩的美好蓝图：“五亩之宅，树之以桑，五十者可以衣帛矣。鸡豚狗彘之畜，无失其时，七十者可以食肉矣。百亩之田，勿夺其时，八口之家可以无饥矣。谨庠序之教，申之以孝悌之义，颁白者不负戴于道路矣。老者衣帛食肉，黎民不饥不寒，然而不王者，未之有也。”孟子还以文王善养老为例来说明：“天下有善养老，则仁人以为己归矣。五亩之宅，树墙下以桑，匹妇蚕之，则老者足以衣帛也。五母鸡，二母彘，无失其实，老者足以无失肉矣。所谓西伯善养老者，制其田里，教之树畜，导其妻子使养其老。五十非帛不暖，七十非肉不饱。不暖不饱，谓之冻馁。”这可以说是孟子理想中的大同社会，与《礼记》所描绘的大同社会有异曲同工之妙。孟子对养老政策的描述是中国早期思想家对社会保障制度体系的一种有益探索，对我们今天所实行的养老政策仍具有重大的现实指导意义。

2. 土地政策。所谓土地其实就是孟子所谓的“恒产”。在以农耕为基础的中国社会，土地无论对广大民众还是对国家来说都具有举足轻重的意义。孟子把土地与人民、政事并列为诸侯的三宝，足见孟子对土地问题的重视。孟子主张“百亩之田，勿夺其时，八口之家可以无饥矣”；“不违农时，谷不可胜食也”。孟子认为，为政者只有制定相应的土地政策，才能使民众能够世世代代安心于土地劳作，有了充裕的物质财富，国家才会稳定，君主地位才会巩固。

3. 渔业政策。春秋战国时期齐文化最重要的经济特征之一就是倡导渔盐之利。孟子长期游学于齐国，深受齐文化重商思想的熏陶和影响。[1]像充分利用土地一样，孟子主张开放湖泊河塘，“泽梁无禁”，任人捕捞，百姓就会增加渔业产品。为了避免竭泽而渔现象的出现，应制定禁渔措施，如在规定的时间里禁止捕鱼，不得用密网捕鱼等，如果按照这一措施执行，则“鱼鳖不可胜食也”。

4. 林业政策。与土地政策、渔业政策一样，在林业上，孟子也提出了相关的政策。在以（土葬）棺椁为主要安葬材料的古代社会，拥有一定数量的林木就显得非常必要。在孟子的意识中，林木并非永久性资源，不可任意无节制地砍伐，而是按照一定的时令进行砍伐，“斧斤以时入山林”，只有做到循序渐进，林木才有再生长的时间，长此以往，“材木不可胜用也”。材木不可胜用，百姓才能得以厚葬其父母以尽孝道。因为在孟子看来，“养生者不足以当大事，惟送死可谓当大事”。孟子“制民恒产”的几项政策措施可以说是对孔子重民富民政策的进一步细化和深化。

“制民恒产”的第三层含义就是主张发展流通型商业经济和商业生产。显然，这在以小农经济为基础的农耕社会里也是一种非常有远见的思想，同时也表明了齐文化对孟子思想的深远影响。众所周知，中国是以小农经济为特征的农耕社会，对商业生产一直采取重农抑商的政策。早期法家尽管提出了一系列发展农业生产、促进社会进步的措施，但在对待商业问题上却是相当

---

① 稷下学宫作为最早的学术活动和政治咨询中心，是田齐统治者设立的以“不治而议论”的方式进行学术研究的场所，通过吸引天下贤士著书立说为田齐统治者提供政治理论依据。有人认为它创建于齐桓公时，也有人认为它创建于齐威王时而盛于齐宣王时。在稷下学宫，各家各派都在此讲学授徒、各阐己见，彼此间思想、学术撞击、辩难、沟通、交流与融合不可避免。孟子曾游学于稷下学宫。汉徐干《中论·亡国》曰：“昔齐桓公立稷下学宫，设大夫之号，招致贤人而尊崇之，自孟轲之徒皆游于齐。”《盐铁论·论儒》：“齐宣王褒儒尊学，孟轲、淳于髡之徒，受上大夫之禄，不任职而论国事。”管仲学派作为齐文化的重要组成部分，不可能对孟子的思想没有影响。尤其是管仲学派的重农务本思想、勿夺农时、赋役有度思想、富民教民思想以及重视工商业发展思想，对孟子仁政理论的经济政策影响尤深。

保守落后的，认为发展商业生产势必会影响和妨碍农业生产的发展。如商鞅所制定的一系列政策，目的就在于逼迫百姓弃商返农。孟子认为，商品只有在流通交换中才能实行其商品价值，这与孟子的社会分工思想是相一致的。孟子认为，对贩运中的商品不必征收关税，“去关市之征”，而对欺行霸市的奸商行为，则必须征之关税，“古之为市也，以其所有易其所无者，有司者治之耳。有贱丈夫焉，必求垄断而登之，以左右望，而罔市利。人皆以为贱，故从而征之。征商自此贱丈夫始焉。”这个主张除了有利于发展工商业外，同时也减轻了对小手工业者、小商人的征税，维护了他们最基本的权益。针对农家学派代表人物许行提出的“市价不贰”的主张，孟子从社会分工的角度给予了批判。许行的一系列理论是以原始公有制社会为基础提出来的，是不切实际的理论空想。尽管孟子的理论带有理想主义的色彩，但对许行辈的批判却击中要害，具有非常明确的现实针对性。孟子对流通型商业经济和商业生产的强调，表明在孟子时代，儒家思想已不再是纯粹的不受外在思想影响的儒家，而是熔铸了各家各派思想精华的儒家，是为了摆脱困境而不得不调整和改变自身发展方向的儒家，同时也使儒家在与各家各派的争鸣中有了更大的包容性。

民有恒产只是从经济制度上解决了百姓的生产生活资料问题，因为没有恒产，其他一切就根本无从谈起。但如果给了百姓足够的土地，以为从此可以高枕无忧，社会就可以太平无事，就可以顺利推行王道仁政，在孟子看来，这也是不可能的。在制民恒产的同时，还要辅之于取民有制，这一点非常重要，制民恒产与取民有制不是分离的，而是相辅相成的，合则美，分则伤；两者共同构成了孟子仁政思想中的经济利益原则。怎样做到取民有制？孟子有非常明确的主张。首先，孟子反对横征暴敛，滥用民力，主张省刑罚，薄赋税。他希望统治者要“施仁政于民，省刑罚，薄税敛”，“明君必恭俭礼下，取于民有制”。具体措施就是实行什一税制度，孟子认为最理想的赋税当以古代圣君尧舜所实行的十取一税率为法度标准，“什一者，天下之中正也。”在三代时期，土地归国家和王者所有，不准买卖，即《礼记·王制》所谓的“田里不鬻”制度。自春秋以来，铁器的广泛使用使私有土地的存在成为一种现实的可能。各国统治者不得不制定和出台对私有土地进行征税的管理办法，这样一来，实际上是承认了土地私有的合法性。《论语》中就记载了春秋末期鲁哀公与有若的一段对话，“哀公问于有若曰：‘年饥，用不足，如之何？’有若对曰：‘盍彻乎？’曰：‘二，吾犹不足，如之何其彻也？’对曰：‘百姓足，君孰与不足？百姓不足，君孰与足？’”可见，在土地私有制实行的早期，国家收取什二的税率是很高的。其次，孟子反对什二税制度，并从历史上的先圣先王那里寻找历史根据。他说：“夏后氏五十而贡，殷人七十而助，周人百亩而彻，其实皆什一也。”什一的税率比鲁哀公时的税率降低了一半，这在孟子看来是合理的税率。税赋征敛关乎国计民生，为各国政治家、思想家所关注。孟子反对重赋，反对名目繁多的苛捐杂税。徭役赋税之征用征收对于国家来说是必不可少的收入，徭役赋税之轻重直接影响到人民的生产生活状况，若徭役赋税过于繁重无度，就会造成“父母冻饿，兄弟妻子离散”的社会恶果；若赋税太低，虽能减轻百姓负担，但却难以支付国家机构庞大的经费开支。因此，孟子并不反对民众对国家应承担的正常的赋税义务，并不认为赋税越低越好，他主张征收赋税应保持适中适度的原则，要有节制，要合理、适度，以国家机构能够正常运转为最终依据和标准。因此，当白圭提出“吾欲二十而取一”时，孟子认为这种税率太低，不可取，并斥之为“貉（貊）道”。孟子认为，二十取一，放之貉之国则可，放之中原华夏之地则不可。若一概以二十取一征之，则是“貉（貊）道”也。“今居中国，去人伦，无君子，如之何其可也？……欲轻之于尧舜之道者，大貉小貉也；欲重之于尧舜之道者，大桀小桀也。”可见，孟子是主张把税率限制在民众能够接受能够承受的范围内，使百姓能够满足最起码的生存条件，以达到“易其田畴，薄其税敛，民可使富”的目的。孟子还指出，征收赋税的方式有三种：即征收布帛、征收谷米及征用劳役。贤德之君一般只用其中的一种，若同时用两种，百姓便有冻馁之虞；若同时采用三种，即使父子之亲也难以相顾惜。从孟子仁政思想中所设定的经济利益原则可以看出，孟子不但为统治者在大政方针上设计了一套治国方略，而且在具体措施上也设计了一系列的治国步骤。不论其所设定的政策原则可行与否，至少有一点是必须肯定的，那就是，孟子的仁政思想在维护现存政权统治的同时最大限度地考虑到了民众的利益，真正体现了“民为贵”的思想，即使在大力提倡构建社会主义和谐社会的今天，仍具有其恒久的思想价值和意义。

道德教化原则：善政不如善教之得民

在孟子的仁政思想体系中，道德教化原则同样居于十分重要的地位，它与经济利益原则一样，成为支撑孟子仁政思想体系的两大基本原则（其实，这两大原则可以用民本原则来概括）。在早期儒家思想发展中，重视道德教化一直是儒家思想最重要的核心内容之一，如孔子就十分重视对民众百姓的教化作用，认为在百姓富庶以后就必须实施教化。孟子同样把道德教化作为其仁政思想的重要组成部分，重视道德教化的社会功能。他认为，统治者在做到使百姓生产生活稳定，丰衣足食后（即“恒产”），接下来就要对百姓灌输一些必要的思想观念和价值理念（即“恒心”）。因为人在“饱食、暖衣、逸居”后，如果没有相应的道德教化，其行为则很容易混同于禽兽。故孟子主张对百姓要“谨庠序之教，申之以孝悌之义”；“圣人治天下，使有菽粟如水火；菽粟如水火，而民焉有不仁者乎？”目的在于使民众在满足最基本的生存需要后，使之受到良好的道德教育和人伦教化，使之懂得“父子有亲，君臣有义，夫妇有别，长幼有序，朋友有信”的道理，使五伦关系和谐圆融、各有差等，从而避免“无礼义，则上下乱”现象的发生。

如果说制民恒产与取民有制是真正实行仁政王道的开始，那么，人伦教化则是实行仁政王道的必然结果。在这里，孟子提出了一个非常重要的观点，他认为，道德教化之重要甚至优于良好的政治，如何判断衡量一国政治的好坏，其标准就在于看它是否得民心。他说：“善政不如善教之得民也。善政，民畏之；善教，民爱之。善政得民财，善教得民心”，好的政治不如好的教化更易得民心，一个是民畏之，一个是民爱之，前者为刚性，后者为软性。民畏之但不易服众，民爱之犹水之就下，沛然谁能御之？得民心者得天下，失民心者失天下。孟子认识到了良好的道德教育对民众的教化熏染作用是一般政治难以企及的，要使民众具有良好的道德意识，要使民众能自觉自愿地接受国家意识形态的约束和教化，唯有通过教育教化的方式才能办到，靠外力强压只能使民众畏惧，很难使民众心服。孟子构筑了一条善教与得民心之间的纽带，善教的理论基础是孟子所主张的性善论。正因为人人具有四端之心，具有善的本性，故人人可得而教之。其后的荀子也非常重视道德教化的作用，并有一套完整翔实的理论。尽管孟荀在人性善恶问题上存在差异，但在教育的途径和目标上，两人则是殊途同归，不惟不相背，而且还相互发明补充。孟子并不是道德教化至上主义者，他也意识到道德教化具有不可克服的局限性，认为道德教化不是万能有效的，若教化不奏效，则须施以刑罚，刑罚是道德教化的必要补充，但刑罚不可滥用，滥用刑罚民众则无所措手足。在实施刑罚过程中，不可任意扩大刑罚的范围，而是只对犯罪者治罪，不得株连其妻子儿女；孟子还反对滥杀无辜，“无罪而杀士，则大夫可以去；无罪而戮民，则士可以徙。”这实际上是对法家所主张的“禁奸止过，莫若重刑”以及“有不从王令、犯国禁、乱上制者，罪死不赦”的批判和否定。若执政者残暴其国民，就必然会导致身弑国亡的后果；这样的执政者简直就是独夫民贼。孟子所主张的慎用刑罚，是他提倡“发政施仁”的一种有效的辅助手段，也是儒家德先刑后思想的延续与弘扬。在大力弘扬以法治国和以德治国相结合的今天，孟子的思想主张无疑仍具有巨大的启迪作用。

对百姓实施教化的另一突出表现就是体现在与民同忧乐上，孟子仁政思想的最高境界就是施仁政以乐民。在《孟子》一书中，多次提到过王者与民同忧乐的问题。孟子对君王与民同忧乐的情景做了绘声绘色的描述：“今王鼓乐于此，百姓闻王钟鼓之声，管龠之音，举欣欣然有喜色而相告曰：‘吾王庶几无疾病与，何以能鼓乐也？’此无他，与民同乐也。”“不得而非其上者，非也；为民上而不与民同乐者，亦非也。乐民之乐者，民亦乐其乐；尤（忧）民之忧者，民亦尤（忧）其忧。乐以天下，尤（忧）以天下，然而不王者，未之有也。”“文王以民力为台为沼，而民欢乐之，谓其台曰灵台，谓其沼曰灵沼，乐其有麋鹿鱼鳖。古之人与民偕乐，故能乐也。”要用“老吾老，以及人之老；幼吾幼，以及人之幼”的推恩方法来治理民众，在“好货”“好色”方面与百姓“同之”，孟子还以文王狩猎场七十里而百姓以为小和齐宣王狩猎场四十里而百姓以为大为喻，说明了“与民同忧乐”的重要性。孟子认为，统治者若能与百姓同忧乐，才是真乐，才能真正王天下。这种王者与民同忧乐的境界正是孟子所追求的最高政治理想境界。孟子倡导的“忧以天下，乐以天下”的思想，成为几千年来中国知识分子不绝如缕的思想传统，范仲淹“先天下之忧而忧，后天下之乐而乐”、顾炎武“天下兴亡，匹夫有责”的思想信念皆源于孟子的这种忧乐天下的思想，激励着一代代知识分子以国家民族事业为己任，奏出了无数可歌可泣的感人乐章。

第十六讲

民贵君轻

——孟子的民本政治模式

孟子仁政思想最突出最有影响最有价值的部分是民本思想，民本思想是孟子仁政思想的核心精髓。从逻辑结构上说，孟子的仁政思想包含经济（制民恒产与取民有制思想）、政治（民本思想）、教育（人伦教化思想）三个层面的内容，是不可分割的统一整体。为了叙述方便，也突出孟子民本思想的重要性，本讲仅就孟子的民本思想予以阐释。

民本政治模式之提出

在我国的政治思想发展史中，民本思想源远流长。民本思想是中国古代社会形成的最早的政治思想形态之一，是一种植根于中国古代以农耕文明为基础的以民众为国之根基的政治理论学说。民本思想作为中国古代最早形成的政治学说，孕育和衍生出了中国传统政治文化的基本价值观，深刻影响了中国封建社会两千多年的历史发展轨迹和思想变迁历程。民本思想既是儒家政治思想的基本特征之一，同时它又超出儒家思想，成为各家各派都普遍关注的重要问题。如果说殷周时期对“民”的认识还停留在直观和经验的阶段，那么，到春秋战国时期，“民”的重要性问题再次引起了思想家们的关注和思考，重民成为社会上一种普遍的价值。兹列举《战国策》一例及汉贾谊在《过秦论》中的言论分析说明之。《战国策》中赵威后与齐国使者的对话就很能表明民本思想在当时执政者阶层的影响。“齐王使者问赵威后。出未发，威后问使者曰：‘岁亦无恙耶？民亦无恙耶？王亦无恙耶？’使者不说。曰：

'吕奉使使威后，今不问王而先问岁与民，岂先贱而后尊贵者乎？'威后曰：'不然，苟无岁，何以有民？苟无民，何以有君？故有舍本而问末者耶？'"战国时期的严酷现实使孟子清楚地看到了民众在政权更迭与国家兴衰过程中的重要力量和作用，看到了民心向背对得失天下所具有的重要意义。他在系统总结殷周以来的政治经验教训、继承殷周以来"民为邦本"思想的基础上，尤其是在继承孔子、子思、管仲等人民本思想的基础上，对君民关系进行了重新定位和诠释，高标民本主义大旗，第一次从理论的高度对殷周以来的民本思想进行了系统的研究、提升和总结，系统而完备地创立了民本政治学说，提出了著名的"民贵君轻"的民本理论，孟子的全部政治思想学说是建构在民本思想的理论基础之上的。孟子政治思想理论最辉煌的成就之一就是其民本主义理论的提出与阐释，达到了中国早期民本思想发展的最高峰。下面笔者将在仁政思想的框架下对孟子的民贵君轻政治模式做系统的剖析和梳理。

民本政治模式之阐释

在一个国家政治架构中，君民关系是最直接最重要的关系之一。如何处理好君民关系是国家政治生活中最为重要的大事。君民关系演变到战国中期已面临着巨大的思想突破：在此之前的君民关系是构建在以君主为政治本体的基础之上，君民关系是以天命与民意的关系表现出来的，天命通过民意而得以体现。随着天命思想的式微、君权地位的加强以及民众力量的日益凸显，进入春秋以后，天命与民意的关系则开始以国家与百姓（君民）关系的形式表现出来。不同学派的思想家如管仲、子产、晏婴、孙子、孔子等基于不同的政治立场、思想价值观都提出了以民为本的思想，不管他们在其他问题上存在多大分歧，但在民本问题上，他们所阐述的观点、所使用的话语、所得出的结论都是惊人的相似。这股民本思潮汇聚成不可遏止的滚滚思想洪流，成为孟子民本思想的最直接来源。孟子的民本思想集殷周以来民本思想之精华，以民众（丘民）为国家政治之主体建构其民本思想理论体系，在君民关系系统中，民众成为重于社稷及国君的决定力量，君权之获取，国家之稳定，皆在于能否得到民众的拥护和支持，民众是决定政权变更转换的最终力量源泉，“得乎丘民而为天子”。孟子对民众重要性无以复加程度的强调，昭示了战国中期政治价值观念的一个重大突破和转折。

孟子从国君、社稷、民众三者关系的角度来分析民众在国家政治生活中的重要地位和作用。民众是国家政治之主体。国家之存在、君主地位之稳固，皆依赖于民。孟子以“能变置”与“不能变置”关系论证了民众在三者关系中的重要地位，并提出了其著名的民贵君轻政治模式。他说：“民为贵，社稷次之，君为轻。是故得乎丘民而为天子，得乎天子为诸侯，得乎诸侯为大夫。诸侯危社稷，则变置。牺牲既成，粢盛既洁，祭祀以时，然而旱干水溢，则变置社稷。”还说：“诸侯之宝三：土地、人民、政事。宝珠玉者，殃必及身。”无论是社稷还是国君，若危及国家及民众的安全和存在，就应予以变置，相比而言，民众在任何情况下都不能变换，从这一层面而言，民众是国家的主体和根本，民众具有自身之存在价值，非他人所能剥夺和侵占。民众被提到了比社稷和国君更为重要的地位。正如恩格斯所说：“自阶级产生以来，从来没有过一个时期社会上可以没有劳动阶级而存在的。……没有一个生产者阶级，社会就不能生存。”[①] 正因为民众是社会政治生活之主体，是国家兴衰存亡之根本因素，故君主在国家政治统治中，首先要顾及民意、倾听民声、体现人民的意愿。孟子还以三代得失天下之经验教训来说明得失民心的道理：“三代之得天下也以仁，其失天下也以不仁。”“桀纣之失天下也，失其

①《马克思恩格斯全集》第 19 卷，人民出版社 1995 年版，第 315 页。

民也；失其民者，失其心也。得天下有道：得其民，斯得天下矣；得其民有道，得其心，斯得民矣；得其心有道，所欲与之聚之，所恶勿施尔也。民之归仁也，犹水之就下，兽之走圹也。”也就是说，民心之向背是决定政治成败兴衰存亡的关键，得民心则国家昌，失民心则国家亡，得民心者得天下，失民心者失天下。孟子把社会之治乱看作由“失其民”到“得其民”“失天下”到“得天下”的变迁过程、是由乱到治的发展过程。反之，若君主不以民众之意志为归依，民众即可以把他赶走。这从孟子与齐宣王的一段对话中就很清楚地表述了这一点：“孟子谓齐宣王曰：‘王之臣有托其妻子于其友而之楚游者，比其反也，则冻馁其妻子，则如之何？’王曰：‘弃之。’曰：‘士师不能治士，则如之何？’王曰：‘已之。’曰：‘四境之内不治，则如之何？’王顾左右而言他。”当国君不能治理好国家时，民众就可以像断绝失职的朋友、撤换失职的官吏那样把同样失职的国君赶跑。孟子一再强调国君负有养民保民之义务，否则便会遭到民众的唾弃甚至报复，这一思想在孟子与邹穆公的对话中也有非常精彩的描述。邹穆公问孟子，我的官员在战争中被鲁人所杀，百姓为何见死不救？孟子回答说：“凶年饥岁，君之民老弱转乎沟壑，壮者散而之四方者，几千人矣；而君之仓廪实，府库充，有司莫以告，是上慢而残下也。”他认为民心之向背是政权转移及政策取舍的最终价值标尺，孟子以尧舜禹之禅让为例，指出舜之代尧、禹之代舜都是“民受之”“民从之”的结果。即使是古贤明如唐尧，也不能把天下授予舜，而是舜顺应民心民意而为天子。这里已隐含着把民众的认同与接受看作评价君主统治是否合理合法的价值标尺。孟子在这里是要表明，如果统治者不顾人民利益，任意搜刮社会财富以充实府库，追求所谓的“富国兵强”，其结果必然会导致统治地位的丧失，就必然使百姓“仰不足以事父母，俯不足以畜妻子，乐岁终身苦，饥年不免于死亡”。而统治者本身“暴其民甚，则身杀国亡；不甚，则身危国削”。从而将民众之贫富与国家之衰强、君主之危安有机地结合在一起。正是有了民众对君主统治的前提性条件，因此，君主的至上权威和地位在某种程度上受到了一定限制，民众自身的价值也就有了一定的凸显。君主获取君位不能以牺牲民众之利益和生命作为代价，“行一不义、杀一无辜，而得天下，皆不为也。”这是孟子“民贵君轻”思想及“得乎丘民而为天子”思想的重要表现。

民本政治模式之影响

孟子的民本思想，虽与民主政治不可同日而语，不具有近代民主政治的基本理念，但与民主政治仍具有某种程度的相通相融性。因为民主制度确立之前提是构筑在对民这一社会价值主体的认同与肯定的基础之上的，正是在这一契合点上，孟子的民本思想在后来的社会里遭遇了不同的境遇和政治命运。一方面，由于孟子的民本思想所包含的某些不利于君主制度的因素，特别是孟子竭力抨击暴政，对历史上的暴君大加鞭挞，并把这些暴君视为独夫民贼，人人可起而诛之以及否定尊君卑臣，主张君臣有义等言论，对君主的权力确实起到了一定的抑制作用，不利于专制统治，因而受到了统治者的压制和打击。如司马光从维护君主统治的立场看到了孟子民本主义思想潜在的危害，专门写了《疑孟》，对孟子所提倡的民本思想给予驳斥和批判；再如明太祖洪武三年，朱元璋深感孟子民本思想于统治不利，不但废黜孟子祀，还命大学士刘三吾删裁《孟子》书中与民本思想有关者 85 条，并规定“自八十五条之内，课实不以命题，科举不以取士”。足见孟子的民本思想在形式上确实与君主专制主义有矛盾冲突的地方。但是，另一方面，孟子的民本思想又成为历代统治者实施国家统治不可或缺的思想法宝和理论指导，如汉初的“与民休息”政策、唐初的“为君之道，先存百姓”政策，明初的“富民”“养民”措施、清初的“保邦安民”方略等，都是以孟子为代表的民本思想在政治生活中的具体实践，体现了民本思想的精神和原则。宋代著名政治思想家李觏、王安石皆以弘扬孟子的民本主义思想为己任，提倡仁政，魏晋时期的阮籍、鲍敬言所倡言的无君论，明清时期的黄宗羲、邓牧所提倡的抑君论，顾炎武、黄宗羲、唐甄等人的民本思想，都从孟子民本主义思想资源中汲取了非常深厚的养分，融入了一些民主主义思想的成分，大大突破了传统民本思想的范畴，开启了我国早期民主主义思想的萌芽。可以说，在中国早期启蒙运动及西方民主主义传入中国之前，孟子的民本主义思想具有十分独到的价值和意义，包含着接纳近代民主政治之现实可能性，成为近代中国先进分子接受西方先进思想的一个内在的思想文化基础。

第十七讲

荀子：构建以“礼”为核心的政治思想体系

礼的内涵变迁及基本政治功用

荀子政治思想的基本特征就是建构以“礼”为核心的思想体系，这是荀子思想区别于孔孟思想、区别于其他一切思想家的本质所在。战国末期，各种社会矛盾展露无遗，社会经过数百年的剧烈振荡，已存的社会体制、道德规范体系被破坏殆尽，社会失去了维系人心的精神支柱。随着新的社会体制的产生，那种“礼坏乐崩”的社会局面根本不能适应即将诞生的新政体结构的需要，因而如何振兴被人淡忘了的礼义，恢复礼义道德昔日之辉煌，使之以新的形式服务于现实政治需要，成为当时社会普遍关注的重大现实课题。荀子承继前世之遗风，不遗余力地倡导礼义对国家、对个人之重要性。礼之观念经荀子重新改造与提倡，为历代统治者所重视，流响千世，浸沉人心，成为中华民族几千年来政治文化传统中最稳固最持久的思想观念之一。

但是，重礼并非荀子的发明，礼早在春秋时期就是一种较有影响的政治学说。孔子充分研究和借鉴了自殷周以来有关礼的思想资料，成为继周公之后中国古代礼学的第一位宗师，为治国安邦、修身立命确立了最基本的价值原则。礼逐渐超越了春秋之前就事论事的狭小范围，成为自然、社会、人类共同遵循的普遍原则和价值评判尺度。孟子直接秉承孔子内倾化之礼，更进一步将礼说成是恭敬之心、辞让之心等，使礼之内倾化趋向发展到极致，礼不再是外在的行为规范，而是根源于人心。孟子虽讲礼，但礼在孟子思想体系中并不占重要地位，也没有形成理论系统。至荀子，通过对“礼”进行改造，礼的内涵发生了根本性的转变。他一反孟子内倾化之礼，把礼视为外在的规范原则和行为准则，避免了儒家思想经孟子之发挥有步入“内圣之道”即修身养心养性之途的可能性。荀子继承了前辈思想家的礼治思想，从理论上和实践上最后一次对礼进行了全面系统的整理、总结和改造，[①]使礼在很大程度上摆脱了宗法血缘关系的羁绊，礼从维护宗法等级制的礼改造为维护封建统治秩序的规范体系。在荀子那里，礼不但是人类思想行为的准则，还是处理自然现象及社会事物的准绳，可以说是一切自然和道德规范的总称。是荀子政治思想体系中最重要的组成部分之一。如清末学者王先谦所言：“荀子论学论治，皆以礼为宗，反复推详，务明其旨趣，为千古修道立教所莫能外。”

荀子论“礼”的基本政治功用表现在养欲给求与明分别异两个方面。所谓养欲给求就是“养人之欲，给人以求，使欲必不穷于物，物必不屈于欲，两者相持而长”[②]。荀子认为，人生而有欲，若欲望得不到满足，就会产生争夺，争夺就会引起社会混乱和贫困，为了使社会不致因欲望过度而导致混乱，故圣王制礼以调节各种社会关系，使不同阶层人的欲求皆能得到满足，礼的社会功能就在于矫饰人的情性，满足和节制人们的基本需求。荀子说：“礼之生，为贤人以下及庶民也，非为成圣也；然而，亦所以成圣也。”荀子把礼的这种功能用养来表述，他说：“礼者，养也。……所以养口也；……所以养鼻

---

①在中国思想史上，礼的发展演进过程经历了三次创造性变革与整合：第一次是周公的援德入礼；第二次是孔子的援仁入礼，以仁释礼；第三次是荀子的援法入礼，隆礼重法。

②见《荀子·礼论》。《吕氏春秋·荡兵》也有类似的说法，远古时期，争乱不已，“胜者为长，长则犹不足以治之，故立君，君犹不足以治之，故立天子。天子之立也出于君，君之立也出于长，长之立也出于争。争斗之所自来者久矣，不可禁，不可止。”在远古时代，因人口、土地及生活资料而引发的争夺从来没有停止过，为了避免争乱，就要制定一种礼义法度来规范、限制人们之间的纷争，使人的欲望与礼义法度之间保持一种合理的张力。

也；……所以养目也；……所以养耳也；……所以养体也。”人之需求欲望无限，故礼对人的需求欲望予以调节，使之控制在适当的范围内。“凡用血气、志意、知虑，由礼则治通；不由礼则勃乱提僈。食饮、衣服、居处、动静，由礼则和节；不由礼则触陷生疾。容貌、态度、进退、趋行，由礼则雅；不由礼则夷固僻违，庸众而野。故人无礼则不生，事无礼则不成，国家无礼则不宁。”荀子认为，满足和调节人的欲望，使之控制在合理适度的范围内，是礼的第一项社会基本功能，也是礼产生的前提条件。

“礼”的第二个社会功能就是明分别异，具体说，就是区别贵贱、上下、长幼、贫富并使之按照一定名分固定下来，使各阶层不相杂乱，以达到社会长治久安的政治目的。只有“别”没有“礼”的制约，“别”就难以维持；只有“礼”没有“别”，“礼”就无法发挥其效用。礼对等级秩序的确认与维护就是通过对等级差异的标志和分别来实现的，即所谓“别异”“辨异”。如荀子曰：“礼别异”，“曷谓别？曰贵贱有等，长幼有差，贫富轻重皆有称者也。”“贵贱有等”是指社会生活中的等级秩序；“长幼有差”是指家族生活中的等级秩序，就是“亲亲之杀，尊贤之等”“贵贵尊尊”之类。《礼记》亦曰：“礼者为异”“礼辨异”。“夫礼者，所以定亲疏，决嫌疑，别同异，明是非也。”董仲舒亦曰：礼者所以“序尊卑、贵贱、大小之位，而差外内、远近、新故之级者也”。礼成为治理国家的典章制度和根本大法，成为家庭、社会中人与人之间上下、尊卑、亲疏的准绳和尺度。荀子认为，礼的分（“别”“异”）的功能对一个家庭内部来说也至为重要，为人父者、为人子者、为人兄者、为人弟者、为人夫者、为人妻者都有各自不同的礼仪要求和规定。分的前提基础是人性恶。正因为人性恶，故需后天之礼义来规范顺化人之性，以使之趋善。家庭是社会的缩影，家庭关系是社会关系的反映，家庭各成员按其在家庭中所处的地位从事职责范围内的事情，就能达到“贵者敬焉、老者孝焉、长者弟焉、幼者慈焉、贱者惠焉”之目的。反过来说，“非礼无以辨君臣、上下、长幼之位也，非礼无以别男女、父子、兄弟之亲，婚姻疏数之交也。”“道德仁义，非礼不成；教训正俗，非礼不备；分争辩论，非礼不决；君臣上下，父子兄弟，非礼不定；宦学事师，非礼不亲；班朝治军，莅官行法，非礼威严不行；祷祠祭祀，供给鬼神，非礼不诚。”从效果上看，如果每个人都根据自己的社会地位去选择符合自己身份的礼，“或禄天下而不自以为多，或监门御旅，抱关击柝，而不自以为寡。”则无论贫富贵贱皆能各守其分，大家自然就会相安无事，社会自然就会井然有序了。

礼的核心：等级制度的确立与维护

在荀子看来，人类社会划分为不同等级是天地经义的。就家族而言，存在着辈分、年龄、性别、血缘关系的远近，由此而有长幼、亲疏之分别；就社会而言，存在着德智才学之差异，由此而有尊卑、上下之分野。在这两种划分中，前一种关系是固定不变的，而后一种关系则是可变置的。在早期儒家的观念中，一个人的社会地位同他的才学德智是一致的，有才有德者理应拥有较高的社会地位，并享有较高的物质待遇。才德越高，地位和享受就越高，这就是荀子说的“德必称位，位必称禄，禄必称用。”“论德而定次，量能而授官，皆使人载其事而各得其所宜。上贤使之为三公，次贤使之为诸侯，下贤使之为士大夫”的确切含义。在荀子看来，这种差异鲜明、等级确定的社会才是公平合理的，荀子所期望的理想社会秩序就是尊卑上下、长幼亲疏各有分寸而不相淆乱。可以说，礼的核心就是等级性。礼的等级性体现在社会政治生活的方方面面，如体现在对土地的占有上，即“天子之田方千里，公侯田方百里，伯七十里，子男五十里。不能五十里者，不合于天子，附于诸侯，曰附庸。”体现在爵禄上，即“王者之制禄爵：公、侯、伯、子、男、凡五等诸侯之下士视上农夫，禄足以代其耕也；中士倍下士，上士倍中士，下大夫倍上士，卿四大夫禄，君十卿禄。”体现在日常消费上，即“衣服有制，宫室有度，人徒有数，丧祭械用皆有等宜。”“君臣、父子、兄弟、夫妇，始则终，终则始，与天地同理，与万世同久，夫是之谓大本。故丧祭、朝聘、师旅一也；贵贱、杀生、与夺一也；君君、臣臣、父父、子子、兄兄、弟弟，一也；农农、士士、工工、商商，一也。”非但如此，荀子还从人的血气、志意、知虑、食欲、容貌、态度、进退、趋行、动静、服饰、居处等方面来论证礼存在的必要性，对各种居于不同社会地位的人——君子、王公、师、士、俗人、小人、达者、穷者、富者、贫者以及血气刚强者、勇敢猛戾者、齐给便利者、愚款端悫者等在礼的指导规范下分别给予了角色定位。“礼”贯穿在君臣、父子、兄弟、夫妻等社会关系秩序中，起着调节人与人、人与社会之间关系的作用。

礼为修身立命、治国安邦之本

在荀子那里，礼是修身立命的根本，“礼者，所以正身也；……无礼，何以正身？”是人生最高的理想准则，“学至乎礼而止矣，夫是之谓道德之极。”“礼者，人道之极也。”“礼者，人之所履也。”礼对人的思想行为有规范作用，同时还是治国安邦的最高准则。“国之命在礼。”“国无礼则不正，礼之所以正国也”“为政不以礼，政不行矣”“治民不以礼，动斯陷矣。”还说“人无礼则不生，事无礼则不成，国家无礼则不宁。”以礼治国是取得天下的重要途径，不以礼治国就会丧失天下，“君人者，隆礼尊贤而王，重法爱民而霸，好利多诈而危。”荀子得出结论说：“隆礼贵义者其国治，简礼贱义者其国乱”，只有隆礼贵义、爱民勤政，才可以治理好国家。礼之于个人或国家，“犹衡之于轻重也，犹绳墨之于曲直也，犹规矩之于方圆也”，具有客观的无可替代的标准和作用。荀子以礼为最高价值评判标准，以礼来统摄涵盖儒家所有的道德或政治范畴。若不知礼、隆礼，即使学问再高，充其量不过是“陋儒”“散儒”而已。以此为标准，荀子还把儒者划分为“俗儒”“雅儒”和“大儒”三类，并以是否“隆礼义而杀《诗》《书》”作为评判三类儒者高低之标准。荀子所谓礼，归结起来有三方面功能和特征：（1）礼具有涵盖宇内一切万物的意义与功能，具有本体论性质。（2）礼是亘古不变的人生信条、社会历史的万世法则。（3）礼在狭义上虽与法有某些差别，但在广义上，礼、法之社会功能颇为一致，在荀子那里，礼、法常常并称，礼往往成了法的代名词。

援法入礼与隆礼重法：礼法之互补性

与孔孟时代不同，战国末期，法家所标举的“以法为本”的价值理念已经成为社会上普遍认同的价值观，荀子借鉴法家思想之合理内容以弥补和完善自己的思想体系就成为势所必然的事情。重法是荀子在思想观念上的一大转变，荀子援法入礼，主张礼法、王霸并用，提出了隆礼重法的思想主张，“体现了新的时代精神”。荀子的隆礼重法不但与孔子、子产等倡导的导德齐礼、宽猛相济思想渊源有自，而且与齐管仲学派更有千丝万缕的联系。礼与法作为治理国家的指导思想，各有所长也各有所短，是相辅相成的，“听政之大分，以善至者，待之以礼；以不善至者，待之以刑”。亦如冯友兰先生所言：“礼所规定，多为积极的。法所规定，多为消极的。”“夫礼禁于未然之前”，重在防微杜渐，故曰积极的；而“法施于已然之后”，重在惩治处罚，故曰消极的。[①]其实，法固然没有劝善之功，但却具有事后惩恶的作用，它以其震慑力量使人不敢为恶或不敢继续为恶，故亦有“防”之效。在荀子那里，礼是一种外在的社会规范和约束，法是一种外在的强制与制裁。从礼法关系看，礼是法的根本，法是礼的补充，法有其自身特殊的为礼所不能取替的内容，是治理国家的重要手段，因此，荀子强调在隆礼的同时一定要重法。礼法乃经国之根本，治国之大策，二者缺一不可，他说：“治之经，礼与刑，君子以修百姓宁，明德慎罚，国家既治，四海平。”二者对维护社会安定与稳定发挥着不同的功能和作用，成为维护社会政治制度稳定的基本原则。荀子尽管隆礼重法，但礼法在其思想体系中并非并列平行的，法并不是独立的规范体系，而是依属于礼的规范体系之下，礼比法更为重要，在层次上，礼也较法为高，礼是统属法的，说：“礼者，法之大分，类之纲纪也。”礼是法的基本纲领和指导准则，而法则是礼的具体细节条目。“隆礼重法而国有常。”礼是法分别的根据和指导原则，因此“非礼”便是“无法”。荀子还指出，法所施及的对象是众庶百姓和不善至者，而礼则不同，“由士以上则必以礼乐节之；众庶百姓则必以法数制之”。荀子认识到了法在社会政治统治中是不可或缺的，肯定了法在维护社会秩序中的重要作用。法虽有制裁震慑作用，但不可滥用。荀子的逻辑是，在礼法关系中，“隆礼重法”是相辅相成的，隆礼是第一位的，重法是第二位的；礼义教化是第一位的，刑罚惩治是第二位的；礼义教化不奏效，则辅之以刑罚，“礼所不行，势必以刑辅之”。对那些“奸言、奸说、奸事、奸能、遁逃反侧之民”仅仅靠礼义很难教化成功，必须以刑罚惩治之。但刑罚不可过度，否则，则难起惩戒之效果。荀子还主张，对

① 参见《史记·太史公自序》。《大戴礼记·礼察》也有相同的说法：“礼者，禁于将然之前”“法者，禁于已然之后”。汉贾谊对礼法关系则论之甚详，他说：“夫礼者禁于将然之前，而法者禁于已然之后，是故法之所用易见，而礼之所为生难知也。……然而曰礼云礼云者，贵绝恶于未萌，而起教于微眇，使民日迁善远罪而不自知也。”（《汉书·贾谊传》引《治安等》）

那些首恶分子，则要严惩不贷，决不姑息，“元恶不待教而诛”，“才行反时者死无赦”。荀子说：“不教而诛，则刑繁而邪不胜，教而不诛，则奸民不惩。”荀子要求为政者“明道而均分之，时使而诚爱之，下之和上也如影响。有不由令者，然后俟之以刑”。达到使“百吏莫不畏法而遵绳”的目的。对那些“陶诞突岛，惕悍侨暴”之人施以峻法，一以法令为准绳。如果“杀人者不死，伤人者不刑也；罪至重而刑至轻，庸人不知恶矣，乱莫大焉”；“赏不当功，罚不当罪，不祥莫大焉”。为了支持这一论点，他提出了自己的“刑人”主张，他说：“凡刑人之本：禁暴恶恶，且惩其末也。杀人者不死，而伤人者不刑，是谓畏暴而宽贼也，非恶恶也……夫惩暴诛悍，治之盛也。杀人者死，伤人者刑，是百王之所同也，未有知其所来者也，刑称罪则治，不称罪则乱。故治则刑重，乱则刑轻。”他反对当时的统治者“不教其民而听其狱，杀不辜也”。反对以族论罪的株连，认为这是乱世的做法。他批评那些乱施刑罚的君主，“乱其教，繁其刑，其民迷惑而堕焉，则从而制之，是以刑弥繁而邪不胜”。荀子指出，只有合理运用刑罚的统治者，才能真正发挥法律的治国作用。古圣王就是采取“明礼义以化之，起法正以治之，重刑罚以禁之”的手段治理国家。荀子的“隆礼重法”学说使礼治得到了刑法的有力支持和保障，从而大大弥补了传统儒家的不足，丰富和发展了儒家思想。荀子试图调和先秦儒法思想的大胆尝试，对汉代以后的思想发展影响很大，直接“开启了汉代儒法合流、王霸道杂之先河”。

与强调礼法并重相一致，荀子还主张王霸并重。“隆礼尊贤而王，重法爱民而霸。”在荀子看来，夏商周三代为王道政治时代，春秋以降者为霸道政治时代。王道、霸道之区别在于义与信。“故用国者，义立而王，信立而霸。”汤武所以能王天下，“无它故焉，以济义矣”。而“齐桓、晋文、楚庄、吴阖闾、越句践”，“虽在僻陋之国，威动天下，强殆中国，无它故焉，略信也”。

荀子不像孟子那样只提倡王道，反对霸道，把五霸看作“三王之罪人”，而是认为五霸之获取天下，虽不如汤武“义立而王”，但仍是“信立而霸”的结果。他说：“政令已陈，虽睹利败，不欺其民；约结已定，虽睹利败，不欺其与；如是，则兵劲城固，敌国畏之；国一綦明，与国信之；虽在僻陋之国，威动天下，五伯（霸）是也。……威动天下，强殆中国，无它故焉，略信也，是所谓信立而霸也。”这是与孔孟十分不同的。荀子的礼法、王霸并重的思想对于一个社会的稳定有重要的现实意义。我们知道，任何社会系统，往往需要借助礼法的作用才能得以稳定和控制，社会机制运作程序、人们思想行为的指导原则，都须按一定政治制度规范和法律规范来进行，没有一定制度保障的社会组织的存在是不可想象的。从这一层面看，荀子礼法并重思想是他对历史与现实进行反复观察沉思后所得出的一个具有人类学意义的结论，对荀子的这一历史功绩我们不能一笔抹杀。荀子要求人们把现有的社会秩序原则（道德的、政治的和法律的等）通过学习内化为人的思想信念和行为准绳，他说：“故学也者，礼法也”；“学至乎礼而止”。由此达到心理上的自觉自愿和平衡。

第十八讲

荀子历史哲学思想论纲

荀子是中国古代思想史上最富创新精神的唯物主义思想家之一，是先秦时期各种思想文化之集大成者。他处在一种社会变革及对社会历史进行反思的时代，他对中国传统思想的渊源、学术流派及现实政治问题都做出了较为系统全面的价值评判，在许多专门领域都做出了巨大的理论贡献。历史哲学思想便是荀子突出的理论贡献之一，对中国民族秦汉以后的政治制度、伦理道德、思想文化及观念形态都产生了极为深远的影响。然而，长期以来，我们对荀子历史哲学思想的研究重视不够，笔者认为，对中国传统哲学，可以从不同层面进行把握，从历史哲学的角度来研究中国传统哲学，或许不失为一种有价值的尝试。本讲试图在借鉴前人及时贤研究成果的基础上，从观念变革、社会、历史、人性诸方面，对荀子历史哲学思想做一提纲挈领式的价值评价。

历史哲学观的突破与超越

殷周以来的历史哲学观，大都认为自然与社会之间存在某种神秘的联系，世间诸种物事及人们的思想行为方式，皆受被神化了的自然力的鉴临与制约，并且认为社会的礼仪制度、典章规范也为超人格的上帝所创制。这种以自然现象解释社会历史的历史外因论观点不能正确阐释社会历史领域所发生的一切变革现象，也无法寻觅社会历史发展变化的内在原因，最终不得不诉诸不可知的神秘的外在力量。迨及战国末期的荀子，兼融众家之学说，并收诸子之所长，在历史哲学观上，不囿于古人成见，突破了长期以来僵固不变的思维模式，进行了一场具有时代意义的观念变革。

荀子割断了自然与社会之间神秘的联系纽带，以理性主义眼光重新审视二者的关系，提出了著名的“天人之分”理论。他认为，自然（天）和社会（人）各有自己的职分及作用范围，自然并不具有情感意志，对人类也不能福善祸淫，这是对传统价值观念的无情批判。同时，荀子适应社会形势发展的迫切需要，在天人关系上确立了新的进步的价值观念——荀子在历史哲学观上所寻求的时代性超越。

在认识层面上，荀子指出，自然现象与社会治乱毫无内在联系。就是说，自然现象有其恒常运作规律，它既非超人格力量的展示，也与社会嬗递、人生吉凶无关。荀子把本属社会的内在力量从神秘的自然的控制下挣脱出来，重新还给社会，这就使荀子的历史哲学思想有了较为稳固的立足点，它较之于传统流行的神学历史哲学观，无疑前进了一大步。可见，在认识层面上，荀子区分了自然与社会的职能范围，割断了二者间的神秘联系；而在实践层面上，荀子则重个体价值，主张发挥人的主观能动性，按自然规律办事，提出了“制天命而用之”的伟大思想，这一思想对荀子历史哲学思想的构成影响极大。

荀子认为，人类作为自然界最高生灵，须遵循自然规律进行活动，如使民以时，加强农业生产，节约消费，顺适自然时令等，都是其表现形式。人类若背离此道而妄行，就必然发生饥馑、疾病和灾难。在这里，荀子肯定了人具有思维功能和认识自然规律的必要性，对主体人在自然中的地位做了新的价值规定。荀子从肯定主体能动意识的角度出发，认识到了人类所独具的力量，认为人类永远处于一种冲动意识中，无论自然、社会历史，还是人性自身，都只是被改造的对象，二者处于“能治”与“被治”的关系网络中。可以说，荀子这种“制天命而用之”思想是其“天人之分”思想的进一步深化。荀子把这一时代赋予的思想运用到历史哲学领域，充分关注了人的问题，使其在对历史哲学理论的阐释中，能与“人”联系起来考察，而不再是外部自然力的附庸。荀子的历史哲学理论获得了较为独立完整的形态，这种形态能出现在两千多年前的先秦时代，是极为可贵的，它至少表明了中国传统哲学的一个重要特征——对社会、历史、人生问题的深切关注。

对社会构成及主体需要问题的剖析

荀子肯定这样一个基本历史事实，即“人”是构成社会机体的最重要因素。在荀子看来，社会构成的主体只能是人，这是由人的社会本质决定的，人的本质决定了人具有不同于动物的特质，此特质表现在两方面：一是人“有辨”“有义”，而动物则没有。荀子说：“人之所以为人者，非特以二足而无毛也，以其有辨也。”所谓“辨”主要是指人的理性思维功能，具有社会性意识是人区别于动物的一个特征。二是人高于动物的另一特质在于“人能群，彼不能群也”。荀子举例说，作为人，“力不若牛，走不如马，而牛马为用，何也？曰：人能群，彼不能群也”。荀子认为，人的禀性中就已本能地包含着合群的能力和趋向，人的这种先天赋有的合群行为是社会群体组织之所以建构与成立的基本前提，所以，人的天然固有的禀性及维持人类自身生存繁衍的需要，不可避免地导致了人类最初的合群行为。荀子“人能群”的思想虽缺乏严密的逻辑推理和科学论证，但却有极重要的理论参考价值，现代心理科学的大量研究实验结果，证明了荀子“人能群”“人生不能无群”结论的合理性。不过，我们也应该看到，荀子并没有揭示出“人之所以为人”的道理，他还没有认识到人与动物的本质差别在于人能从事劳动，能制造和使用劳动工具等。这是由荀子所处时代的历史局限所造成的。

荀子从人不同于动物的两种物质说明了社会机体只能由人来构成。从荀子的心态看，构成社会的主体——“人”显然不是独立社会之外的孤零零的个体存在，而是融于群体关系中的族类的存在，也就是说，人类初始是以“群居”形式而不是以“个体”形式出现的（“人能群”思想便能说明这一点）。然而，随着人类智能水平的提高及认识范围的扩大，在最初的群体组织内出现了“同求而异道，同欲而异知”的现象。个体人在从事生产劳动过程中，逐渐对自身有了一定认识，萌发了独立于群体关系的微弱愿望和要求，这样，基于人本性而自发构建的原始群体组织就有可能在人本性的冲发撞击下分崩离析，人类生存面临严重的挑战。同时，人本性的无限欲求与物质资料匮乏之间的矛盾冲突也在不断加剧，这种“物”与“需”的矛盾是构成其他一切矛盾冲突的最根本性矛盾，而这种矛盾的出现使人类面临更直接更严重的挑战。两种“挑战”形式的出现迫使人类寻觅新的生存出路。针对时代的“挑战”，荀子在当时的历史条件下提出了自己的“应战”方式，此方式可归结为一个“分”字。荀子所谓“分”，并非一般意义上的“分别”“区别”义，而有其丰富的内涵，其涵摄范围十分广泛，弥纶宇宙天地、社会人生，可谓无所不包、无所不及。只要有异可别，便有“分”的功能存于其间，所谓“明分使群”只是“分”的功能在群体关系中的一种表现。但是，在对“分”的剖解中，荀子并没有论证“分”是如何进行的，他只是说明了“分”的结果是怎样的。从“群”到“分”的历史推演是一个漫长的过程，其分化程序是非常复杂的，荀子对这种历史发展的逻辑进程做了非逻辑式的跳跃，就是说，他几乎完全是从“分”的结论上阐述将要论证的问题。

荀子“分”的思想不是凭空产生的，它是原始社会从内部发生贫富分化发展到社会大分工的历程在荀子思想中的反映，是社会矛盾发展的必然结果。人类社会在“分”的基础上重新构成一个整体，是一个否定之否定的矛盾运动过程。经过划分（社会大分工）以后的社会形态较之划分以前的社会形态

（即“人能群”的原始状态）是一种扬弃、一种超越。其表层形式虽无甚大差别，然其本质构成、因素组合、内容特征却发生了质的变化。

刚才说过，“分”是一种社会发展趋向，是一种客观力量。当我们进一步问：“分”这种力量是如何形成的？在这个问题上，荀子陷入了唯心史观。荀子认为，“分”的原动力不是来自社会的经济内容本身，而是来自圣人，圣人是“明分使群”的发动者和主宰者。荀子把圣王看作不受社会力量控制、超越礼义之上的人格象征，这种唯圣主义倾向是荀子乃至整个中国传统哲学两千多年来一直无法超越的封闭模式。现时代，我们在对中国传统思想文化进行全面反思过程中，应努力打破这种人为树立的人格偶像和陈旧思维模式的束缚，把圣人的力量世俗化，还给人间，还给人性本身。因为是人把人幻想为圣人，而不是圣人使人成为人。荀子并没有正确解决圣人与人、圣人与社会历史的关系问题。

在探讨了社会构成的问题后，问题只解决了一半，它还必须回答一个与此密切相联的另一个问题即主体需要问题。对人的需要问题的探讨有助于我们把握某些社会内在变化的原因，只有解决了这个问题，整个社会理论才显得完整。

荀子在自己的社会理论中试图解决这一问题。他承认“人生而有欲”，人的欲望在其展示过程中表现为人的各种不同层次的需要，我们把荀子有关这方面的论述归纳起来，可概括为四种需要。

第一是本能需要。荀子把这种需要视为人的最基本生理要求。他说：“饥而欲食、寒而欲煖、劳而欲息”是人人具有的生理本能，是人生来具有的禀赋。此外，目之辨黑白美丑，鼻之辨芬芳腥臊，耳之辨音声清浊，口之辨酸咸甘苦以及骨体肤理之辨寒暑疾痒等都是人本能的不同表现，对于人的这种本能需要，社会首先必须予以满足，谁也无权泯除人的欲望。他说：“虽为门守，欲不可去；虽为天子，欲不可尽。”荀子针对先秦许多思想家提倡的“无欲”“去欲”“寡欲”的观点提出了批评，他认为重要的在于导欲节欲，而不在无欲去欲，他甚至认为国家某些政策的设计，正是以人的“多欲”本能为前提。总之，荀子不否认人有满足自己生存需要的权利，但他又指出，需要满足的方式须严格限定在道德礼义的范围内，他说：“心之所可，中理，则欲虽多，奚伤于治……心之所可，失理，则欲虽寡，奚止于乱？故治乱在于心之所可，亡于情之所欲。”也就是说，人的需要欲望不能随意发泄，而要有一定的“度量界限”，符合一定的礼义规范，这种观点在现在看来仍有一定借鉴意义。

第二是享乐需要。在荀子的论述中，享乐需要虽比本能需要在境界上高一层次，但仍没有脱离本能需要的领域。荀子指出，随着社会的发展和物质资料的丰富，人们已不满足基本的生存需要，而是有了更高追求，“食欲有刍豢，衣欲有文绣，行欲有舆马，又欲夫余财蓄积之富也。”几个“欲”字的并用，表明人们不满于现状而另有所求的心态。荀子还说：“重色而衣之，重味而食之，重财物而制之，合天下而君之，饮食甚厚，声乐甚大，台榭甚高，园囿甚广。”可见，在荀子时代，所谓享乐需要还主要是指物质方面的需要。

第三是政治权力需要。这种需要为中国古代多数思想家所重视，荀子也不例外。他认为，希望成为天子，臣使诸侯，一霸天下[①]，是人人都有的愿望，但此愿望并非人人都能得到。荀子认为，一般人只能达到物质满足的程度，而精神、权力的满足和需要只有圣王君子才能做到。人主都希望大权在握，治理国家，最终实现自己的目的。

第四是道德完善需要。这种需要也是中国古代思想家特别是儒家思想所重视的。道德的自我完善，在荀子的需要层次上位于最高层，也是荀子努力追求的理想境界。《荀子》通篇都在教导我们：要加强道德品性方面的主观修

① “夫贵为天子，富有天下”，“臣使诸侯，一天下。”（见《王霸》）

养，努力培养和提高自身的道德水准。在荀子看来，这一修习砥砺过程就是道德境界不断完善、不断实现的过程。荀子树立了多层次的理想人格形象，而“禹”是最完美的理想人格化身，禹所达到的境界就是人们所追求的目标。荀子认为，人或许一辈子都不会成为圣人（“禹”），但人每时每刻都有成为圣人的可能（“涂之人可以为禹”）。

我们把前两种需要归为一类，称为“物质需要”；后两种需要也归为一类，称为“精神需要”。这两种需要类型实际就是义（后者）、利（前者）之辩问题。荀子认为，“利”是包融于“义”之内的，人生的价值和意义在舍利取义，义比利更重要，换言之，道德生活要高于物质生活。

荀子是注重现实的思想家，他立足于现实，对社会中许多复杂问题进行了深刻反思，从而得出不少有思想价值的见解，对后人很有启迪意义。

先王后王并重论及其历史价值

中华民族是历史悠久的民族，强烈的历史意识和对历史的深刻反思使荀子的历史学说在其历史哲学体系中占据特殊的地位。通过审视历史来反省现实政治，是荀子历史学说的一个特点。先王后王理论便是荀子借以昭示现实政治的重要杠杆。

荀子所谓的“先王”“后王”是指什么？它与孟子的“先王”有何不同？自唐杨后一千多年，对此问题一直见仁见智，争讼不休，至今仍未取得一致的意见。笔者认为，荀子所谓的“后王”既不同于其所谓“先王”，也异于孟子所谓的“先王”，学术界一般把荀子的历史思想概括为“法后王”，使之与孟子的“法先王”相对立。其实，荀子在对待历史的态度上，不仅“法后王”，而且也“法先王”，是后王先王并法重者，并且，荀子所说的“先王”“后王”

都非实指，而是特指，下面笔者将论证这一观点并加以必要的详述。

荀子作为先秦儒家思想的最后一个代表人物，在思想倾向上他与孔孟一样，也试图从先王那里寻觅解释现实的依据。荀子所理解的“先王”，并非特指历史上的某某人，就是说，荀子所关注的焦点在于“先王”所表征的意义，而不在于“先王”是什么，确指谁，这是两个含义不同的问题，不能混而淆之。但我们应避免走另一极端，以为“先王”与历史人物毫无关系。谁都不会否认，“先王”观念的形成渊源于真实的历史人物，它以历史人物为摹本，但又不与历史人物重合。它已从具体的历史人物中抽绎出来，凝聚了历史人物的一切智慧和才能，是对历史人物的超越和升华。因此，荀子对先王的描述，不是在现实层次上而是在理想层次上进行的，这是理解荀子先王特点的关键所在。

荀子像先秦诸子一样，崇法先王。他认为，人们必须效法先王，因为先王能“审礼”“明礼义”而成就“立文”之道。在荀子的历史观念中，是否法先王是评价一个人道德境界高低的尺度。荀子把那些不合先王、不顺礼义的言论概斥为“奸言”“奸心”。他说：“凡言，不合先王，不顺礼义，谓之奸言，虽辨，君子不听。”还说：“劳知而不律先王，谓之奸心。”他批评名家学派惠施、邓析理论的最大缺陷就是“不法先王，不是礼义”，荀子还对“略法先王”的俗儒提出尖锐批判，并指出孟子就是“略法先王而不知其统”的俗儒。

荀子构想了一个历史活动的发动者，超越众生之上的理想人格——先王，以制礼作乐，启蒙民智。荀子法先王，是以对传统历史的眷恋为其心理特征的，在这点上，荀子与孔孟并没有太大差别。他试图为人们树立一种信念，并把这种信念根植于每个人的心理意识中，使之成为一种有约束力的无形的力量。但是，荀子与孔孟不同之处在于他没有把历史思维视野仅仅局限在“法先王”上，荀子更主要的是现实主义思想家，“处于今而论久远”一直是他遵奉的信条，一切都必须在现实的天平上得以衡量。荀子也清醒地意识到，先王之道由于历史久远之故，不能直接对现实发挥作用。他说："五帝之外无传人，非无贤人也，久故也；五帝之外无传政，非无善政也，久故也……传者久则论略，近则论详，略则举大，详则举小……是以文久而灭，节族久而绝。"就是说，先王之道，历时久远，难以知详，那么如何推知先王之道、崇法先王呢？荀子提出了一个具有人类学意义的命题，他说："类不悖，虽文同理"，只要是同一种类，虽历时久远，然其理相通。荀子认为，先王、后王在历史长河中，就是属于同一类型，是一以统之的，这种观点为荀子的"法后王"思想从理论上提供了坚实基础。后王之道由百王礼法损益而成，是先王之道积习绵延的结果，通过统类的作用，由后王之道便可推知先王之道，由今世便可推知往古。这种反省历史的方法就是荀子历史理论中著名的"以近知远，以一知万，以微知明"的推知方法。

那么，我们回到主题，荀子的"法后王"是指什么？

笔者认为，荀子所谓"后王"，并非特指某某人（学术界一般认为荀子"后王"是指周文武），而是对当时理想人君的理想化描述，在"后王"身上，凝聚了新时代发展的一切要求，"后王"成为礼法、王霸、义利……品质的表征。笔者颇同意近人梁启雄对后王的看法，他说，"荀子的后王似是总汇'百王'，圣王政教之迹的'君师'，是一位理想的'德才兼备'的有位或无位的圣人——王或素王。"就是说，荀子的"后王"与"先王"一样，也是在理想层次上而非现实层次上来表述的。

我们说，荀子所说的"后王"不可能指周文武，这一论断，从荀子的言论中也可找出佐证。荀子在《非相》篇中说："欲观千岁，则数今日；欲知亿万，则审一二；欲知上世，则审周道；欲知周道，则审其人，所贵君子。"持"后王"为周文武的人认为这里的"其人"即指周文武，其实不然。因为荀子明确说过："欲脩政美俗，则莫若求其人，彼其人者，生乎今之世而志乎古之道。”显然，荀子认为“彼其人”是“生乎今之世”的，周文武离荀子时代已有数百年之久，怎能是指文武周公？且从这段话中，我们也可寻找出问题的答案，这是一组有规律可循的排比句，即“千岁”对“今日”，“亿万”对“一二”，“上世”对“周道”，“周道”对“其人”，这种句型组合结构，是先秦时期经常使用的句式。它以一种反差的形式出现，或时间跨度之大（上世与周道），或数量悬殊之多（亿万对一二），若把“其人”说成是周文武，就破坏了这种固定的排比形式。因此，这里所谓“其人”只能理解为是当时代的人，具体说，就是荀子所谓的“后王”。荀子还说过：“道不过三代，法不贰后王，道过三代谓之荡，法贰后王谓之不雅。”在这里，“三代”与“后王”相对应，三代即指夏商周，文武周公本身就是三代中的人物，由此也可证明，荀子所谓“后王”只能是当时代的人，是荀子心目中理想人君的映现。荀子一直主张“善言古者必有节于今”，“以今持古”[①]，若荀子“后王”是指周文武，便与这种注重现实的历史主义态度相矛盾了。

荀子“法后王”是以历史进化为其根据的，历史从远古发展到现在，因此，仅法先王还不够，先王不能指导现代人的行为，不能运用礼义制度作用于现代社会，先王只在历史发展的初期起着巨大的作用。战国时期，时代不同了，历史发生了很大变化，就应确立一个新的理想人格目标，这就是荀子树立的“后王”形象。荀子虽没有像商鞅、韩非那样对历史进行时期划分，但从荀子的历史倾向看，我们可以明显地感觉到：人们的欲求和需要在不同历史时期是具有不同的形式和内容的，这从荀子的需要层次论就可得到证明。荀子的历史学说不是孤立静止的，而是把历史看作一条绵延不断的长河，是一长远的历史发展过程，荀子用一“久”字来表示这一过程，这都表明荀子具有非常强烈的历史感。荀子对历史的态度与孔孟不同，孔子提出了“三代

① 原作“以古持今”，今据杨倞注改。

损益”的历史观，孟子对历史则采取“一治一乱”的循环论态度，荀子则认为历史是发展变化的，不但所谓“礼”是悠久的历史文化积淀而成，就是“后王之道”也是远古时期“先王之道”积习凝练的结果。荀子采取的是一种向前看的历史观，在历史观上，荀子虽没有达到法家的理论水平，但却超越了孔孟，使他成为从儒家向法家过渡的重要代表人物。荀子先王后王论所表征的历史价值不仅在于此，他还认为，历史的进程是受内在的一般规律制约的，历史在其演进过程中存在着一种持久的历史精神，这种历史精神通过百王的前后交替而得以保存。荀子指出：“百王之无变，足以为道贯，一废一起，应之以贯，理贯不乱，不知贯，不知应变，贯之大体未尝亡也。”荀子认为，历史中有一种不变的精神力量，他常用“古今一也”这种固定格式来表示，先王后王之间便有一以贯之的精神力量来维系，这种精神力量就是“道贯”，也就是“礼”。的确，任何民族的历史，在漫长发展过程中，逐渐凝聚为一种较为稳固的内在的历史意向，透过这种历史意向，可以洞悉一个民族特有的历史精神。荀子意识到有一种历史精神的存在，是十分珍贵的。荀子虽先王后王并法重，但其重点则在于“法后王”上，与先王相比，荀子更注重“后王”所表征的价值和意义。荀子汲取先秦诸子的合理成分，适应了社会形势的发展，提出了义利并重、王霸兼施、礼法兼尊等一系列主张，较之孔孟儒家、商韩法家，更有利于维护国家的统一。而“后王”作为理想人格的化身，正是义利、王霸、礼法等思想的综合体现，法后王象征着历史的进步，荀子正是通过“法后王”来阐明自己进步的历史观。

对人性问题的理论阐释及其构想

对人性问题的探讨就是人类自我认识的开始。千百年来，对“人性是什么”的问题，思想家们一直在思考。春秋末年的孔子提出“性相近也，习相远也”，在中国思想史上首先提出了人性问题，但孔子没有揭示人性的基本内容。在荀子之前，系统阐述人性学说的是孟子（此不详述），孟子剖析人性，主要侧重于社会性领域。与此相反，荀子所谓人性，主要是指人生而具有的本能，是人最基本的欲求，荀子是从人的自然性上去剖析人性。孟荀都谈论人性，但他们所理解的人性却具有不同的含义，他们都只是从一个侧面触涉到人性的本质内容，对人的本质的认识深了一层。荀子的人性理论受告子影响颇大，他批判了孟子的先天道德观念，从动态的发展的角度提出了“人性恶”的理论框架，并全面阐释了人性可通过外在环境条件和内在主观努力得以塑造的思想。

在荀子的人性学说中，有两个最重要的概念：“性”“伪”。“性”“伪”思想始终贯穿于荀子的人性学说中，“性”是什么？荀子说：“生之所以然者谓之性”，“性者，本始材朴也”，还说：“凡性者，天之就……不可学，不可事而在人者，谓之性”“性也者，吾所不能为也，然而可化也。”从这些论述中，可看出荀子对“性”做了两条基本规定：（1）性是天生而自然的，人性本于天，天无情无欲，自然无为，人性也是纯真质朴、不加雕饰的。表明荀子的人性论与其天道观有直接的渊源关系。（2）性虽人生而具有，非人力之所能为，然性通过后天的积习可发生变化，这就是荀子人性论中的“化性起伪”观点。从荀子对人性的规定看，人性中最初不包含任何道德意识，也不具分辨是非美丑的能力，按荀子的这种逻辑规定推论下去，他应得出与告子所谓“性无善无不善”相同的结论。可荀子却由天然质朴之性得出“人性恶”的结论。荀子试图从不同角度来论证自己的人性恶理论，从生理本能的角度看，荀子指出：“今人之性，生而有好利焉，顺是，故争夺生而辞让亡焉；生而有疾恶焉，顺是，故残贼生而忠信亡焉，生而有耳目之欲，有好声色焉；顺是，故淫乱生而礼义之理亡焉。”荀子认为，与生俱来的好利、恶害，耳目声色之欲等天性，都具有自由活动和自由发展的本能。现实中，人人皆有欲，且“欲多不欲寡”，若顺纵人之性情任其自由发展而不加节制，便会导致一系列恶的结果，如争夺、残贼、淫乱等行为。荀子说：“从人之性，顺人之情，必出于争夺，合于犯分乱理而归于暴。”还说：“凡古今天下所谓善者，正理平治也；所谓恶者，偏险悖乱也，是善恶之分也已。”从荀子的行文内容看，荀子所谓性恶，不是指人性本身，而是指顺纵人性所出现的结果，这是十分明显的。人性只有在出现“犯分乱理”“偏险悖乱”时才是恶的，换言之，人性之所以恶是因为它超出了圣人规定的“度量界限”和礼义道德。荀子只是想表明人性具有趋恶的本能，顺从人性，便会出现恶的结果。荀子还从心理意识的角度进行了论证，他说：“夫薄愿厚，恶愿美，狭愿广，贫愿富，贱愿贵，苟无之中者必求于外，故富而不愿材，贵而不愿势，苟有之中者，必不及于外，用此观之，人之欲为善者，为性恶也。”荀子从心理对外界的反映上论证人之性恶，众所周知，在先秦诸子学说中，荀子对人的心理现象的分析最为透彻，洞察最为细致。

荀子论性的重点不在性之“恶”上，而在性之可“化”可“伪”上，不在“性”之本身，而在“性”的可塑性上。荀子认为，在性之自然结构上，圣人之性与众人之性是相同的。他说：“故圣人之所以同于众而不异于众者性也。”“尧舜之与桀跖，其性一也”。这种“性”是人生而就有，不会变化的。人与人的差别则表现在性的社会结构上，由性的自然结构向社会结构的转化，就是荀子所谓的“化性起伪”过程。荀子指出：“材性知能，君子小人一也；好荣恶辱，好利恶害，是君子小人之所同也，若其所求之之道则异矣。”君子、小人之所以发生差别，就在于“其所求之之道”的不同即人为方式（统称为“伪”）的不同。“伪”是相对于“性”而言的，荀子说：“可学而能，可事而成之在人者，谓之伪”。唐杨倞在注释这段话时云：“伪，为也，凡非天性而人作为之者，皆谓之伪。”可见，性、伪之分别就在于一是先天固有，一是后天人为习得。从人性中并不能直接引申出“善”，一切善的东西包括伦理道德规范体系都是在“伪”的基础上建构起来的，这样便出现一个理论问题，“化性起伪”是如何可能的？具体说就是性是怎样经过化导而脱离恶趋向善的？其中转换的契机是什么？清末学者王国维也曾提出类似疑问，他说：“荀子云人之性恶，其善者伪也，然使之能伪者，又何也。”对这一复杂问题，荀子提出了“以心治性”的主张，这是荀子制天命思想在人性论上的体现，他认为，“性”向“伪”的转化须有一过渡媒介，此媒介便是“心”。他说：“不事而自然谓之性，性之好恶喜怒哀乐谓之情，情然而心为之择，谓之虑，心虑而能为之动谓之伪。”就是说，“心”是思维器官，具有理性思维功能。它能使性情在发动之初就进行合理引导，规定一条通往“善”的途径而不致发生情欲横流的现象。伪、善皆出自人心的计虑权衡。不通过“心”这一中介，人性恶与后天的伪善之间就无法沟通。荀子所谓“心”是指“清明之心”。怎样才能判断心的计虑权衡是正确的呢？荀子指出，“心”并非盲目凭空去计虑权衡。它首先要学至于全尽全粹，还要明统知类，把经验知识与理性推度相统一，只有这样才能保护心“为之择”的正确性。人之为尧舜抑或桀跖，君子抑或小人，关键在于是否顺应了心“为之择”好了的方向和途径，即荀子所谓“所求之之道”的差异。荀子从动态的过程考察了人性，指出了“化性起伪”的必要性，较之孟子、荀子赋予人性以伦理道德观念，无疑提供了更多的有价值的东西。但荀子把“化性起伪”的最后发动者仍归之为圣人，则又陷入了唯心史观。他说：“古者，圣人以人之性恶，以为偏险而不正，悖乱而不治，故为之立君上之势以临之，明礼义以化之，起法正以治之，重刑罚以禁之，使天下皆出于治，合于善也。”改造人性的力量不是来自社会而是出自圣人，他指出：“圣人化性而起伪，伪起而生礼义，礼义生而制法度，然则，礼义法度者，是圣人所生也。”

荀子在建构自己人性理论的同时，对孟子主张的性善学说进行了激烈批判。他针对孟子的性善说指出：“今诚以人之性，固正理平治邪？则有恶用圣王、恶用礼义矣哉？虽有圣王、礼义，将曷加于正理平治也哉。”这段话意思是说，若人之性善，则圣王礼义便无所适从，正因人之性恶，君主的存在才有必要，礼义道德的存在才有可能。性善说的结果就是否定礼义道德，荀子说：“性善，则去圣王息礼义矣，性恶，则与圣王贵礼义矣。”而“去圣王息礼义”的行为是荀子绝对不能容忍的，荀子虽批判了孟子的性善学说及天赋道德观念，但所要达到的目的则完全相同。孟子认为“人人可以为尧舜”，而荀子则认为“涂之人可以为禹”，可谓殊途同归。清陈澧说：“涂之人可以为禹，即孟子所谓人皆可以为尧舜，但改尧舜为禹耳，如此则何必自立一说乎。”清思想家戴震也认为，荀子的性恶说“与性善之说不惟不相悖，而且相若发明。”皆道破了孟、荀在人性学说上的一致性。

荀子从他所处的时代和阶级需要出发，把圣人说成是“化性起伪”的主宰，改变人性的最初力量。但荀子在具体论述人性的变化过程中，则常常自我否定了他为自己所设置的界限，在其总的框架下包含着大量现实的内容，从而冲淡了他的圣人万能论。荀子认为，人之性恶，必须经过后天环境的教育和主观的努力，才能改变，他向我们提供了改变人性的几条有效途径，其中包含有丰富的历史唯物主义因素。

荀子认为，后天环境对人性具有陶冶改造作用，否认先验道德论和生而知之的圣人。他说：“凡人之性者，尧舜之与桀跖，其性一也；君子之与小人，其性一也。”在本性上他们是一样的，必须经过后天环境的教育改造才有愚贤之分，他说：“可以为尧禹，可以为桀跖，可以为工匠，可以为农贾，在势注错习俗之所积耳。”“注错习俗”即指环境的陶冶和积累。荀子用许多形象的比喻来说明环境对人性的影响，他说：“居楚而楚，居越而越，居夏而夏”，久居某地，其人性将随特殊的文化环境、地域环境而发生改变，“习俗移志，安久移质”。荀子还用一些自然界现象说明这一道理，他指出：“蓬生麻中，不扶而直；白沙在涅，与之俱黑。”可见，后天环境对人性的影响是极为重要的，特别是在人们尚未完全意识到环境与自身关系时尤是这样。所谓环境，永远是指与人类自身有密切联系的环境，人在特定文化环境下生存，又时常创造新环境来适应人类自身的发展，在这种意义上“人创造环境，同时环境也创造人”。

荀子认为，作为一种外部力量，后天的人为教育对改变人性也是非常重要的。他说：“干越夷貉之子，生而同声，长而异俗，教使之然也。”教育使人发生本质上的变化，教育与环境不可分割，在什么环境下便从事什么样的教育。荀子还强调“师法”的功用，荀子说：“人无师法，则隆性矣；有师法，则隆积矣。而师法者，所得乎积，非所受乎性，不足以独立而治。”“师法”是人性教育的一项重要内容，荀子说，人性“必将有师法之化，礼义之道，然后出于辞让，合于文理，而归于治”。社会实践表明，教育是改变人性的最有效手段之一。马克思指出：“要改变一般的人本性，使它获得一定劳动部门的技能和技巧，成为发达的专门劳动力，就要用一定的教育或训练。”[①]马克思这里指的是资本主义上升时期教育对工人提高技能和技巧所起的重要作用。荀子在他的时代充分认识到教育对人性的全面塑造具有明显的社会意义和社会效果，是十分难能可贵的，因而在中国古代教育史上具有举足轻重的地位。

荀子认为，环境、教育等固然重要，但它们只是改变人性的外部因素，仅有外部因素还不够，要使这些外在因素发挥其应有的效用，还须通过个人主观上对这些因素的支配及孜孜不倦地追求。因此，后天自觉的学习也是改变人性的一条重要途径。荀子认为，学习活动是不可停止的（“学不可以已”）。通过不断地自觉学习，深刻地反省自身，就会使自身恶劣情欲得以祛除而没有过错，他说：“君子博学而日参省乎已，则知明而行无过矣。”那

①《马克思恩格斯全集》第23卷，人民出版社1995年版，第195页。

么，学习从何处开始，到哪里结束（“学恶乎始？恶乎终？”）？他说：“其数，则始乎诵《书》，终乎读《礼》；其义，则始乎为士，终乎为圣人。”他还说：“故学至乎礼而止矣，夫是之谓道德之极。”可见，荀子所谓的学之路径是诵书读礼；目的则在于成君成圣。荀子所说的学习与现在所谓学习含义不同，他不是引导人们如何去学习和掌握自然和社会科学意识，而是把学习的内容限制在礼义道德领域。荀子指出，君子与小人，在学习的境界上和对礼义道德把握的程度上大相径庭，他说：“君子之学也，入乎耳，箸乎心，布乎四体，形乎动静，端而言，蠕而动，一可以为准则……小人之学也，入乎耳，出乎口，口耳之间，则四寸耳，何足以美七尺之躯哉？……君子之学也，以美其身；小人之学也，以为禽犊。”

荀子还认为，通过学习，可以不断提高自身的道德修养，学习的过程也就是不断修习积为的过程，二者是同步进行的，没有学习为其依据，积为就成为主观空想。荀子认为，一切都可通过积为而成，他说：“积土成山，风雨兴焉；积水成渊，蛟龙生焉；积善成德，而神明自得，圣心备焉。”点滴的积为，可达到圣人的境界，“圣人者，人之所积而致矣。”荀子强调的是积为这种内含的道德意义，他告诫人们要不停止地积为，“积善而不息”，这样便能“通于神明，参于天地”。尧禹之为圣人，也是修习积为的结果。他说：“尧禹者，非生而具者也，夫起于变故，成乎修为，待尽而后备者也。”这种主观积为的方法，是荀子设计的改变人性的另一条重要途径。

以上笔者剖析了荀子的人性学说，分析了荀子人性改造的几条途径，荀子的人性学说，在先秦人性思想发展史上达到了最高峰，它触及人性中两个最基本的属性——人的自然属性和社会属性。荀子得出的一些结论与现代行为科学所理解的人性有某些相似之处，荀子认为，在人性的自然构成上，不论智愚、贤不肖都是相同的，这是人的最普遍的基本人性，是人性中不变的一面；同时，他还认为，在人性的社会构成上，人性经由社会环境、文化历史和传统习俗的熏陶，是可以改变的。不同时代有极不同的人性表现，这是荀子“化性起伪”中的人性，人性本身便是不变性与可变性的统一整体，荀子用自己独特的理论方式（性伪之分和化性起伪）表达了这一思想主题。

荀子的人性学说是其整个历史哲学体系得以建构的基石，荀子所有理论观点都可从其人性学说中得到说明。荀子试图从人性转化的角度来解释社会历史的某些现象及礼义道德规范的起源问题，这种观察问题的方式在人类思维演化史上，仍不啻为一种极有理论价值的尝试。因为，无论是社会制度、国家政治、文化历史，还是其他一切问题，若忽视了“人”的问题，就不能从本质上得到很好说明。荀子的尝试，正好从一个侧面告诉我们：人类本性与社会历史现象之间有着密切的、千丝万缕的联系。正如马克思所说的那样：“整个历史也无非是人类本性的不断改变而已。”而所谓历史，也“不过是追求着自己目的人的活动而已”。

荀子继承了先秦以来优秀的思想文化遗产，并把它纳入自己的历史哲学体系中，大大丰富了自己的历史哲学理论，荀子在许多不同领域中都做出了独特的贡献，取得了十分有价值的学术成果。荀子的历史哲学理论，在很大程度上适应了战国末年社会形势发展的需要，为即将来临的大一统的社会提供理论上的依据，其理论的最终目的是为现实政治服务的，这与荀子思想具有强烈的现实感和现实主义态度是密不可分的。譬如说，孔孟在其社会政治主张中，重礼不重法，重王不重霸，重义不重利，因而他们的理论往往有脱离实际的感觉，法家思想则彻底抛弃儒家那种温情脉脉的面纱，走向另一极端，重法轻礼、重霸轻王、重利轻义，采取赤裸裸的镇压手段。显然，这两种方式都不可能治理好一个国家。荀子思想的现实意义就在于，他把礼法、王霸、义利等融合在一起，并较成功地运用于社会政治领域，在理论上完成了历史赋予他的使命。

荀子的历史哲学有着较高的理论思维水平，他从理论的高度对一些具体的历史现象进行了概括总结，用理性的眼光对历史上和现实社会中复杂的问题做了认真的探讨和研究，使其历史哲学理论达到了先秦时代的最高峰。荀子的历史哲学对秦汉以后的思想发展有很大影响。

参考文献

专著

《史记》，中华书局1959年版。

《国语》，上海师范大学古籍整理组校点，上海古籍出版社1978年版。

《汉书》，中华书局1962年版。

《战国策·书录》，上海古籍出版社1978年版。

《崔东壁遗书》，上海古籍出版社1983年版。

《礼记·经解》，上海古籍出版社1990年影印本。

《二程集·河南程氏遗书》卷二十五，中华书局1981年版。

《中庸说》，《研经室续集》卷一，中华书局1985年版。

《王国维文集》，中国文史出版社1997年版。

《鲁迅全集》第六卷，人民文学出版社1981年版。

《郭沫若全集·历史编》第一卷、第二卷，人民出版社1982年版。

《孟子论人论》，《研经室集一》卷九，中华书局1985年版。

《郭店楚墓竹简》，文物出版社1998年版。

《李亚农史论集》，上海人民出版社1978年版。

朱熹：《诗集传》，中华书局2011年版。

孙星衍：《尚书今古文注疏》，中华书局1986年版。

郭沂：《郭店竹简与先秦学术思想》，上海教育出版社2001年版。

夏延章等：《四书今译》，江西人民出版社1986年版。

梁启雄：《荀子简释》，中华书局1983年版。

王国维：《静庵文集》，辽宁教育出版社1997年版。

唐端正：《先秦诸子论丛》，台北东大图书公司1985年版。

陈澧：《东塾读书记》，上海古籍出版社2012年版。

戴震:《孟子字义疏证》，中华书局 1982 年版。

葛兆光:《中国思想史》，复旦大学出版社 2001 年版。

郭沫若:《十批判书》，东方出版社 1996 年版。

顾宝田等:《尚书译注》，吉林文史出版社 1995 年版。

顾宝田等:《左氏春秋译注》，吉林文史出版社 1995 年版。

徐复观:《中国人性论史》(先秦篇)，上海三联书店 2002 年版。

孙希旦:《礼记集解》，中华书局 1989 年版。

何新:《论中国历史与国民意识》，时事出版社 2002 年版。

陈梦家:《殷虚卜辞综述》，中华书局 1988 年版。

詹鄞鑫:《神灵与祭祀》，江苏古籍出版社 1992 年版。

张光直:《中国青铜时代》，生活·读书·新知三联书店 1983 年版。

陈来:《古代宗教与伦理》，生活·读书·新知三联书店 1996 年版。

孙晁:《元本汲冢周书》，国家图书馆出版社 2017 年版。

朱狄:《信仰时代的文明》，中国青年出版社 1999 年版。

侯外庐:《中国思想通史》第四卷，人民出版社 1957 年版。

刘泽华:《中国政治思想史》(先秦卷)，浙江人民出版社 1996 年版。

杨伯峻:《春秋左传注》，中华书局 1981 年版。

杨伯峻:《论语译注》，中华书局 1980 年版。

杨伯峻:《孟子译注》，中华书局 2008 年版。

赵守正:《管子注译》，广西人民出版社 1982 年版。

郭化若:《孙子译注》，上海古籍出版社 1984 年版。

高亨:《周易大传今注》，齐鲁书社 1979 年版。

高亨:《商君书译注》，中华书局 1974 年版。

袁华忠等:《论衡全译》，贵州人民出版社 1993 年版。

欧阳修:《欧阳修全集》，中华书局 2001 年版。

刘大钧:《周易概论》，齐鲁书社 1986 年版。

李镜池:《周易探源》，中华书局1978年版。

李泽厚:《中国古代思想史论》，生活·读书·新知三联书店2008年版。

陈鼓应:《易传与道家思想》，三联书店2004年版。

陈鼓应:《老子注译及评介》，中华书局1984年版。

钱穆:《论语新解》，巴蜀书社1985年版。

陈其泰等编:《二十世纪中国礼学研究论集》，学苑出版社1998年版。

薛安勤等:《国语译注》，吉林文史出版社1991年版。

张岱年:《中国哲学大纲》，中国社会科学出版社1982年版。

王聘珍:《大戴礼记解诂》，中华书局1983年版。

《文史知识》编辑部:《中国历史百题》(一)，中华书局1992年版。

王杰:《荀子译注》，华夏出版社2001年版。

胡寄窗:《中国古代经济思想的光辉成就》，中国社会科学出版社1981年版。

赵善诒:《说苑疏证》，华东师范大学出版社1985年版。

滕新才等:《管子白话今译》，中国书店1994年版。

冯友兰:《中国哲学史新编》(第一册)，人民出版社1982年版。

冯友兰:《中国哲学史》，中华书局1961年版。

任铭善:《礼记目录后案》，齐鲁书社1982年版。

李学勤主编:《十三经注疏》，北京大学出版社1999年版。

张双棣等:《吕氏春秋译注》，吉林文史出版社1993年版。

曹础基:《庄子浅注》，中华书局1982年版。

许维遹:《韩诗外传集释》，中华书局1980年版。

孟祥才等:《齐鲁思想文化史》，山东大学出版社2002年版。

张心徵:《伪书通考》，上海商务印书馆1939年版。

丁四新:《郭店楚墓竹简思想研究》，东方出版社2000年版。

朱彬:《礼记训纂》，中华书局1996年版。

王先谦:《荀子集解》，中华书局1988年版。

苏舆:《春秋繁露义证》，中华书局 1992 年版。

任继愈主编:《中国哲学发展史》(先秦卷)，人民出版社 1983 年版。

牟宗三:《中国哲学的特质》，上海古籍出版社 1997 年版。

J.L. 弗里德曼等:《社会心理学》，黑龙江人民出版社 1997 年版。

马克思、恩格斯:《马克思恩格斯选集》，人民出版社 2012 年版。

马克思、恩格斯:《马克思恩格斯全集》，人民出版社 1995 年版。

让·皮亚杰、海尔德:《儿童心理学》，商务印书馆 1980 年版。

列维－布留尔:《原始思维》，商务印书馆 1981 年版。

[瑞士] 让·皮亚杰:《儿童的心理发展》，山东教育出版社 1982 年版。

[英] 弗雷泽:《金枝》，徐育新等译，中国民间文艺出版社 1987 年版。

[英] 泰勒:《原始文化》，上海文艺出版社 1992 年版。

[德] 卡尔·雅斯贝尔斯:《人的历史》，转引自《现代西方史学流派文选》，上海人民出版社 1982 年版 。

[古希腊] 亚里士多德:《政治学》，中国人民大学出版社 2003 年版。

期刊

陈梦家:《商代的神话与巫术》,《燕京学报》1936年第20期。

胡厚宣:《殷卜辞中的上帝和王帝》(上),《历史研究》1959年第9期。

晁福林:《论殷代神权》,《中国社会科学》1990年第1期。

王莹:《论周人“德”观念的繁复性》,《中国哲学史研究》1997年第3期。

冯友兰:《孔子在中国历史中之地位》,《燕京学报》第2期。

董作宾:《古文字中之仁字》,《学术评论》卷2,第1期。

李学勤:《从简帛佚籍〈五行〉谈到〈大学〉》,《孔子研究》1998年第3期。

梁涛:《〈大学〉早出新证》,《中国哲学史》2000年第3期。

李学勤:《先秦儒家著作的重大发现》,《中国哲学》第20辑。

姜广辉:《郭店楚简与〈子思子〉》,《哲学研究》1998年第7期。

梁涛:《郭店竹简与〈中庸〉公案》,《台大历史学报》2000年第25卷。

庞朴:《孔孟之间——郭店楚简中的儒家心性说》,《中国哲学》第20辑。

《中国文化》,1992年第6期。

《齐鲁学刊》,1994年第5期、1998年第3期。

《船山学刊》,1999年第1期。